Arte/educação como mediação cultural e social

Ana Mae Barbosa e
Rejane Galvão Coutinho (Orgs.)

Arte/educação como mediação cultural e social

5ª reimpressão

editora unesp

Direitos de publicação reservados a:

Fundação Editora da UNESP (FEU)
Praça da Sé, 108
01001-900 – São Paulo – SP
Tel.: (0xx11) 3242-7171
Fax: (0xx11) 3242-7172
www.editoraunesp.com.br
atendimento.editora@unesp.br

CIP-Brasil. Catalogação na fonte
Sindicato Nacional dos Editores de Livros, RJ

A825

Arte/educação como mediação cultural e social/Ana Mae Barbosa e Rejane Galvão Coutinho (orgs.). — São Paulo: Editora UNESP, 2009.

il. -(Arte e educação)
Inclui bibliografia
ISBN 978-85-7139-906-8

1. Arte na educação. 2. Mediação. 3. Interação social. I. Barbosa, Ana Mae Tavares Bastos. II. Coutinho, Rejane Galvão, 1953-. III. Série.

09-0300. CDD: 370.157
CDU: 37.015.3:159.954

Editora afiliada:

Asociación de Editoriales Universitarias de América Latina y el Caribe

Associação Brasileira de Editoras Universitárias

Sumário

Apresentação

Em outubro de 2004 realizamos um Seminário Internacional muito concorrido sobre Mediação Cultural e Social no Centro Cultural Banco do Brasil de São Paulo. Na ocasião não foi possível publicar os anais com as palestras dos convidados e as comunicações apresentadas.

Continuamos em busca de experiências e textos bem embasados sobre mediação cultural e social para compartilhar com nossos alunos e educadores, quando nos surgiu a ideia de publicar uma seleção dos textos apresentados no seminário de 2004 e outros que garimpamos em nossa pesquisa e na continuação de nosso trabalho centrado na ideia de arte/educação como mediação entre arte e público. Fomos muito bem-sucedidas ao consultar os autores que apresentaram conferência no evento de 2004, pois os que conseguimos contatar nos deram permissão para traduzir e/ou publicar seus textos. Os especialistas em mediação, cujos textos tivemos o prazer de conhecer depois do seminário, também foram muito generosos nos cedendo os direitos autorais de seus ensaios. É muito recompensador poder oferecer aos leitores este livro que se compõe de autores de vários países e contextos diversos, cujas ideias temos discutido em nossos cursos e são especialmente relevantes no mundo da arte na perspectiva da reconstrução social e da mediação em museus e centros culturais. A carência de publicações com foco na questão da mediação no Brasil justifica nosso esforço.

Procuramos reunir as diferentes perspectivas apontadas nos textos tendo como parâmetro os trânsitos entre o geral e o particular, as representações institucionais – museus, centros culturais, escolas e organizações sociais – e aquelas que os representam, procurando dar relevo e voz aos interatores, propositores de diversificadas experiências e pesquisas no campo da mediação. A costura não foi fácil, pois a própria questão da mediação, pelo foco que orienta nosso recorte, pressupõe um trânsito entre o campo da arte e o da educação. A opção em agrupar os textos em quatro tópicos pode, em alguns casos, soar forçada, pois as ações e reflexões buscam exatamente interconectar esses campos de conhecimento. Em nossa leitura, procuramos respeitar o foco mais determinante do texto e, sobretudo, respeitar o lugar em que se situa o autor, agrupando aqueles que se propõem a discutir questões gerais em torno do conceito ou do campo da mediação; aqueles que falam com base em experiências de mediação em museus ou centros culturais; aqueles que estão preocupados especialmente com a mediação no âmbito da educação formal seja do ponto de vista dos professores como mediadores, seja dos estudantes como sujeitos imersos nesse processo. E, por fim, aqueles que têm como foco as possibilidades de reconstrução social que a relação com o campo da arte e da cultura potencializa.

É evidente na leitura dos textos, sobretudo dos textos que tratam da realidade brasileira, que a questão da formação para a mediação ainda não se institucionalizou no Brasil. Não temos formação específica de mediadores para atuar em museus e centros culturais, assim como não temos formação específica de arte-educadores para atuar em organizações sociais não governamentais. Apesar do legado de Paulo Freire que já evidenciava a importância do papel do professor como mediador do conhecimento, essa questão ainda é tratada de forma incipiente pelo sistema de formação profissional.

As experiências relatadas com base nos diversos contextos internacionais apresentados neste livro, como o processo de formação e profissionalização que vem ocorrendo na França, os conflitos revelados por experiências no contexto espanhol, português e estadunidense servem de contraponto para pensar nossa realidade, nossas demandas e especificidades.

Temos um campo aberto no Brasil, um campo abrangente em formação no qual se entrecruzam diferentes áreas de conhecimento. Interessante é perceber que a delimitação e o desenho desse campo vêm se configurando sobretudo de baixo para cima. Com as práticas de mediação buscam-se teorias para fundamentar as experiências e, em razão da necessidade de mediadores para a cena contemporânea, eles próprios têm se organizado em cursos de aprofundamento e, principalmente, investido em formações em serviço. Em busca de suprir a ausência de formações específicas, as formações em serviço, ou seja, os processos de formação que acompanham o desenrolar dos trabalhos, configuram-se como uma característica de nosso contexto. Na mediação cultural, essa prática foi instaurada com a experiência de mediação desenvolvida para a exposição *Labirinto da moda* realizada no Sesc Pompéia, em 1996, e vem se delineando com as experiências do grupo Arteducação Produções, e se expandindo em outros formatos em outras instituições como uma solução possível para o problema da formação.

Toda essa movimentação começa a gerar, no contexto de recepção, um reconhecimento da necessidade desse trabalho e desses profissionais. Como consequência, estão surgindo grupos de educadores associados em redes que buscam fortalecer suas representações, dar visibilidade a suas ações em prol de um reconhecimento profissional e educarem-se permanentemente. A rede de educadores de museus do Rio de Janeiro, a rede de educativos de São Paulo e o grupo de Recife são exemplos candentes desse processo.

Quanto à mediação social, estão surgindo pesquisas, antes restritas ao bem-sucedido projeto Axé da Bahia, que evidenciam para o mediador em ONGs um perfil diferente do perfil do professor de escolas formais. É urgente a necessidade de se apoiar o aprofundamento profissional dos educadores populares que atuam nas ONGs, respeitando-se as diferenças requeridas pelo contexto para que eles realmente atuem como mediadores sociais, não como meros instaladores dos valores da burguesia nas classes pobres.

Este livro não pretende ser definidor, mas um instrumento provocador de discussões sobre o campo da arte/educação como *mediação cultural e social* no Brasil. Agradecemos a generosidade dos autores e os esforços das educadoras/mediadoras Chris Coutinho, Valéria Peixoto de Alencar e Maristela Sanches Rodrigues que, interessadas na questão da mediação por estarem realizando pesquisas de mestrado na área, se dispuseram a traduzir alguns dos textos. Os nossos sinceros agradecimentos, também, a Alice Coutinho, pelo empenho na produção e na edição final.

Ana Mae Barbosa e Rejane Coutinho

Parte 1
Questões da Mediação

1
Mediação cultural é social

Ana Mae Barbosa

O conceito de educação como mediação vem sendo construído ao longo dos séculos. Sócrates falava da educação como parturição das ideias. Podemos, por aproximação, dizer que o professor assistia, mediava o parto. Rousseau, John Dewey, Vygotsky e muitos outros atribuíam à natureza, ao sujeito ou ao grupo social o encargo da aprendizagem, funcionando o professor como organizador, estimulador, questionador, aglutinador. O professor mediador é tudo isso.

Finalmente, Paulo Freire consagra na contemporaneidade a ideia de que ninguém aprende sozinho e ninguém ensina nada a ninguém; aprendemos uns com os outros mediatizados pelo mundo. No século XX, o conceito de educação como ensino passa a ser minimizado para dar lugar a ideias socioconstrutivistas, que atribuem ao professor o papel de mediar as relações dos aprendizes com o mundo que devem conquistar pela cognição. A arte tem enorme importância na mediação entre os seres humanos e o mundo, apontando um papel de destaque para a arte/educação: ser a mediação entre a arte e o público.

O lugar experimental dessa mediação é o museu. Pensamos nos museus como laboratórios de arte. Museus são laboratórios de conhecimento de arte, tão fundamentais para a aprendizagem da arte como os laboratórios de química o são para a aprendizagem da Química. Compete aos educadores que levam seus alunos aos museus estender em oficinas, ateliês e salas de aula o que foi aprendido e apreendido no museu.

Uma pesquisa, que ainda está para ser analisada, demonstra que o processo de mediação mais eficiente se dá nos lugares de arte, isto é, em museus e exposições. Crianças de sete ou oito anos quando desenham dentro dos museus, depois de verem uma exposição, rompem com o esquema (linha de base abaixo e céu acima) mais frequentemente do que quando desenham na escola de volta dessa visita. Não se conhece pesquisa demonstrando que elas desenham de modo diferente quando veem as obras originais no museu e quando veem as obras em reprodução na sala de aula. A hipótese é que há distinção, mas outros ainda podem testá-la.

O prestígio dos departamentos de educação dos museus de arte é muito recente, embora ainda haja enorme resistência por parte de curadores, críticos, historiadores e artistas à ideia do museu como instituição educacional, o que os leva a considerar os educadores profissionais de segunda categoria.

Na camiseta dos mediadores da Bienal de 1998 havia a frase "TIRA DÚVIDAS" veiculando uma concepção errônea, diminuidora e humilhante dessa função. Frequentemente, nos museus, deparamos com situações que "desempoderam" os arte-educadores para privilegiar curadores e críticos.

É Nicholas Serota, o admirável diretor da Tate Gallery e da Tate Modern, quem vem defendendo o conceito mais contemporâneo e amplo de educação em museus, que, para ele, não se restringe a um departamento que lida com criança, escola, comunidade, cursos para adultos e guias de exposições, entre outros. A curadoria e o design das exposições também são educação. Estamos um pouco longe de ver essa concepção ser aceita no Brasil. A maneira como se expõem, se penduram as obras, está diretamente ligada a conceitos de como se aprende arte que dominam uma sociedade.

Segundo Serota, foi Charles Eastlake que, ao se tornar diretor da National Gallery de Londres em 1855, conferiu aos museus o papel de instituições públicas com o objetivo eminentemente educacional, simplesmente adotando uma nova forma de expor diferente do mero vestir paredes. Ele estabeleceu a política de pendurar as pinturas por ordem cronológica, ilustrando escolas de pintura (*quattrocento*, primitivos italianos e outras). Transformou os museus de arte de gabinetes de tesouros em livros de História da Arte. E como se aprendia História da Arte naquela época? Decorando datas de nascimento e morte dos artistas, o inventário de suas obras, a localização delas e as características das diferentes escolas.

O Museu de Arte Moderna de Nova York, com Alfred Barr, inovou um pouco substituindo o princípio de pendurar por escolas pelo de pendurar por movimentos (impressionismo, cubismo, expressionismo, e assim por diante). Mas o reinado da cronologia permaneceu. Para Serota, até 1980 era esse o modelo. O pior é que a maioria dos CD-ROMs de museus ainda segue o modelo cronológico. Confiam na intertextualidade para parecerem atuais.

Entretanto, com frequência a hipertextualidade é tão preliminar que se limita apenas a definir movimentos (mais uma vez impressionismo, cubismo e expressionismo, entre outros), embora a tecnologia que os CD-ROMs manipulam nos leve ao milagre virtual de entrar nas salas do museu e saber até mesmo em que lugar está o quadro que queremos ver. Aliás, o aligeiramento hipertextual vem influenciando o material escrito distribuído em grandes exposições a professores e grupos de escolares que as visitam e a maioria não resiste a apresentar um glossário de termos ligados a arte, que é redutor da História e da capacidade de interpretação. Mera educação bancária, como diria Paulo Freire.

O que Nicholas Serota propõe é um museu que eduque pela experiência para a interpretação. Foi o princípio da interpretação, "combinando obras de diferentes artistas para propiciar uma leitura selecionada de ambas, da Arte e da História da Arte", que guiou a organização das salas de inauguração da Tate Modern, estabelecendo uma sequência determinada não pela cronologia, mas por alternâncias de concentração necessária à interpretação. Salas que exigiam muito esforço de interpretação eram seguidas por outras onde as experiências pareciam mais epiteliais que intelectuais. Havia preocupação com a respiração interpretativa.

O tempo histórico foi ressaltado por comparações entre artistas e não por sequencialidade. Uma paisagem de Monet dialogava com uma paisagem em preto e branco de Richard Long abstratizada com a ajuda de computador, estimulando o observador a reconstruir, usando memória e imaginação, os cem anos de História da Arte que se passaram entre as duas obras. Nus de Marlene Dumas dialogavam com nus de Matisse, nos levando a refletir sobre as diferenças de representação do corpo da mulher definido por ela própria e da representação da mulher como o "outro", sob o olhar masculino. Serota define sua abordagem como aquela que desenha paralelos entre períodos, explora relações entre artistas que podem ser consideradas instalações.

Serota aponta como renovação as instalações de um único artista por outro artista, como foi o caso da sala de Giacometti por Scott Burton no MoMA, e podemos acrescentar também como inovação as instalações coletivas de obras de acervo por artistas, como foi feito na National Gallery de Londres (1989), no Museu de Design de Viena (1990) e no Museu de Arte Contemporânea da USP (1989-1992). No MAC/USP interpretaram o acervo organizando exposições de Haroldo de Campos, Arnaldo Antunes, Cristiane Torloni e Arcangelo Ianeli.

Os meios que Serota indica como contemporâneos para pendurar obras em museus correspondem à maneira como se busca ensinar arte atualmente, enfatizando a recepção pelo apreciador e não apenas a obra e seu produtor. A leitura dos campos de sentido da arte é o cerne de seu ensino neste início de século. A História ganha importância como contexto que dialoga com outros contextos na decodificação da obra e do sentido.

No período dominado pelo modernismo, a criação de ateliês livres, atividades de animação cultural e oficinas (assim denominadas somente a partir de 1983, depois do Festival de Inverno de Campos de Jordão, o primeiro evento de que temos notícia que usou essa designação) foi prática frequente nos grandes museus como o Masp, com o Clube Infantil (1948) criado por Suzana Rodrigues,[1] e o MAM do Rio, que movimentou a cidade com os Domingos da Criação e o ateliê para crianças e adolescentes conduzido por Ivan Serpa.[2] Posteriormente, a Pinacoteca do Estado de São Paulo e o Centro Cultural São Paulo também tiveram ateliês livres muito bem orientados.

No Brasil os primeiros serviços educativos em museus orientando para ver Arte foram organizados nos anos 1950 por Ecyla Castanheira e Sígrid Porto, no Rio de Janeiro. Os departamentos educativos do Museu Lasar Segall e do MAC/USP, a partir do fim da década de 1980, foram muito in-

1 Ver tese de mestrado de Rita Bredarioli, "Das lembranças de Suzana Rodrigues, tópicos modernos de Arte e Educação", São Paulo, ECA/USP, 2004.

2 Curioso é que os discípulos de Augusto Rodrigues, o criador da Escolinha de Arte do Brasil no Rio de Janeiro, não tinham nenhum entusiasmo por Serpa, mas ambos conviviam na mesma cidade e seguiam a mesma metodologia expressionista. Quando procuramos o ateliê de Serpa para estagiar, tanto Augusto como o próprio Serpa nos dissuadiram, com a desculpa de que já estávamos muito bem preparados. Assistimos apenas a uma aula de Serpa. A sensação é que os dois artistas dividiram bem a clientela para conviver pacificamente.

fluentes na formação dos professores de Arte introduzindo-os à condição pós-moderna.

Os ateliês para crianças e adolescentes dessas duas instituições já não eram comandados pelo expressionismo, mas educavam para linguagens específicas como a gravura (Cláudio Mubarac e Renata Sant'Anna, entre outros) e o design (Ricardo Ribemboim). No MAC foi sistematizada a Proposta Triangular,[3] que modificou o ensino da arte nas escolas de ensino fundamental e médio no Brasil, introduzindo o conhecimento da arte ao lado da prática com os meios artísticos. A Proposta Triangular salientou a importância da interpretação da arte e as vantagens de ver e analisar as obras ao vivo.

Os museus, lugares da prática da leitura da obra de arte, passaram a ser mais procurados por professores e seus alunos. À medida que a Abordagem Triangular foi sendo difundida e, posteriormente, quando seus princípios foram integrados, como agenda escondida, aos *Parâmetros Curriculares* determinados pelo MEC (1996/1997), a procura dos professores por cursos e visitas a museus foi intensificada.

A partir da década de 1990, por esses motivos ou por maior desenvolvimento da consciência social, muitos museus criaram setores educacionais. A atenção dada à educação nos museus aumentou quando as megaexposições permitiram descobrir que as escolas são o público mais numeroso nesses eventos e, portanto, inflam as estatísticas e ajudam a mostrar grande número de visitantes aos patrocinadores.

O Masp recriou seu setor educacional. Foram organizados educativos em museus como o MAM/SP, MAM/RJ, MAC/Niterói, MARGS/Porto Alegre, MAMAM/Recife, Centro Cultural do Banco do Brasil (Rio de Janeiro, São Paulo, Brasília), Instituto Cultural Itaú, museus de Belém, Curitiba, Belo Horizonte, Florianópolis. A análise dos processos de mediação usados na condução das visitas em muitas instituições mostra que algumas ainda se apegam a roteiros, direcionando o olhar do visitante somente para as obras sobre as quais os mediadores se prepararam para falar.

Esquecem-se de que Rudolf Arnheim dizia que é pela seletividade que a criatividade começa. O educador de museu precisa dialogar com os interes-

3 Foi sistematizada com a colaboração de Lourdes Galo, Christina Rizzi, Mirtes Marins, Analice Dutra Pillar, Denise Alcade e Sylvio Coutinho, entre outros. Contudo, a experiência que embasou a Proposta Triangular começou no Festival de Inverno de Campos do Jordão de 1983.

ses de cada grupo e, se possível, de cada sujeito observante. É o observador que deve escolher o que analisar com a ajuda do mediador.

Em outros casos de educativos de museus, a animação cultural predomina e funciona como instrumento de sedução, sem grande valor para levar ao entendimento da Arte. Jogos superficiais, que não têm o objetivo específico de desenvolver a percepção, também não levam a nada, só entretêm. São os programas preferidos pelos professores visitantes que nada entendem de arte. Costumo chamá-los de lantejoulas das elites para o povo.

A pedagogia questionadora de muitas exposições do Centro Cultural do Banco do Brasil (CCBB) em São Paulo é uma das melhores formas de mediação. Em vez de visita guiada, com informações fornecidas pelos monitores (mediadores ou educadores, como preferimos chamar), são propostas questões que exigem reflexão, análise e interpretação sem se evitar informações que esclarecem e/ou apoiam interpretações. Mesmo essa linha, se não instituir o diálogo entre educador e visitante, pode ser irritante quando o educador apenas se limita a devolver a pergunta do visitante. Exemplo, o visitante pergunta: "Por que tem essa cruz aí?". O educador responde: "Por que você acha que a cruz está aí?". Isso uma ou duas vezes é suportável, mas se acontecer constantemente ao longo de visitas comentadas (melhor que visita guiada ou monitorada) é um desastre.

Há outra linha que felizmente agora pouco se vê, mas que no caso de megaexposições ainda acontece. Trata-se da submissão da ação educacional aos desígnios do curador, funcionando o educador como mero reprodutor das ideias daquele, as quais algumas vezes ele repete sem nem entender muito bem.

Vale reproduzir uma experiência vivida pela autora:

> Há uns cinco anos, uma monitora, que me acompanhou em uma exposição que pretendeu rivalizar com uma das Bienais, perguntou primeiro se eu era artista. Respondi que não e ela se sentiu segura para despejar, com muita simpatia, uma série de conceitos que não havia digerido muito bem, como "esta obra tem a ver com o não lugar". O respeito humano me impediu de perguntar por quê. Mas logo depois encontramos uma amiga minha, famosa curadora, que a monitora não conhecia. Ela perguntou à monitora se não havia uma van para nos levar aos lugares onde estavam as outras instalações. A moça respondeu que não havia e que as outras obras estavam difíceis de encontrar porque a intenção da exposição era nos levar a descobrir a cidade. A curadora respondeu: "Minha filha, eu sou do ramo e conheço essa história. Eu quero é ver as demais instalações, o que já tentei e não consegui por falta de estacionamento". Obviamente a monitora ficou sem graça e saiu rápido.

Em muitos museus, o discurso do diretor ou diretora de Educação é magnífico, atualizado por meio de teorias contemporâneas da Aprendizagem, da Comunicação, da Arte/educação ou da Cultura Visual, mas se alguém acompanhar uma visita comentada ou "guiada", como costumam chamar, descobre o fosso entre teoria e prática, como relata a autora:

> Fiz isso em um Museu de São Paulo, cujo educativo é muito badalado pelas elites e sua diretora seduz com citações de filósofos da moda. Tive o desencanto de assistir a uma visita ditadora do sentido, pedante, monologal. Como dizem que sou radical, fiquei contente quando Fernando Hernandez, um educador espanhol que vem muito ao Brasil, confirmou minha avaliação. Ele comentou comigo a mesma coisa acerca do dito museu e seu educativo. Só que ele disse o que pensava à própria educadora que 'guiava' a visita. Quando ela acabou, perguntou ao Fernando: "O que você achou?". Ele me disse que respondeu: "Você deu uma aula de História da Arte como era dada na década de 1970".

É isso que governo e elite ainda consideram bom nos museus públicos de São Paulo. Consciente ou inconscientemente, querem manter o povo afastado do conhecimento da arte, conservando-o maçante para os que não têm educação formal ou inefável, portanto domínio de poucos.

Ainda na década de 1990, o MAC/USP e o Sesc se distinguiram em produção de exposições para crianças. Entre elas, a melhor, do ponto de vista de uma visão multicultural e de embasamento teórico, foi o *Labirinto da moda* (1996), com a curadoria de Gláucia Amaral. Aliás, no que concerne à preparação de mediadores, essa exposição foi um divisor de águas. Antes, a ideia era preparar os monitores para explicar a exposição que estava sendo apresentada. No *Labirinto da moda*, a ideia era preparar os mediadores para a compreensão da arte e funcionava como um curso muito bem planejado, com reuniões de discussão de textos e aulas por profissionais da arte ao longo do tempo em que a exposição estava em cartaz. Não se tratava apenas de debater os problemas pontuais da exposição; para isso havia outras reuniões. A equipe de coordenação/orientação era formada por Maria Christina Rizzi, Ana Amália Barbosa e Cildo Oliveira. O Sesc ainda organizou dois importantes cursos de arte/educação: *A compreensão e o prazer da arte*, em 1998, e *A compreensão e o prazer da arte: além da tecnologia*, em 1999, trazendo professores como Michael Parsons, Arthur Efland, Kerry Freedman, Doug Boughton, Mary Stokrocki, Neil Rolnick, e tendo contado também com a colaboração de professores brasileiros como Heloisa Ferraz, Ivone Richter,

Lúcia Pimentel, Lucimar Bello, Regina Machado, Analice Dutra Pillar, Solange Coutinho, Rosangela e Milton Sogabe, além de muitos especialistas em novas tecnologias ou artistas que usam as novas tecnologias.

Foram produzidos, por museus, centros culturais e bienais, interessantes materiais para levar à compreensão da Arte. O livro *De olho no MAC* (1992) foi o pioneiro para a leitura da obra de arte com crianças e adultos iletrados. Foi testado, antes de ser publicado, pelos vigilantes do MAC e por crianças de todas as idades.

Há grande aversão por materiais que apenas resumem textos de curadores publicados no catálogo. É uma forma pouco sutil de dizer aos educadores que eles não são capazes de entender o texto do curador ou, pior, que não merecem receber os catálogos.

Materiais que trazem um *menu* de perguntas sobre as obras exageram o questionamento. Nos materiais distribuídos para professores pelos museus, muitas vezes as perguntas são ingênuas, desnecessárias, evidentes e infantilizantes. É preferível fazer perguntas que não se dirigem apenas à leitura da obra observada, mas ao entendimento de questões da arte. A função da pergunta é levar a pensar, estimular associações e interpretações.

Entretanto, vale ressaltar que os materiais apenas com algumas imagens e a biografia do artista são os mais medíocres. Com poucas exceções, costumam ser muito inferiores em projeto gráfico aos ricos catálogos dedicados às exposições. Até hoje, no Brasil, só um catálogo de exposição publicou, além de textos críticos, um texto dos arte-educadores encarregados do projeto educacional, o da exposição de *Alex Flemming* no CCBB-SP (2001), que também produziu um material destinado aos professores com a mesma qualidade visual do catálogo.

Para questionar essas mazelas nos ânimos, Rejane Coutinho e Ana Mae submeteram ao Centro Cultural do Banco do Brasil em São Paulo (CCBB-SP) o projeto de um seminário sobre Mediação cultural e social: arte como experiência, discutindo unificadamente o que o museu pode fazer pela educação do povo e o que os educadores populares precisam dos museus. Realizado em outubro de 2004, estimulou os dirigentes do CCBB-SP a encomendar uma pesquisa para saber o que os professores de Arte fazem ou como utilizam os materiais impressos preparados para eles sobre cada grande exposição apresentada no CCBB-SP. Rejane Coutinho, Heloisa Margarido Sales e Ana Mae analisaram os dados da pesquisa, inclusive mais de 4 mil desenhos de crianças e adolescentes. Os resultados estão impressos no livro *Artes visuais:*

da exposição a sala de aula (2005). Talvez essa tenha sido a primeira pesquisa encomendada por um centro cultural no Brasil para saber em que resulta sua ação cultural e educacional. Esperamos que outros museus e centros culturais se animem a investir em pesquisas que possam direcionar melhor os esforços da contemporaneidade para mostrar que mediação cultural é social.

O esforço que se emprega para ampliar o contato, o discernimento, o prazer da população com a cultura que a cerca, resulta em benefícios sociais como qualidade das relações humanas e compreensão de si e do outro.

A área de mediação cultural e social está começando a se consolidar teoricamente no Brasil. A tese de Lívia Marques[4] sobre arte como mediação social é um testemunho eloquente de que os projetos sociais de educação no Brasil têm estado associados ao despertar da consciência e da identidade cultural dos educandos por meio da arte.

No Brasil, todas as organizações não governamentais (ONGs) que têm obtido sucesso na educação dos excluídos, esquecidos ou desprivilegiados da sociedade estão trabalhado com arte e até vêm ensinando às escolas formais a lição da arte como caminho para recuperar o que há de humano no ser humano.

No modernismo, falava-se em arte na educação para o desenvolvimento da sensibilidade, mas poucos professores tentaram conceituar essa sensibilidade, deixando-se dominar pela "lamúria psicologizante" e pelo sentimentalismo. Hoje, sobretudo, se aspira influir positivamente no desenvolvimento cultural dos estudantes pelo ensino-aprendizagem da arte.

A arte, como uma linguagem aguçadora dos sentidos, transmite significados que não podem ser transmitidos por nenhum outro tipo de linguagem, como a discursiva e a científica. O descompromisso da arte com a rigidez dos julgamentos que se limitam a decidir o que é certo e o que é errado estimula o comportamento exploratório, válvula propulsora do desejo de aprendizagem. Por meio da arte, é possível desenvolver a percepção e a imaginação para apreender a realidade do meio ambiente, desenvolver a capacidade crítica, permitindo analisar a realidade percebida e desenvolver a criatividade de maneira a mudar a realidade que foi analisada.

No contexto da mediação social os museus têm muito a contribuir e muitos já o estão fazendo. Acreditamos que a atuação dos museus e centros

4 Ver Lívia Marques. "O ensino de artes em ONGs: tecendo a reconstrução pessoal". São Paulo, 2005. Tese (Doutorado) – ECA-USP.

culturais na educação geral e na educação popular será cada vez maior e mais profissionalizada.

Precisamos de pesquisas que avaliem os melhores procedimentos para atingir os objetivos educacionais de hoje, que se concentram principalmente na flexibilidade de pensar e agir, na capacidade de elaborar em direção à melhor qualidade de vida no planeta e no aprender a aprender.

Há uma rejeição à avaliação no Brasil, em especial no terceiro setor, em que os belos discursos muitas vezes escondem o autoritarismo castrador do pensamento. E o relato da autora vem comprovar isso:

> Em 2005, em um seminário sobre projetos sociais no Itaú Cultural, vi o público de jovens que trabalhavam sobretudo no terceiro setor aplaudir freneticamente uma palestrante (argentina que atua na Europa) por ela defender a ideia do "deixar fazer" e da não avaliação.
>
> Ela dizia: "para que avaliação? É errando que se aprende". Eu retrucava que é preciso descobrir os erros para não repeti-los, e eles são descobertos mediante avaliação, que não deve levar a punição nem a corte de verbas, mas a readequação, reestruturação, redirecionamento. Não me senti sozinha, porque felizmente na mesa havia uma inteligente professora da Unicamp quase tão escandalizada quanto eu pelo discurso irresponsável da palestrante, talvez construído para agradar audiências. Quase fui vaiada pela plateia e saí com esta pergunta na cabeça: a quem incomoda a avaliação das ONGs e fundações? Aos que nelas trabalham? Aos seus dirigentes? Aos patrocinadores? Aos que pretendem formar educadores sociais?
>
> Como não estou ligada a nenhuma empresa de pesquisa nem movida por interesses econômicos ou de marketing, posso afirmar: é pelo caminho da pesquisa e da avaliação que se pode desenvolver o enorme potencial educativo das exposições de arte e dos museus para o entendimento do mundo que nos cerca, da cultura do nosso país e do fortalecimento do ego cultural dos excluídos.

Referências bibliográficas

BARBOSA, A. M.; COUTINHO, R. G.; SALES, H. M. *Artes visuais*: da exposição à sala de aula. São Paulo: Edusp, 2005.

BREDARIOLLI, Rita L. "Das lembranças de Suzana Rodrigues: Tópicos modernos de arte e educação". São Paulo, 2004. Dissertação (Mestrado) – ECA-USP.

MARQUES, LÍVIA. "O ensino de artes em ONGs: tecendo a reconstrução pessoal". São Paulo, 2005. Tese (Doutorado) – ECA-USP.

SEROTA, Nicholas. *Experience or Interpretation* – The Dilemma of Museums of Modern Art. Italy: Thames and Hudson, 1996.

2
As várias concepções da cultura e seus efeitos sobre os processos de mediação cultural[1]

Bernard Darras

Tentaremos demonstrar que as diversas concepções e definições da cultura engendram diferentes formas de mediação, que, longe de serem práticas homogêneas, aparecem como intersemióticas muito dependentes de seus contextos de representação ideológicos e epistemológicos e das relações geralmente conflituosas que elas têm entre si. Essencialmente aplicado à problemática da arte e da cultura, este artigo questiona as relações de autonomia, heteronomia e alonomia (independência, interdependência e dependência) existentes entre os sistemas e os meios que os cercam.

O texto auxilia a compreender por que os mediadores se dividem frequentemente em várias posturas e por que suas ações e intervenções são muitas vezes paradoxais.

Uma apresentação do museu de Louvain-la Neuve (Bélgica) e de sua museografia como modo de mediação dialógica e crítica será apresentada no final do artigo.

Nós nos divertíamos olhando "O jardim das ervas daninhas" no pátio do Musée Internationale des Arts Modestes (Miam) em Sete, no sul da França.

---

1 Tradução de Silvana Bernardes Rosa, Maria-Lucia Batezat Duarte, Dannyelle Valente, Lucia Le Menn e Claire de Oliveira.

Do alto dos seus treze anos, Quentin me perguntou o que eu pensava daquilo. Eu lhe falei da seleção natural que havia dado a estas plantas uma resistência extraordinária; evoquei a seleção pela cultura agrícola que privilegia as plantas comestíveis, rentáveis ou decorativas e que despreza ou destrói as ervas daninhas, enfim eu lhe falei da cultura artística que durante muito tempo privilegiou as coisas extraordinárias destinadas às pessoas mais afortunadas, mas que sempre deixou de lado as pequenas coisas, as coisas modestas, humildes e comuns. Pequenas coisas que podem ser valorizadas por artistas que sabem chamar nossa atenção sobre elas e sobre a sua própria capacidade de valorizá-las. Perguntei a Quentin o que ele pensava da coleção de objetos apresentada por Hervé Di Rosa e Bernard Belluc nos espaços e vitrines do museu.

Ele respondeu-me que era sensacional e que pela primeira vez ele visitava um museu que se preocupava com o seu mundo, com seus objetos preciosos, seus tesouros, seus brinquedos, seus gostos, e com os objetos de seus desejos. Ele me fez entrar de novo no espaço dos brinquedos e maquetes de ficção científica. Conhecia todos os objetos e os denominou com termos por mim desconhecidos. Descrevia com precisão suas histórias, seus estilos e qualidades. Indicou-me a presença de colecionadores de grande valor. Com seu vocabulário de adolescente, ele avaliava, comparava, julgava, apreciava, admirava e sonhava. Ele se divertia um pouco com a minha ignorância e minhas observações ingênuas. Quando eu lhe perguntei se para ele aquilo era arte, ele sorriu, e me respondeu: "para o museu isto é arte modesta, mas para mim é a minha cultura".

Cultura e definição de arte no Ocidente

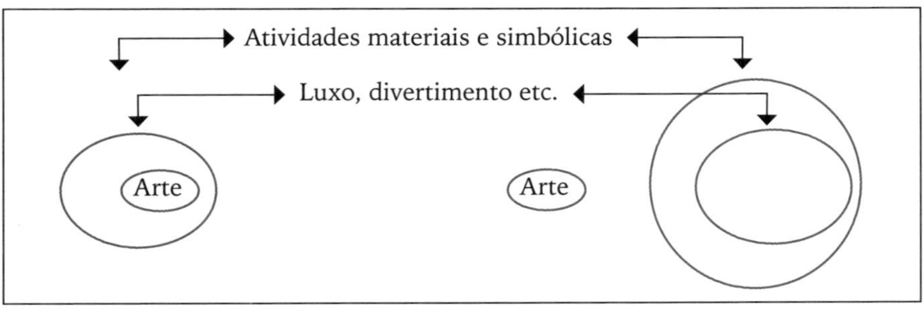

Diagrama 1

No Ocidente, várias maneiras de pensar e de organizar os fenômenos culturais coexistem e são mais ou menos concorrentes. Todas representam a cultura como uma inclusão de dois ou três níveis em interação. O nível mais genérico compreende o conjunto de atividades materiais e simbólicas desenvolvidas pelos humanos, ao passo que o segundo nível – incluído no primeiro – concerne unicamente às atividades materiais e simbólicas especializadas na produção, na recepção e no consumo do luxo, do divertimento, do jogo, de prazeres e experiências estéticas. O conjunto das produções que compõem esse nível mantém relações de dependência ou de cooperação com os poderes econômicos, políticos e sociais. Nele em geral se reúnem as indústrias culturais e criativas. Certas concepções teóricas e ideológicas definem um terceiro nível, considerado uma hiper-realização do segundo ou uma emanação relativamente autônoma que resulta do cruzamento de certas práticas culturais com as dimensões metafísicas, espirituais e intelectuais da cultura.[2]. Na tradição ocidental esse é o nível da arte e da cultura artística. Para grande parte da população, só esse nível merece ser chamado de cultura e as outras produções humanas não passam de costumes, de atividades de prazer e de distração; resumindo, não passam de incultura.

Seguindo as reflexões desenvolvidas pelos estudos culturais, este artigo se situa onde se confrontam as concepções antropológicas e humanistas da cultura. Os estudos culturais que inspiram este texto operam, em particular,

> na tensão entre essas tendências que entrelaçam uma antropologia aberta e a mais estreita concepção humanística de cultura. ... Mas, ao contrário do humanismo tradicional, elas rejeitam a equação exclusivista de cultura como alta cultura e argumentam que todas as formas de produção cultural precisam ser estudadas em relação às práticas culturais e às estruturas sociais e históricas. Estudos culturais são, então, comprometidos com os estudos de todas as modalidades de arte, crenças, instituições e práticas comunicacionais da sociedade[3]. (Nelson; Treichler; Grossberg, 1992)

Este projeto é mais limitado. Aqui, tenta-se evidenciar que diferentes conceitos de cultura coexistem e recortam o mundo cultural em diversas práticas mais ou menos superpostas ou justapostas. Num primeiro momento, tentaremos distinguir e evidenciar esses grandes tipos de modelização do mundo cultural. Depois, chamaremos a atenção dos mediadores da

2 Sobre esse tema, ler obra consagrada à sujeição filosófica da arte, de Danto, 1993.

3 Citação em inglês no original. (N.T.)

cultura e da arte sobre as diferenças de princípio e de lógica que mantêm essas distintas concepções.

A tipologia a seguir lista e classifica as oito principais maneiras de conceber, recortar e organizar o universo da cultura. Suas várias versões são estudadas adiante segundo seu modo de difusão e mediação.

- Sistemas contínuos
  - Graduados
    - Pelos valores do mercado
    - Pelos valores da cultura
  - Equânimes
- Sistemas divididos
  - Autopoiéticos
    - Autônomos hermeticamente fechados
    - Autônomos circunscritos
  - Heterônomos
    - Dialéticos
    - Dialógicos Autoecoorganizados
  - Alônomos[4]

Diagrama 2

Essa tipologia não consegue evitar as dificuldades inerentes a tal tentativa. Necessariamente incompleta, não considera certas nuanças e produz de modo artificial certos hermetismos, justamente onde a permeabilidade é maior. Mas, apesar de seus defeitos, permite distinguir ideias seguidamente confundidas, uma vez que são superpostas na prática, na organização e na interpretação dos fenômenos culturais.

A tipologia procura fazer a síntese das três principais concepções de cultura propostas pela Sociologia. A primeira é economista e considera a cultura um mercado.[5] A segunda é fruto do trabalho de Pierre Bourdieu em que o conceito de "campo" se aplica de início ao universo religioso antes

4 Pouco utilizada em português, esta palavra "alônomo" tem como prefixo "alo" (do grego *allo*) que significa "outro". Trata-se aqui de nomear uma produção realizada sob a orientação de outros, como crenças específicas ou princípios determinantes. Um sistema alônomo é, portanto, um sistema dependente, justo ao contrário da independência dos sistemas autônomos. (N.T)

5 Ver os trabalhos de Raymonde Moulin.

de ser exportado para o domínio vizinho da arte. A terceira, enfim, é a de cultura como "mundo", cujo quadro conceitual foi definido pelos trabalhos de Howard Becker.

Os sistemas culturais em continuum

Na primeira categoria são classificados os sistemas que concebem os espaços cultural e social sob a forma de uma continuidade. Neles, as produções culturais são graduadas em virtude dos diferentes sistemas de valores, como raridade, novidade, cotação no mercado, beleza ou universalidade. Mas eles podem não ser organizados ou hierarquizados. Nesse caso são os princípios de indiferenciação, equidade ou incomensurabilidade que prevalecem.

Graduação segundo os valores do mercado e do consumo

É um sistema concebido segundo uma forma de *continuum* graduado e hierarquizado de produtores e consumidores. No topo da hierarquia encontra-se uma elite econômica, mediática e cultural, que inventa e se apropria de tudo que é raro e novo. Ela aprecia as exclusividades e os protótipos que experimenta e ajuda a selecionar os produtos, que são rapidamente promovidos e podem cumprir o seu destino na indústria e no consumo de massas, indo progressivamente ganhar todas as camadas da sociedade.

É assim que os consumidores podem ter acesso a produtos culturais multiplicados, replicados, reproduzidos, ou imitados por processo industrial. Os motores psicológicos e sociais dessa difusão são a emulação, o desejo social, a imitação e o prazer de consumir. Na medida em que esses produtos culturais são reproduzidos e difundidos, eles perdem seu valor e são contínua e incansavelmente substituídos por outros. Quando um produto é socialmente esgotado, ele é eliminado por completo.

Bem mais tarde, alguns sobreviventes que se tornaram raros e históricos poderão, graças a sua raridade e antiguidade, ser reciclados e conhecer um novo processo de valorização entrando no patrimônio das coleções.

Ainda que as finalidades de tal concepção sejam aquelas da industrialização e da difusão de massa, o sistema conhece algumas exceções herdadas ou desviadas de outras percepções da cultura. Dessa forma, a possibilidade de produzir industrialmente objetos em séries limitadas ou individualizadas tenta mudar o funcionamento da produção de massa aplicando-lhe regras e valores dos mercados de raridade. No entanto, essa exploração da capacidade de produzir industrialmente a diversidade é uma tênue imitação do mercado da originalidade.

Em contrapartida, a extrema raridade ou preciosidade de certos objetos, assim como a produção de objetos únicos ou a limitação a tiragens reduzidas, leva a criar uma categoria de objetos excepcionais que escapam ao fluxo de mercadorias comuns para entrar na categoria de objeto de arte. (Podemos, assim, nos espantar que certas fotografias tenham sido desviadas do processo de reprodução, que é uma de suas especificidades técnicas, para ganhar o estatuto artístico de objeto único.)

Graduação segundo os valores da cultura

Os valores e as virtudes promovidos pelas concepções humanistas e universais da cultura pretendem ser menos cínicos, menos interessados e menos triviais que aqueles do mercado. Entretanto, criam um espaço cultural contínuo, que compreende as produções mais modestas e mais triviais classificadas abaixo do *continuum*, ao passo que as produções mais virtuosas, mais heroicas, mais singulares, mais universais e mais essenciais são colocadas no alto dessa hierarquia.

As qualidades eleitas para representar as propriedades culturais superiores são em geral as que, de um jeito ou de outro, são julgadas dignas para contribuir com a elevação espiritual da humanidade e o enobrecimento de seu comportamento. Essa concepção edificante da cultura é muito difundida: mergulha suas raízes no idealismo platônico, reforça-se no humanismo da renascença, depois na filosofia do iluminismo e, enfim, no progressismo modernista. Ela se nutre também das versões spencerianas da teoria evolucionista e não daquela de Darwin, como mostra Patrick Tort (1996). Nesse sentido, certas obras iriam se impor porque têm virtudes e qualidades superiores às outras produções que revelam o "metabolismo" da vida comum (Arendt, 1972). Exemplares, elas constituiriam os tesouros e as obras principais do patrimônio da humanidade. Essa abordagem entrega geralmente ao tempo o cuidado de fazer a seleção e a classificação das obras, e em seguida contenta-se em registrar o resultado do filtro temporal que ela considera relativamente neutro.

Essa citação de Annah Arendt (1972, p.257) ilustra bem tais concepções humanistas: "[o artista é] o produtor autêntico de objetos que cada civilização deixa para trás como a quintessência e testemunho durável do espírito que a anima". Em geral esses sistemas promovem os valores das elites ocidentais. A autenticidade, a espiritualidade, a singularidade, a originalidade, a unidade, a universalidade, a perenidade permitem hierarquizar a produção cultural em razão de gradientes de superioridade e inferioridade. Essencialmente centradas sobre esse tipo de noção do patrimônio universal e sobre o poder criativo incorporado nas obras pelo gênio do humano e sua cultura, as concepções da Unesco contribuíram para a universalização dessa visão da cultura.

Evocando seu sentido histórico de "governo dos melhores" (em grego, *aristokratia*), essa concepção vertical e hierárquica da cultura pode ser qualificada como aristocrática. Essa etiqueta não repercute da mesma maneira em todo o Ocidente, mas é interessante notar que no Reino Unido os melhores artistas podem ser enobrecidos pela rainha, e, na França, a República pode enobrecê-los por meio de três graduações: *chevalier*, *officier* ou comandante da Ordem das Artes e Letras.

Podemos também classificar nessa categoria certas ideias exclusivas da cultura que recusam sua noção antropológica e utilizam esse termo exclusivamente em referência ao que engrandece o espírito. Desde o século XVI, essa concepção de "cultura culta" privilegia a dimensão intelectual e seu desenvolvimento por meio de práticas apropriadas. Assim, para Jean-Louis Harouel, que se refere a Hannah Arendt, "Não existe mais 'cultura popular'ou 'cultura burguesa', 'cultura de massa' ou 'cultura operária'. O que existe é a cultura e a incultura" (Harouel, 1994, p.25).

Essa noção de cultura é ao mesmo tempo exclusiva e hierárquica. É exclusiva pelo fato de limitar os fenômenos culturais classificando como incultura o que, de acordo com seus critérios, não é cultura. É também hierárquica pois organiza os fenômenos culturais por um gradiente de elevação. Alain Finkielkraut (1987), outro adepto dessa concepção, lamenta o fato de a fronteira entre a cultura e a diversão ter sido atenuada, e a da instabilidade do "todo cultural" ter substituído o que se relacionava exclusivamente à "vida com o pensamento". Criticando o que é contrário a essa percepção, ele condena os efeitos da concepção pós-moderna da cultura: "Nós vivemos em função do *feeling*: não há mais verdade, nem mentira, nem estereótipos, nem invenção, nem beleza, nem feiura, mas uma paleta infinita de prazeres, diferentes e iguais. A democracia que deveria dar a todos o acesso à cultura se define, então, pelo direito de cada um à cultura de sua escolha (ou a chamar de cultura sua vontade do momento)" (1987, p.142).

A equanimidade cultural

A ideia equânime da cultura denunciada por Finkielkraut é animada pelos mesmos princípios humanistas e universalistas que a precedente, mas rejeita suas dimensões hierárquicas. Segundo a abordagem horizontal típica da pós-modernidade, todas as produções valem e devem ser tratadas de maneira equânime e equivalente. As categorias herdadas das outras concepções da cultura, tanto as hierarquizadas e as autônomas como as heterônomas, são abandonadas ou neutralizadas. As escalas e as diferenças são equalizadas visando a uma horizontalização do interesse e do julgamento. As produções são valorizadas por elas mesmas, por sua simples existência ou por sua necessidade local. Não são jamais valorizadas em detrimento das outras. Toda diferença de valorização é suspeita e contestada em nome de valores gerais e relativos. Nesse sentido, certas tendências no campo da arte autônoma têm contribuído grandemente para o desenvolvimento dessa abordagem. Declarações como "tudo é arte" e "todo mundo é um artista" ajudam a desconstruir os valores elitistas da arte para o desenvolvimento da equanimidade cultural.

Essa concepção equalizante não deve ser confundida com aquelas que valorizam as diferenças na sua incomensurabilidade.

Os sistemas de divisão da cultura

Essa área foi objeto de numerosos estudos que dizem respeito ao processo de construção da autonomia da arte e da estética diante das concepções da heteronomia. Tomando as categorias das ciências da organização (sistêmica), propomos um recorte fundamentado nos estudos das relações que um sistema mantém com seu meio. Assim, distinguimos três grandes famílias de interação e suas subdivisões.

- O primeiro grupo é constituído de sistemas autônomos autopoiéticos, que decompomos em duas tendências: os sistemas autônomos hermeticamente fechados e os sistemas circunscritos.
- O segundo é constituído de sistemas heterônomos, que se subdividem em sistemas dialéticos de uma parte e dialógico autoecoorganizados de outra parte.
- O terceiro é constituído dos sistemas alônomos que estão sujeitos às leis de seus meios.

Os sistemas do primeiro grupo se autodefinem, e recusam ou minimizam as relações com o ambiente. Os do segundo grupo negociam de maneira negativa ou positiva suas relações com seus meios, o que contribui para defini-los, especializá-los e enriquecê-los. Os sistemas do terceiro grupo são de fato os subsistemas dirigidos do exterior.

Na sua obra intitulada *As regras da arte* (1992; 1998), Pierre Bourdieu propõe uma modelização do fenômeno cultural ocidental e teoriza a divisão entre as artes puras e as artes "comerciais". No diagrama a seguir, adaptamos sua modelização à nossa abordagem.

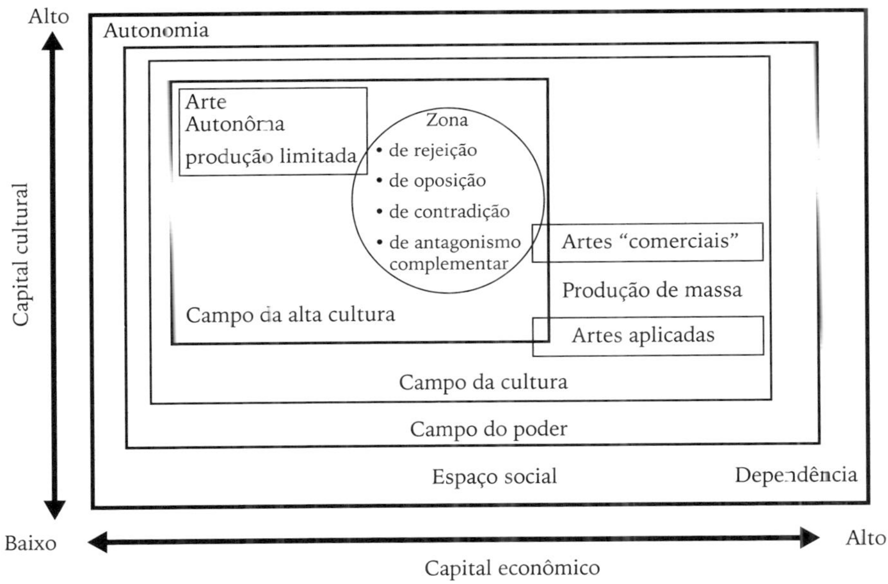

Diagrama 3 – Modelização da cultura dividida

Nesse diagrama o capital material cruza horizontalmente de um lado para o outro do espaço, ao passo que o capital simbólico cruza verticalmente de baixo para cima. Podemos ler, então, aquilo que Bourdieu chama "a economia invertida", lei segundo a qual quanto mais o capital simbólico é elevado, mais o capital material é rebaixado, e reciprocamente.

Do lado da autonomia, no topo do capital cultural, concentra-se a produção "pura" na qual o mercado é limitado ao microcosmo do campo artístico. Esse setor corresponde à concepção que será apresentada a seguir no item dos sistemas autopoiéticos. Junto do campo das artes puras e autônomas, figuram as artes "comerciais" e "aplicadas" que são mais heterônomas e ligadas (integradas ou dependentes) às demandas e influências sociais, políticas e econômicas. Em certos casos, elas são totalmente sujeitas às exigências dos seus ambientes e tornam-se alônomas. Em todos os casos se caracterizam por uma produção mais abundante respondendo às expectativas e exigências dos públicos e dos mercados.

No Ocidente, a divisão do setor da produção cultural começou no século XVI com as demandas dos pintores e escultores italianos, depois os franceses, que reivindicavam pertencer às artes liberais e rejeitavam sua submissão ao sistema das corporações de ofício. O trabalho de dessujeição às condicionantes religiosas, morais, sociais e políticas levou de modo progressivo ao aumento das independências do século XIX. As ideias autônomas e heterônomas de hoje são herdadas desse movimento, que também conheceu numerosas tendências reconciliadoras. As abordagens dialéticas são persistentes, mas desde algum tempo elas têm sofrido a concorrência de atitudes dialógicas menos negativas que buscam a complementaridade dos antagonismos.

Os sistemas autopoiéticos

Utilizamos aqui a concepção de autopoiési de Maturana e Varela (1980) e a expandimos de maneira relativamente metafórica aos sistemas culturais. Segundo eles, um sistema autopoiético é sensível a seu meio, que não cessa de perturbá-lo. No entanto, essas perturbações são suportáveis pelo sistema, que as compensa de modo permanente e consegue se manter operacionalmente circunscrito. Podemos distinguir aqui os sistemas por seus graus de autofechamento.

Sistema autônomo hermeticamente fechado. O microcosmo da arte

Neste primeiro caso, o sistema é fechado sobre si mesmo. É centrado sobre a criação, a obra, o artista, o meio artístico e a autodefinição da arte. Exclui ou ignora o mundo a sua volta com quem pretende não ter nenhuma relação, nem negativa no sentido de Adorno, nem positiva no sentido de Morin. Esses sistemas produzem sua identidade. Por meio de suas transformações, eles distinguem a si próprios de seu meio ambiente, pelas suas interações regeneram continuamente a rede que os produziu, e constituem um sistema como unidade concreta no espaço (Varela, 1989, p.45).

A ciência trabalhou muito tempo de maneira autônoma, e a independência e o isolamento de certas disciplinas científicas são o resultado mais contestado desse método de trabalho, mas é o rompimento com as preocupações sociais que cavaram a mais profunda vala entre a ciência, os cientistas e a sociedade. O novo pensamento ambientalista denuncia, com razão, esse isolamento, cujas consequências são catastróficas para o sistema global.

Essa dinâmica insular, centrípeta e autorreferente atraiu bastante os artistas no tempo da arte pela arte. Ela nutre também as aspirações e os procedimentos que conduzem às dissidências sem consequências fora do microcosmo artístico. Uma tempestade em um copo d'água. Essa dinâmica leva em geral ao hermetismo das produções, com o artista reproduzindo a seu modo o isolamento que o microcosmo mantém com seu meio ambiente (e.g., Michaud, 2003; Kaufmann, 2001; Heinich, 1993; 2005).

A autonomia fechada conhece as variantes multiculturais, as concepções neoétnicas e "tribais" da cultura e da arte, que conduzem a várias multiplicações de microcosmos culturais, sobre bases étnicas, sexuais (femininas, homossexuais), de idade (jovem), de classe etc. Cada grupo vigia ciumentamente o fechamento de sua rede para manter sua identidade. Juntos, militam para tornar conhecidas suas incomensuráveis e irremediáveis diferenças. Essa concepção multicultural "tribal" permite integrar todos os sistemas autônomos fechados, incluindo, evidentemente, aquele do microcosmo da arte pura, que se torna uma estrutura "tribal" em meio a outras.

Sistema autônomo circunscrito

Esse nível de organização é bastante próximo do anterior. Em geral ele é qualificado de autônomo no meio artístico e trabalha também a sua autonomia operacional, evitando as interações com o seu meio ambiente. Ele é centrado sobre a obra, a criação, o artista, o meio da arte e a autodefinição da arte, mas não cultiva as lógicas isolacionistas e o hermetismo.

Sistemas heterônomos

Os sistemas dialéticos

Seria muito ambicioso querer apresentar as diferentes ideias dialéticas e mais ainda querer fazer sua síntese. Heráclito (provavelmente), Platão,

Aristóteles, Descartes, Kant, Hegel e a reviravolta proposta por Marx forneceram as versões da dialética que mais nutriram as teorias da arte do século XX e continuam a lhes irrigar.

Ligadas à ideia de passagem, de troca e de progressão, as concepções dialéticas requerem simultaneamente:

- uma operação de distinção, de divisão e de contradição entre o mesmo e o outro, o um e o outro, que elas tentam compreender, um pelo outro, sem no entanto os separar; e
- uma operação de totalidade que reconhece a inseparabilidade das contradições em que importa descobrir os princípios de união em uma categoria superior (pelo menos na versão hegeliana).

Seja a respeito das relações entre natureza e cultura, inteligível e sensível, forma e conteúdo, arte e ciências, arte e cultura, arte e lazer, útil e inútil, as diferentes concepções da dialética acentuam mais ou menos radicalmente esta ou aquela parte do sistema. Algumas insistem sobre a contradição; outras, sobre a negação; outras, sobre o excedente; e outras ainda, sobre a totalidade.

Os sistemas dialógicos ou autoecoorganizados culturalmente

Segundo essa ideia, para a qual extraímos a modelização de Edgar Morin mais do que aquela de Michael Bakhtin, o sistema é decididamente ao mesmo tempo autônomo e dependente. Tal união dos antagonismos permite pensar os princípios organizadores (Morin & Le Moigne, 1999, p.255). Os sistemas engajados nessa relação dialógica positiva se aproveitam dela para se regenerar do interior e do exterior. Cada um é, por sua vez, complementar a seu meio e seu antagonista. Nesse sentido é possível dizer que a cultura organiza o mundo organizando-se a si mesma, mas também que, de um lado, o sistema da arte e, do outro, a indústria cultural estão passando por um processo de autoecorreorganização, e eles ajudam a organizar o mundo cultural organizando-se internamente.

Da mesma forma, é possível dizer que, em sua oposição, as artes "autônomas" e as artes heterônomas (em particular as indústrias culturais e de criação) contribuem para sua autoecorreorganização recíproca.

De acordo com tal concepção, o sistema de arte é suficientemente autônomo por buscar energia, informações e mesmo organização em seu meio ambiente cultural geral e em seu meio ambiente mais imediato, constituído pelas artes mais heterônomas das indústrias culturais. Essas interações servem ao mesmo tempo para a arte se regenerar e interagir com seu meio ambiente. As distinções e as oposições são mantidas, pois são consideradas produtivas, positivas, e não mais só negativas tendo em vista a estética negativa de Adorno.

De seu lado, as indústrias culturais e de criação[6] valorizam, sem dúvida, a criatividade e a inovação como matéria-prima fundamental. Com isso, elas vivem de um modo integrado à dualidade entre cultura e economia e levam em conta os sistemas artísticos autônomos, como laboratórios, fábricas de protótipos ou produtores de tendências nas quais se devem inspirar.

Os sistemas alônomos

A estrutura desses sistemas não permite que eles se organizem. Sua finalidade, sua organização e sua administração dependem de um ou de vários sistemas decisórios externos que impõem suas regras. Trata-se, portanto, de sistemas na verdade completamente subjugados que não podem se liberar das pressões da religião, da metafísica, da moral, da política, dos mercados.

Estudos dos modos de difusão e de mediação

É importante distinguir a difusão, que indica o transporte da informação pelas mídias, e a mediação, que é uma operação semiótica de tradução. Uma e outra são necessariamente ligadas, pois a formatação midiática veicula sempre os interpretantes pela semiótica de C. S. Peirce. Nesse sentido, há sempre uma parte de mediação nos processos de difusão.

6 De acordo com a definição da Unesco (<http://www.unesco.org/culture/industries/>), "As indústrias culturais incluem a edição impressa e a multimídia, a produção cinematográfica, audiovisual e fonográfica, assim como o artesanato e o design. Certos países estendem o conceito à arquitetura, às artes plásticas, às artes do espetáculo, aos esportes, à fabricação de instrumentos musicais, à publicidade e ao turismo cultural. Nesse caso estamos falando mais das 'indústrias criativas' (*creative industries*). Nos meios econômicos, elas são qualificadas como 'indústrias em expansão' (*sunrise industries*), e nos meios tecnológicos, como 'indústrias de conteúdo' (*content industries*)".

A difusão e a propagação

Todos os sistemas que estudamos podem se caracterizar pelo seu modo de difusão de experiências, usos, hábitos, comportamentos, valores e conhecimentos. Os mais fechados privilegiam os movimentos centrípetos e os processos de reforço interno de sua identidade e de sua integridade. A rede nutre-se das informações emitidas pela rede.

Os sistemas mais abertos privilegiam diferentes modos de difusão, entre os quais figuram a irradiação espontânea, a emulação e a expansão, a reorganização, a democratização, a valorização de todas as práticas.

As mediações e a metamediação

Desde a primeira etapa de toda a produção de signo, a mediação e a cultura estão associadas ao processo interpretativo. Se nos referirmos à estrutura do signo tal como ela é definida por C. S. Peirce, um dos três componentes necessários do signo funciona como uma representação mediadora, um intérprete, um intercessor e um terceiro, que é proveniente de um conhecimento já estável, refletindo amplamente o conjunto de representações e crenças que constitui a cultura. Em consequência, se o processo de mediação pelas instituições culturais é imbricado em todas as operações semióticas, a mediação pela cultura é um fenômeno elementar do pensamento e dos "intérpretes", aos quais C. S. Peirce faz referência e são ativos em cada operação semiótica.

A mediação é, então, um processo de acompanhamento semiótico e de inter-relação semiótica necessário que intervém em cada ocasião de fabricação dos signos. A mediação da qual falamos neste capítulo não é senão um tipo particular da mediação semiótica elementar. O mediador (dispositivo, máquina ou humano), como um intérprete, insinua-se no processo semiótico elementar para lhe inserir os interpretantes destinados a facilitar, desenvolver, efetivar, enriquecer, ampliar e mesmo questionar o processo interpretativo.

O mediador profissional escolhe (e ajuda a escolher ou a elaborar) os interpretantes de acordo com o tipo de mediação e seu potencial. Em consequência, um mediador cultural seleciona ou contribui para coelaborar os interpretantes no campo cultural de sua referência, portanto, com base na concepção que ele tem de cultura.

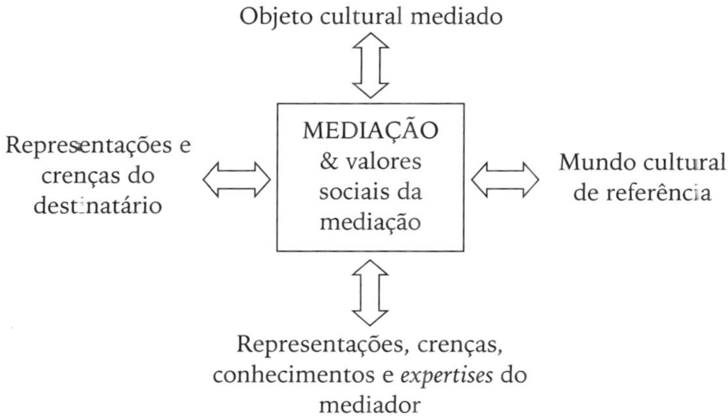

Diagrama 4

A mediação da cultura (das culturas) ganha existência no cruzamento de quatro entidades: o objeto cultural mediado; as representações, crenças e conhecimentos do destinatário da mediação; as representações, crenças, conhecimentos e *expertises* do mediador e o mundo cultural de referência. A que se desenvolve nesse cruzamento concentra também os determinantes sociais ligados ao processo de transmissão dos saberes, dos valores, das emoções.

Aqui se tocam sutilmente, e de maneira muito variável segundo os meios e as concepções de cultura, a origem e a posição social do indivíduo em relação a sua legitimidade social e cultural.[7]

As mediações são processos de acompanhamento semiótico que intervêm ao longo das operações de difusão e de propagação de objetos culturais. No quadro de mediações da cultura, elas se diferenciam consideravelmente em razão das concepções de cultura que revelam. Na prática, constatamos que a mediação é um campo da atividade de acompanhamento cultural e, mais raramente, uma ocasião de reflexão crítica sobre as várias modalidades de construção dos fenômenos culturais.

No domínio cultural e artístico podem-se distinguir duas grandes abordagens da mediação. A primeira é diretiva e, em sua forma mais pobre, fornece só um sistema interpretativo, impondo um único tipo de compreensão do objeto cultural. Em sua forma mais rica, produz sistemas interpretativos que tentam se articular, ou não, e trabalhar conjuntamente.

7 Ver a esse respeito os argumentos de Pierre Bourdieu, 1979, p.379.

A segunda abordagem da mediação é construtivista. Por diversos meios interrogativos, problemáticos, práticos, interativos, ela contribui para o surgimento da construção de um ou de vários processos interpretativos pelo "destinatário" da mediação. Diretivas ou construtivistas interativas, as missões diretas da mediação revelam essencialmente os projetos de difusão das experiências e dos conhecimentos da cultura e da arte. Essas missões diretas valem para todas as concepções centrípetas ou centrífugas da arte e da cultura que foram apresentadas no capítulo anterior. Indiretamente, e isso só é válido para certas noções da cultura e da arte, a mediação diretiva ou construtivista tem uma missão de democratização. As ajudas à interpretação servem ao projeto mais global de entreter, de restabelecer ou de provocar vínculos entre o mundo da cultura e da arte e o referencial de um público adquirido ou potencial.

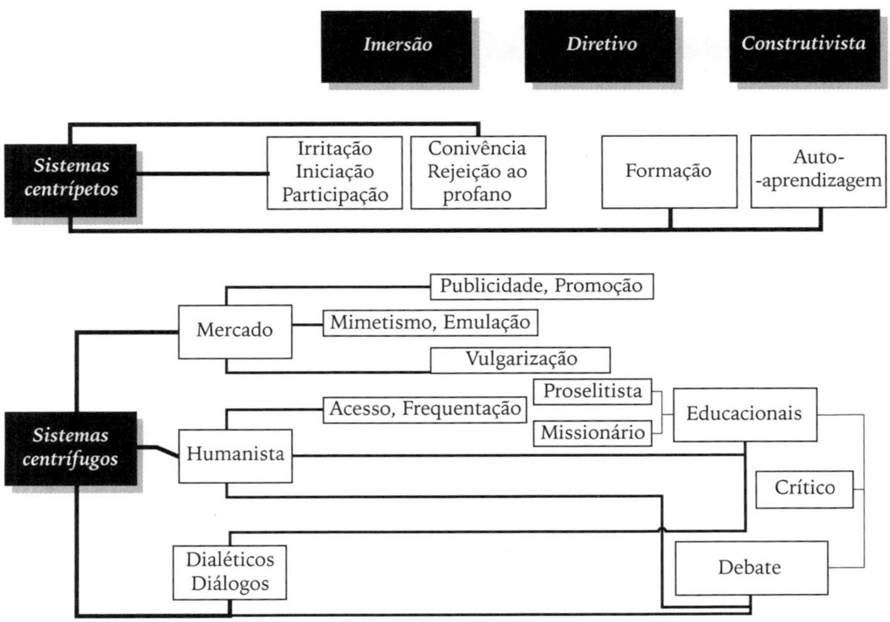

Diagrama 5

Esse mapa conceitual deve ser lido como um quadro de dupla entrada. É uma síntese das interseções entre as principais noções da cultura e da mediação expostas neste capítulo.

As concepções da cultura centrípetas (voltadas para o campo da cultura cultivada e legitimada) e centrífugas (abertas a outros campos, como econômicos e sociais, entre outros) podem dar lugar a diferentes tipos de mediação que reagrupamos em três tendências:

- imersão (o processo de mediação se faz de maneira não formal no meio cultural);
- diretivo (a mediação é um dispositivo formal de transmissão de conhecimentos "eruditos", portanto que descendem "daqueles que sabem" para "aqueles que não sabem"); e
- construtivistas (as mediações são negociações que implicam interativamente os parceiros de troca).

Os principais modos de relação cultura-mediação figuram nas interseções entre as concepções da cultura e da mediação.

Além de seu efeito de síntese, esse mapa conceitual permite assinalar, classificar e nomear os diferentes modos de mediação. Suas operações possibilitam comparar e criticar os casos observados na prática. Particularmente, podemos situar os diversos casos observados sobre a diagonal que vai dos sistemas de reprodução cultural fechados aos sistemas abertos e interativos fundamentados nas discussões e no debate crítico.

Difusão e mediação no caso dos sistemas centrípetos

Como tentamos mostrar, as concepções autopoiéticas e autonomistas fundamentam-se no fechamento do sistema, então é coerente afirmar que a difusão das informações seja do tipo centrípeto. Ela se desenvolve internamente em proveito do reforço da identidade do sistema, de sua homogeneidade e de sua rede. É essencialmente destinada aos iniciados, que são os artistas, aos intermediários da arte, aos colecionadores, aos especialistas e aos amadores esclarecidos. Por extensão, diz respeito também a *l'honnête homme* bem disposto ao julgamento de gosto, à apreciação e à crítica centrada nas obras de arte que se tornam assim fetichizadas.

Em razão da forte identificação com o meio, os efeitos "sectários" e "tribais" condicionam os processos de mediação, que devem manter-se discretos e informais. Eles são, portanto, integrados e funcionam por imersão, mimetismo, iniciação espontânea e autoaprendizagem, mas também pela participação em toda ocasião de coconstrução da obra. De fato, hoje, mais do que nunca, a construção e a definição de uma produção como "obra de arte" requer a colaboração de todos os atores do microcosmo nas diferentes etapas do campo de produção, difusão, comunicação e interpretação. O artista é inteiramente dependente de seu meio que ajuda a fixar a significação e o valor (os valores) de seu trabalho (Becker, 1982,[8] Bourdieu, 1992-1998, p.284-5 e 481). Nessa rede, o trabalho do artista consiste tanto em criar os objetos como em obter a contribuição do microcosmo (Heinich, 1998).

É assim que durante a fase de formação/mediação dos membros do microcosmo, todas as atitudes e condutas adequadas são incorporadas. Os herdeiros dessa cultura elitista são excelentes nessa construção identitária refinada que se mantém inacessível aos não iniciados. Os pretendentes externos a esse microcosmo fazem mais frequentemente o papel de ricos emergentes ou de filisteus cultivados (Arendt, 1972, p.261).

Como se refere Yves Michaud (2003, p.46),

> Toda a sutileza consiste em que o segredo seja bem guardado e que o público comum permaneça no comum e o público iniciado na iniciação. Nota-se que numerosos grupos funcionam privilegiando a confidencialidade, a conivência, a cooptação e a rejeição do profano. As religiões, a política e numerosas formas culturais têm a tendência de segregar esses núcleos "sectários".

Em si, a rejeição do proselitismo não tem nada de escandaloso. Assim como observa Yves Michaud (2003, p.44) a respeito da arte contemporânea, "uma arte não tem obrigatoriamente vocação para difundir-se como um serviço público". Sobre isso, é importante lembrar que tudo o que é fechado não é necessariamente elitista. O termo é, aliás, com muita frequência utilizado como um eufemismo para mascarar um pequeno número de adeptos ou a ausência de público. Veremos, mais adiante, que o desejo de alargar os públicos dessas formas culturais fechadas pressupõe outra concepção da cultura. Em geral, as concepções em *continuum* na cultura falam da descoberta de "vanguardas" e de sensibilização à "criação" contemporânea.

Difusão e mediação no caso dos sistemas centrífugos

O caso da concepção do mercado de cultura

Quando a cultura é concebida como mercado, os objetos culturais são considerados produtos de consumo, bens ou serviços culturais. Mesmo se

8 Como nota Howard Becker (1988, p.27), "Todo trabalho artístico, como toda atividade humana, faz intervir atividades conjugadas de um certo número e, às vezes, de um grande número de pessoas. A obra de arte que vemos ou que entendemos, no final das contas, começa e continua a existir graças a essas cooperações, que podem revestir uma forma efêmera, mas tornam-se muitas vezes mais ou menos sistemáticas, engendrando as estruturas das atividades coletivas que podemos chamar de mundo da arte".

uma parte entre eles reforça a economia dos protótipos e dos produtos de luxo, todos os produtos diretos ou indiretos da indústria cultural são suscetíveis de integrá-la. Desse ponto de vista, os signos e os valores do capital simbólico são tão comercializáveis e consumíveis quanto os objetos e os bens materiais. Os princípios de difusão desses signos e produtos dependem dos mecanismos de emulação e do desejo social que governa o consumo, a degradação e a renovação dos bens simbólicos e materiais.

Tal abordagem capitalista, defendida notadamente pelos economistas e políticos anglo-saxões, concerne diretamente ao funcionamento das indústrias culturais, com destaque ao cinema, ao audiovisual, à multimídia, à música, ao livro ou à moda. Por extensão, é todo o universo da criação que pode ser integrado naquilo que os anglo-saxões chamam indústria da criação.

Para todos esses produtos e eventos, neles incluídos os artísticos e os luxuosos, a criação e a inovação direcionam-se de início às elites do poder, do conhecimento, do gosto, e do dinheiro. A mediação das obras e dos saberes que as acompanham é assegurada por todos os intermediários que são os donos de galerias, os *marchants*, os consultores de arte, os animadores culturais, mas também pela frequência direta dos artistas e da crítica às *vernissages* e aos encontros da vida mundana.

Em geral, quando essas elites consumiam sua parte de diferença, distinção e privilégio, mantendo o interesse social, o processo de emulação completava o ciclo. Desde então, o desejo de imitação manteve o desejo de apropriação nas categorias da população que frequentam direta ou indiretamente as elites. Para elas, as mídias, a edição e a publicidade especializada assumem o papel de mediadores.

As outras categorias da população têm acesso aos produtos derivados e às reproduções, assim como às formas mais degradadas da mediação, nas quais o termo "vulgarização" ganha todo o seu sentido.

No caso dos "objetos de arte" e da maioria dos produtos de luxo, tudo é feito para que o processo de difusão seja limitado. O consumo se mantém circunscrito ao mundo das elites que controla a raridade, assim como a rarefação dos produtos. Nesse domínio, a unidade, a raridade, a supremacia, a exclusividade, a excepcionalidade e a autenticidade são valores cultivados. No caso dos objetos de luxo e originais, a circulação conserva-se definitivamente interna ao meio elitista. Entretanto, parte importante desses objetos deixa a esfera privada pela esfera de exposição pública. Em tal ocasião, as operações de exposição e preservação em museus elevam ao infinito os valores econômicos e simbólicos do produto retirando-os, às vezes definitivamente, do fluxo de mercado. O interesse social é então voltado para a visita a esses museus (uma forma de apropriação sem propriedade), onde pode se beneficiar das diferentes formas de mediação.

Segundo essa perspectiva, as obras de arte são quase produtos como os outros, mas produtos que chegam a escapar ao processo de vulgarização se submetendo a um deslocamento físico do espaço privado elitista para o espaço público superior. Elas conservam uma parte dos valores elitistas de distinção e enobrecimento, ainda que tornando magníficos os valores da sacralização, da construção do herói, da espiritualização e da universalização.

Todas essas operações de transfiguração são aceitas pelo conjunto da população que consente esse modo de apropriação coletiva e se submete às influências dos valores por ele veiculados.

A abordagem capitalista parece por vezes se distanciar e aproveitar de toda a variedade de conceitos apresentados nessa nossa tipologia. Ainda que reclamando uma divisão no campo da cultura, a ideia alonomista da arte pode ser assimilada à concepção contínua do mercado. Nesse caso, as produções culturais submetem-se unicamente às exigências econômicas e dependem também das encomendas religiosas, metafísicas ou políticas.

É notadamente contra a visão mercantilista encarnada pela burguesia e pelos filisteus cultivados, de quem as vanguardas artísticas radicalizaram a autonomia no século XIX. Na distribuição das diferentes concepções da cultura, as alônomas (integrando a abordagem mercantilista) situam-se no oposto das autônomas. Quanto às concepções heterônomas, elas exploram essa bipolarização para se construir dialética ou dialogicamente, situando-se, então, a meio-termo entre as alônomas e as autônomas. Segundo Marc Jimenez (1997, p.251), é a autonomia da arte que permite pensar a sua heteronomia.

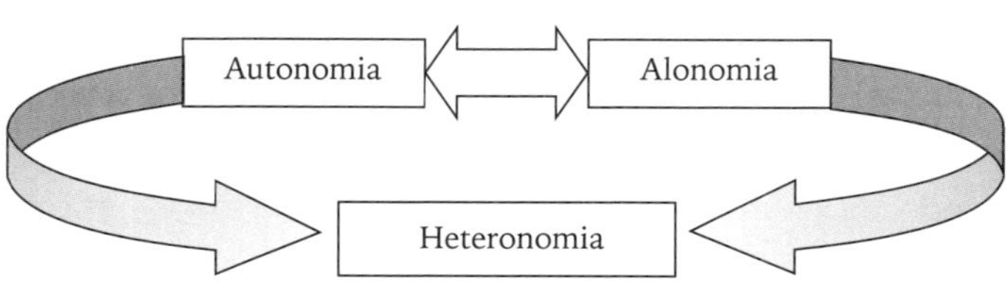

Diagrama 6

O caso da tradição humanista

Aqui as regras da seleção valorizam as qualidades privilegiadas pelos detentores dos poderes simbólicos, elevando essas qualidades a qualidades humanas. As obras de "valor" que resistiram ao ultraje do tempo e aos acasos da história (destruição, vandalismo, reciclagens, trocas de gosto, esquecimentos) ascendem aos *pantheons* do patrimônio universal: o museu, o conservatório, as academias. Assim como observa Jean-Louis Harouel (1994, p.264-5), um dos mais claros representantes dessa concepção da cultura,

> é o século XIX, herdeiro das Luzes, que concebeu o projeto, aristocrático em seu princípio e democrático em seu âmbito de aplicação, de uma espécie de redenção pela cultura. Nessa ideia de estender ao maior número esse trabalho do espírito sobre ele mesmo, com o propósito da sua elevação, é que a cultura, o seu alto valor, a sua natureza elitista, aristocrática, são plenamente levados em conta. Trata-se da democratização de um processo aristocrático, devendo permitir o acesso de todos à plena humanidade, à civilização, à vida do espírito, ao senso da arte, que esteve até então apenas sob o apanágio de uma elite.

Qualquer que seja a origem, a intenção, a finalidade e a função dos objetos os mais diversos, o museu, esse grande mediador, afeta-os autoritariamente tendo a arte como interpretante e denominador comum.

Distinguimos três principais modos de difusão e de mediação das "obras-primas" (*chef d'oeuvres*).[9]

- O primeiro modo de acesso às obras é do tipo inato. Ele está fundamentado na crença na universalidade da sensibilidade às "obras-primas". A experiência sensível e estética é concebida com base no modo direto, espontâneo e natural. Em consequência, o domínio do sensível valoriza a inteligibilidade e o conhecimento dos interpretantes. A mediação reduzida à exposição é elementar e se limita a favorecer o encontro com as obras, evitando todas as demais abordagens. (e.g. Caillet & Lehalle, 1995 ; Darras, 2001).
- O segundo modo de difusão reivindica a elevação dos espíritos e o refinamento da sensibilidade pela frequência às "obras-primas". As mediações têm então um projeto claramente de educação pela arte,

9 Traduziu-se "*chef d'oeuvres*" como "obra-prima" conforme é usual. Mas o termo em francês "*chef d'oeuvres*", ou literalmente "obra chefe", parece indicar melhor o caráter de "obra capital" ou obra mais importante, obra principal do artista. (N.T.)

cujos objetivos defendidos por Herbert Read e a InSEA (Internacional Society for Education through Art) são bons exemplos dessa tendência. A essa concepção da cultura e da arte adere, de certa maneira, a maioria dos serviços educativos e pedagógicos dos museus, mas também os programas de sistemas educativos (e.g. Darras, 1998).

- O terceiro modo de difusão tem como projeto a democratização do domínio da arte e da alta cultura. Seus adeptos consideram que as "obras-primas" pertencem a todos os humanos e não devem se manter restritas à elite que as produziu e possui, nem àqueles que sabem apreciá-las.

Distinguimos aqui três atitudes diferentes.

A primeira é proselitista e acrítica e não hesita em fazer a promoção dos valores elitistas que presidem a constituição das obras e das coleções. Os mediadores afrontam com toda a ingenuidade o paradoxo da democratização do elitismo e são frequentemente os encarregados da manipulação sutil da qual fala Pierre Bourdieu em *La distinction* (1979, p.422).

A segunda é missionária (e um pouco colonialista) e tenta cooptar para suas teses humanistas todo o público, e particularmente os mais deserdados e os menos "humanizados" ou civilizados, por meio do encontro com as obras da alta cultura.

A tentação de sensibilizar o público estrangeiro com as formas culturais insulares, promovidas pelos "proselitistas" e os "missionários", reclama uma dupla ação. Por um lado, eles devem tentar inverter as barreiras protecionistas elaboradas pelos grupos autonomistas, por outro, devem tentar sensibilizar o público com dispositivos culturais que se dirigem apenas aos iniciados. Praticamente em todo o mundo ocidental, as tentativas voluntaristas nesse domínio não encontram todo sucesso esperado. Pensamos que tais insucessos encontram sua origem na incompatibilidade das concepções envolvidas. Da mesma forma que não se ampliam os limites de um grupo protecionista à força, não se arrasta um não iniciado ao círculo dos iniciados.

A terceira atitude é decididamente crítica. Ela sabe que a constituição do patrimônio não é fruto dos acasos da história e que a constituição do patrimônio não é neutra. A mediação que ela prometia integra as abordagens distanciadas que realçam a metamediação.

A arte contemporânea revela os funcionamentos protecionistas (e os desafios de distinção, de discriminação e de poder que se desenvolve) e adota para si uma abordagem comparativa e sistêmica. Todos os indivíduos têm a experiência de redes mais ou menos fechadas que desenvolvem suas próprias regras, seus códigos e sua organização para proteger-se e distinguir-se dos outros. Um casal, uma família, um clube, um partido, um grupo constituem entidades autárquicas que cada um já pôde experimentar. A descoberta dos dispositivos culturais autárquicos pode apoiar-se na curiosidade dos não iniciados sem, no entanto, procurar lhes fornecer valores que não lhes pertencem e não lhes pertencerão nunca. Reencontraremos essa atitude nas mediações que são da competência das concepções heterônomas da cultura.

O caso dos sistemas heterônomos

Quer elas sejam dialéticas ou dialógicas, as concepções heterônomas podem adotar simultânea ou sucessivamente os modos de difusão e mediação utilizados por todas as outras. É assim que elas justapõem e articulam as difusões centrípetas e centrífugas e as diferentes formas da mediação que lhes são associadas.

Elas têm, portanto, a possibilidade de adotar todas em justaposição, mas também, e sobretudo, de confrontá-las. Com fins dialéticos ou dialógicos e com os interpretantes dialéticos ou dialógicos, elas exploram os antônimos, as oposições, as contradições e as alternâncias para nutrir e esclarecer os debates, como também para proceder à desconstrução e à reconstrução dos componentes da paisagem cultural.

Ainda que nesse domínio as mediações possam ser diretivas, afirmativas e autoritárias, elas são tanto mais adaptadas quanto mais sejam construtivistas e interativas. Mais realistas, diria Habermas (1987, p.117), fazendo referência à etnometodologia: "... [a] imagem de uma comunicação difusa, vulnerável, interminavelmente revisada, aos sucessos esporádicos, onde os participantes se apoiam sobre pressuposições problemáticas e não elucidadas e só avançam tateando de um consenso ao outro".

As mediações dialéticas e dialógicas contribuem para o desenvolvimento da capacidade de pensar o fenômeno cultural na sua complexidade, explorando as contradições das representações e crenças da instituição cultural, mas também as contradições de seus públicos.

Os próprios mediadores frequentemente são pegos em descompasso entre suas aspirações culturais e os objetivos de suas missões. Assumindo e explorando as contradições que as suas ações atualizam, eles contribuem para a reflexão crítica sobre as culturas com as quais são coniventes.

As oposições não são limitadas à confrontação entre as artes úteis ou comerciais e as artes puras, como permite pensar o modelo apresentado anteriormente; elas podem também abordar numerosas oposições e contradições que emergem das relações entre a natureza, as sociedades, as culturas, as artes, as mídias, o "cultual" e o cultural, o divertimento, o consumo, a subjetividade e intersubjetividade, a autonomia e a dependência. Esse trabalho é precisamente aquele da metamediação.

Ainda que estejamos interessados no estudo de todas as concepções da cultura e suas implicações no processo da mediação, as abordagens heterônomas, dialéticas e sobretudo dialógicas nos parecem favoráveis. Notadamente porque elas favorecem as mediações mais ricas, mais críticas e mais distanciadas.

Conclusão

Para concluir o texto, apresentamos uma mediação cultural que tem a vantagem de funcionar visualmente e responde ao que está em jogo numa concepção e numa mediação dialógica da cultura.

Essa mostra mediadora está exposta no Museu de Louvain-la-Neuve, na Bélgica, < http://www.muse.ucl.ac.be>. Há trinta anos esse museu organiza com sucesso um conjunto de mediações destinadas a vários públicos, mas sobretudo sua museografía "interacionista" é original e audaciosa. Sob a responsabilidade do professor Ignace Vandevivere, o dispositivo museológico confronta objetos culturais de diversas naturezas. Alguns desses objetos culturais são oriundos de diferentes culturas e épocas: africana, americana, asiática, europeia, da Oceania, da Antiguidade, da Idade Média, moderna e contemporânea. Alguns são obras de arte eruditas, outros são objetos ou imagens oriundos do que chamamos artes populares, brutos e *naïfs*.

Diferentemente, porém, dos museus cronológicos e compartimentalizados, o objetivo do museu de Louvain-la-Neuve é fazer se encontrarem e dialogarem as categorias, as classificações, as hierarquias, e ao mesmo tempo favorecer uma exploração não linear da História. As correspondências plásticas, históricas, culturais ou temáticas que se organizam em vizinhanças sutilmente arranjadas são também a ocasião de diálogos e de debates sobre problemáticas culturais, artísticas e museológicas. Aqui, costumes, rotinas e certezas do visitante cronológico são desmontados pelo programa de interconexões entre os objetos culturais expostos. Trata-se de um museu na contramão da "corrente dominante", que propõe uma visita ativa, exploratória e inventiva. Nesse espaço, os desencadeadores da mediação provêm tanto das surpreendentes correspondências quanto das numerosas mudanças de registro museográfico da exposição.

Foto 1 – René Magritte, *La magie noire*, vers 1946, et *Torse de Méléague* Copie romaine Ie 2e s.

Cada agrupamento de obras e objetos culturais tem a função de excitar os processos interpretativos do visitante e de solicitar o seu gosto para a comparação, a investigação e a improvisação. Aqui não é tanto o espaço ou o tempo que é dado a percorrer, senão o sentido e a sua construção pelos percursos interpretativos variados. Tal como um sistema complexo, o museu funciona por meio de pequenas unidades orgânicas vinculadas de maneira intensa, variada e dinâmica, para formar conjuntos mais amplos. As correspondências desenvolvem-se primeiro de perto e depois de longe, estimulando o visitante ativo a tecer vínculos, depois conjecturas e articulações cada vez mais complexas e gerais.

É o caso de um espaço temático consagrado às cenas religiosas, onde estão agrupadas uma escultura de madeira de uma "Virgem da dor" do século XV, uma pintura "Lamentação" do século XVI, duas gravuras modernas da Paixão de Cristo por Rouault e uma pintura "fixada sob vidro" de arte popular representando uma "Descida ao túmulo".

Foto 2 – Vierge de douleur, Tournai XVe.

Podemos ver que essas obras estão interconectadas e são mediadoras umas com as outras. Assim que entra na sala, o visitante fica surpreso com a presença física da Virgem esculpida que parece participar da cena da lamentação da pintura. Sua inclinação dolorosa gera um contexto de compaixão comunicativa que repercute visualmente nos personagens da pintura. Nossa atenção fica retida por um personagem secundário do quadro que estranhamente se parece com a escultura.

Fora a situação muito envolvente e provocadora de cumplicidade, essa proximidade icônica permite abordar as questões da representação das posturas, da expressividade visual e plástica como também da iconografia, de seus impactos nas artes eruditas ou populares, da repetição e da perpetuação das formas culturais em um universo cultural.

A descoberta da gravura moderna de Rouault desenvolve-se também com a curvatura simbólica e a gestualização de dor e de paixão, cujo interpretante nos é fornecido por meio das outras figuras. O jogo com os reflexos serve de maneira admirável para misturar as imagens e fazê-las ressoar em conjunto.

Foto 3 – Rouault, *Descente de croix*, gravura.

A pintura fixada sob o vidro traz uma prolongação ao tema religioso, reforça o debate sobre as artes eruditas ou populares e, além da questão técnica da pintura fixada sob vidro, dá uma piscada de olho ao *sous-verre* das gravuras. Assim, surgem as questões de conservação, proteção e exposição das obras.

A confrontação que nasce nessa sala volta à tona em outros lugares e cruza diálogos já abordados. A visita desenrola-se em rede no espaço do museu desmultiplicado em benefício da proliferação das interpretações, interrogações e dos debates.

Esse museu aberto aos percursos múltiplos é também um lugar de experimentação em atos, e em particular em atos visuais, e é assim que acolhe regularmente novos projetos de diálogo ao convidar, por exemplo, membros da comunidade universitária a propor sua própria cenografia.

Foto 4 – Cornelius Van der Veken, *Vierge à l'enfant*, XVIIIe.

Na foto, estudantes de arquitetura exploraram plástica, simbólica e iconograficamente o espaço da sala e a fissura que altera a madeira dessa "Virgem com o menino Jesus" do século XVIII (Cornelius Van der Veken, 1665-1742).

O dossel vermelho aberto em duas partes cria uma elevação plástica e espiritual na grande sala do museu dominada pela biblioteca universitária. Sublinha e desmultiplica a fratura da madeira dando início a uma série de interrogações culturais que evocam sutilmente o destino da Virgem e remetem à sua iconografia: "A Anunciação" e o milagre da concepção virginal, "A virgem com o menino Jesus", naturalmente, "A descida do Espírito Santo" e inclusive "A Assunção de Nossa Senhora".

Referências bibliográficas

ARENDT, H. *La crise de la culture*. Paris: Gallimard, 1972.

BECKER, H. *Art worlds*. Califórnia, The Regent of the University of California, 1982.

__________. *Les mondes de l'Art*. Paris: Flammarion, 1988.

BOURDIEU, P. *La Distinction*. Paris: Editions de Minuit. 1979.

__________. *Les règles de l'art*. Paris: Seuil, 1992, 1998.

CAILLET, E. & LEHALLE, E. *À l'approche du musée, la médiation culturelle*. Lyon: Presses Universitaires de Lyon, 1995.

DANTO, A. *L'assujetissement philosophique de l'art*. Paris: Seuil, 1993.

DARRAS, B. Art, musées et nouvelles technologies. *Art Press N° Spécial: Les Écosystèmes du Monde de l'Art*, Nov. 2001.

DARRAS, B. (Dir.) Éducation artistique à l'école et au musée. Lyon: Presses Universitaires de Lyon, 1998. (Public et Musée, n.14)

FINKIELKRAUT, A. *La défaite de la pensée*. Paris: Gallimard, 1987.

GROSSBERG, L. Cultural studies: an introduction. In: GROSSBERG, L.; NELSON, C.; TREICHLER, P. *Cultural studies*. New York, London: Routledge, 1992.

HABERMAS, J. *Théorie de l'agir communicationnel*. Tome 1. Paris: Fayard, 1987.

HAROUEL, J. L. *Culture et contre-cultures*. Paris: PUF, 1994.

HEINICH, N. *L'élite artiste excellence et singularité en régime démocratique*. Paris: Gallimard, 2005.

__________. *Le triple jeu de l'art contemporain*. Sociologie des arts plastiques Paris: Minuit, 1998.

__________. *La gloire de Van Gogh. Essai d'anthropologie de l'admiration*. Paris: Minuit, 1993.

JIMENEZ, M. *Qu'est-ce que l'esthétique?* Paris: Gallimard, 1997.

KAUFFMAN, J-C. *Ego, pour une Sociologie de l'individu*. Paris: Nathan, 2001.

MATURANA, H. & VARELA, F. Autopoïesis and cognition: The realization of the living. *Boston Studies in the Philosophie of Science*, t.XLII, Boston, D. Reidel, 1980.

MICHAUD, Y. *L'art à l'Etat gazeux. Essai sur le triomphe de l'esthétique*. Paris: Stock, 2003.

MORIN, E. & LE MOIGNE, J-L. *L'intelligence de la complexité*. Paris: L'Harmattan, 1999.

TORT, P. (Dir.) *Dictionnaire du darwinisme et de l'évolution*. Paris: PUF, 1996.

VARELA, F. *Autonomie et connaissance, essai sur le vivant*. Paris: Seuil, 1989.

3
Modos de pensar museologias: educação e estudos de museus[1]

Carla Padró Puig

> *Os museus são produto da classe dominante e representam as aceitações e definições desta, da mesma maneira que fazem a maioria dos complexos institucionais das sociedades de grande escala.*
>
> Ames, 1992

Neste texto interessa abordar os estudos de museus desde a educação, porque ela também produz conhecimento no pensamento museológico, apesar de se ausentar de muitos textos sobre museologia.[2] Enfatizaremos como distintas museologias legitimam, silenciam, relatam certas noções sobre a função educativa dos museus. A educação medeia significados sobre como os museus projetam saberes aos visitantes em determinado contexto, criando perfis sobre a identidade, a subjetividade, a cultura ou a coletividade.

---

1 Este artigo é uma revisão de um texto de Padró publicado pelo Boletim do Museu Nacional de Arte de Catalunha em 2003. Tradução para o português de Christiane de Souza Coutinho Orloski.

2 Geralmente, a educação nos museus define-se como provedora de serviços e programas mais do que geradora de políticas de museus e de formas de pesquisa sobre os discursos e práticas que se geram com certo tipo de visitantes. Um exemplo seria o *Manual de la Museología* de Burcaw, versão revisada de 1979, que só dedica um capítulo de quatro páginas a "educação e atividades", quase no fim do livro. Previamente, se havia falado extensamente sobre a história do museu, sua organização, colecionar e exibir como os únicos "protagonistas" nessa "história".

Uma das referências utilizadas ao longo deste artigo é o trabalho de Roberts (1997), que defende a necessidade de se estimular uma prática educativa que conteste as políticas institucionais, e, portanto, parta do princípio de que o conhecimento no museu não surge por si só, mas é construído e compartilhado por uma série de interesses e por alguns profissionais que projetam o que "é ou deveria" ser um museu. A autora fundamenta suas afirmações no estudo das comunidades de educadores de museus americanos, em que, desde o momento em que foram pesquisados e lhes foram perguntadas outras questões além da forma, da função e da técnica das exposições, puderam tratar de questões como qual é "a compreensão, o significado e a voz das mensagens da exposição" e apostar em temas diferentes dos da cultura dos curadores. Isso explica uma nova posição da educação no sistema museológico, associada com desconstruir e ressignificar, mais que descrever ou afirmar.

Esse posicionamento "vai contra as maneiras tradicionais de conhecer e apresentar objetos" (Roberts, 1997, p.55) e pretende levar em conta que os museus também podem ser espaços dialógicos.[3]

Por outro lado, vale destacar o trabalho de Sturm (2002), no qual se refere à educação como mediação/educação/comunicação, partindo de um sentido desconstrutivo para confrontar a unidirecionalidade da comunicação até o modelo emissor/receptor. Assim, o fazer desconstrutivo na educação nos museus contribui para desterritorializar o sujeito que já não é entendido como unitário nem autônomo, mas sim posicionado no discurso. Sturm define o conceito de *arte-mec* ou mediação artística como

> o conhecimento da produção permanente de situações sem nenhuma disposição correta, mas percebendo as constelações transitórias de poder, de um sujeito que não está como – e sem querer – sempre inerente a qualquer coisa que faça, e o demonstra apesar desta posição. Esta posição que tem o sujeito pode ser, por exemplo, a de artista homem ou mulher, a de mediador artístico/educador/comunicador homem ou mulher ... (2002, p.181)

Assim, tanto o posicionamento[4] do sujeito como do discurso são suscetíveis a mudanças. Essas duas contribuições são muito importantes para a educação dos museus, pois problematizam o que durante muito tempo foi

3 Sobre a educação dialógica ver Aubert et al., 2004.

4 Segundo o construcionismo social de Gergen, a noção de posicionamento caracteriza-se por compreender as posições como processos relacionados, os quais se criam na interação com outras pessoas e dentro de uma estrutura social. Para mais informações, ver Gálvez, 2003.

entendido por museologia: uma ciência a serviço da conservação/difusão de alguns objetos que, uma vez colecionados por uma instituição, são automaticamente descontextualizados e o papel secundário da educação nela. Nessa definição se desfaz toda possível referência às relações que são estabelecidas entre sujeitos que adotam, adquirem, convencionam determinadas posições em algumas constelações de poder, vinculadas a certas funções museísticas (conservador,[5] curador, artista, educador etc.), e não se reconhece que os significados podem ser modificados segundo quem os escolhe/determina/representa. Portanto, também é interessante compreender que os visitantes têm lugar nessa posicionalidade, e também contribuem para criá-la com suas perguntas, suas histórias de vida, suas culturas, suas experiências, entre outras. No entanto, as exposições com frequência, no contexto espanhol, apresentam-se como formas únicas de organização da informação, sem considerar que existem muitas outras possibilidades. Essa crença tem desestimulado os visitantes a compartilhar suas versões com os educadores e com os outros profissionais dos museus, ainda que os educadores peçam sua palavra. O desafio continua sendo mostrar que a "realidade" também pode ser contada de outras formas. Considero importante pensar a museologia como uma encruzilhada ou como se adotam/adquirem/convencionam determinadas maneiras de entender o que também pode ser seu trabalho.

Para situar tais premissas em uma rede de interesses e relações, serão descritas quatro situações que destacam diferentes maneiras de representar os museus, relacionadas com a importância que eles estipulam a suas funções e as propriedades que elas pressupõem. Por exemplo, a educação no museu estará subordinada a apoiar a divulgação da coleção se considerada o centro dos valores da instituição. Caso os visitantes, entendidos como "público", se desloquem ao centro da instituição, a educação ajudará na captação de público e na difusão dos conteúdos do museu. Quando se pressupõe que há um equilíbrio entre os objetos, ideias e visitantes, a educação terá um papel protagonista. Se o museu, porém, considera-se um centro de desconstrução, de suposições ou controvérsias, a educação contribuirá para apresentar o museu como um lugar em contínua construção. Cada uma das visões citadas não exclui as demais, pelo contrário, em muitos museus elas coexistem, se entrelaçam, se silenciam ou se separam.

5 A autora utiliza sempre o masculino genérico porque é mais fácil para a redação, não por questões ideológicas.

Para escrever sobre essas quatro situações, tomamos como referência o texto de Díaz Balerdi (1994) e suas três museologias. O autor considera que a museologia se configura em três etapas, "conservação, público e comunicação", cada uma girando em torno de um eixo prioritário ao qual se subordina. A primeira "se caracterizaria pela preponderância do objeto"; a segunda, "pela do sujeito", e a terceira, "pela ênfase que se coloca na relação entre o sujeito e o objeto" (Díaz-Balerdi, 1994, p.49). Não concordamos com a ordenação progressiva que fez o autor, pois essas "etapas" representam modos de desejar o museu que, com frequência, convivem segundo dinâmicas e disposições de poder. A experiência em muitas instituições museísticas nacionais, internacionais e organizativas tem nos ajudado a compreender que não há conhecimento fixo e único, mas sempre se constrói com comunidades de prática, com seus indivíduos e suas identidades institucionais ou por sedutoras identidades pessoais. Por conseguinte, é preciso repensar essa trilogia como zonas simultâneas às quais se acrescentaria uma quarta, que corresponde ao ato de proporcionar aos visitantes as ferramentas para dialogar e construir culturalmente o museu (Jenkinson, 1994).

Modos de pensar museologias

As quatro descrições a seguir correspondem a quatro maneiras de estudar a museologia com base nos desejos de certos profissionais, atendendo a certos discursos, que permitem à instituição tomar certas direções. Também se pretende levar em conta os desejos que surgem entre as diversas culturas que trocam funções, diluem estruturas e forjam considerações sobre os visitantes. A primeira descrição representa a visão clássica do museu como *espaço reverencial* (Graburn, 1984). A segunda corresponde a uma *visão difusora* na qual entram em jogo relações entre *produtores* e *consumidores,* em que se estabelecem pontes partindo do museu em direção aos visitantes (sem um caminho de volta). A terceira pretende conciliar a dissociação da ponte estabelecida entre museus e visitantes quando não há retorno e é um *olhar disjuntivo.* A última considera os museus como estruturas descentralizadas e a dissolução de seus limites.

Temos optado por elaborar descrições como situações[6] que ajudam a desvelar o sentido pré-formativo de diferentes histórias e culturas. Leva-se

6 Por isso as iniciais S-1 (situação 1), S-2 (situação 2), e assim por diante.

em conta a linguagem utilizada nessas representações, assim como os valores que defende. No primeiro criou-se uma narração e nos outros partiu-se de exemplos tirados de impressos ou outros materiais de museus.

S-1: A propósito de um espaço reverencial[7]

Poderíamos partir de uma forma ilusória ou metafórica como a seguinte:[8]

> *O olhar linearmente busca um museu disciplinar e, acompanhado do corpo, viaja espacialmente por um tempo teleológico descobrindo a beleza intrínseca na originalidade das obras, transpirando um desejo pelo tesouro, pela relíquia e pela autenticidade da pátina. O olhar reafirma, passo a passo, a essência de um mundo finito e belo, sensível e racional, substituído pela religiosidade de outrora ou instrutor de uma suposta moralidade universal. Assim, o visitante ilustre e o curioso se reafirmam em si mesmos, ao se encontrarem imersos na majestosidade de escolas artísticas, na tradição das belas artes e no silêncio de seus próprios olhos caducos que, solitários, desenham sua própria nostalgia.* (Díaz-Balerdi, 1994)

Essa poderia ser a descrição de uma visita a um museu de arte baseada em uma concepção moderna e essencialista em que o museu, no imaginário coletivo, é pensado exclusivamente como museu de belas artes. Poderia ser uma forma única e *original* de museu, sem apenas reconhecer que também há outros tipos de museus construídos durante a modernidade, como os museus de ciências naturais, de artes decorativas ou de antropologia.[9]

Tal concepção faz o museu girar em espiral em direção a si mesmo e homogeneiza sua própria história. Parafraseando Crimp, seria possível afirmar que "a história da museologia é uma história das diferentes tentativas de negar a heterogeneidade do museu, para reduzi-lo a um sistema ou série homogênea" (1993, p.84). E é por isso que se constrói "um relato, sincrético (arquitetônico, pictórico, escultórico, etc.), sinecdóquico (só a arte, apenas algumas obras) e de caráter secundário (modelo do modelo que já é o discurso preexistente da História da Arte)" (Díaz-Balerdi, 1994, p.49).

7 Utilizamos o termo objeto por ser uma das formas mais divulgadas na museologia. Não entraremos em aspectos filosóficos ou antropológicos nessa questão.

8 Relato da pesquisadora construído com base na função conservadora dos museus.

9 Vinculados a um sistema de saberes disciplinares e a um projeto ocidental civilizatório. Sobre esse tema ver Ross, 2004; Preziosi & Farago, 2003, p.1-4; MacDonald, 2003.

Ao mesmo tempo, defende a essência da obra como um mito, a do artista como um gênio, ou da arte como uma arte europeia.[10] Seu objetivo é fazer "uma apologia à capacidade do homem de ter acesso aos estados superiores do conhecimento" (idem, p.50) e, portanto, representa uma maneira positivista de ordenar o saber.

O objeto permanece fixado pelo imperceptível pedestal ou vitrine e, ao mesmo tempo, encontra-se descontextualizado de sua aura ou, ao contrário, dotado de uma aura especial. O objeto tem sido homogeneizado mediante o mesmo processo de *musealização* que, segundo Malraux, o transforma em uma obra de arte quando deixa que seja apreciado por suas qualidades formais, sem levar em conta as múltiplas facetas de sua história. Barker (1994) acha que essa crença quase religiosa de Malraux fomenta a ideia de que os visitantes necessitam apenas estar em contato com a arte para apreciá-la. É uma forma de imperialismo cultural que impõe uma visão ocidental de arte e uma visão estética moderna dos objetos de diferentes culturas e períodos. Não leva em conta que pensar na diversidade da arte significa pensar não só na sua estética, no seu conteúdo, mas também em como vem se construindo na história cultural europeia a noção de arte ou de museu.[11]

O museu nessa concepção é uma catedral ou um templo, e lhe custa livrar-se dessa aura solene que só acompanha os espíritos aristocráticos e de elevados olhares intelectuais (Barker, 1994), e descarta todos os visitantes que não são *conhecedores*, embora se defina pela alta cultura. Portanto, o objeto fala por si mesmo, e o sujeito tem de ser capaz de perceber suas intenções; não necessita de interrupções para submergir na intimidade de suas coleções ou na atmosfera ritual de suas exposições. São os museus de arte que se vinculam às concepções formalistas do trabalho e às identificações artísticas; foram os museus que quiseram ser arquivos, palácios ou salas de estar para certas classes sociais; foram vozes autoritárias que quiseram que os visitantes adotassem os marcos institucionais sem nenhum tipo de resistência ou desacordo.

Aqueles museus que ousam romper essa privacidade dos museus de arte não teriam o mesmo compromisso para conservar o espírito e a memória. Seriam considerados instrutores demais porque identificam, demonstram ou revelam processos, ou ativos demais ou ainda simulacros de si

10 Sobre essa questão ver Pollock, 1998; Parker, 1985; Duncan, 1993; Wolf, 1997.

11 Sobre esse tema ver Hiner, 2004.

mesmos, e poderiam facilmente entrar na categoria de circos de ignorantes incomensuráveis onde o mundo permanece confuso, onde às vezes o edifício é maior que a pintura, onde o ruído ultrapassa as salas e onde pés, mãos, pernas, costas e *flashes* invadem pisos, vitrines e corredores, sufocando a beleza *ofélica* das musas.

Aqui a museologia é afirmativa e autoritária. Os profissionais são entendidos como especialistas na estética, na conservação dos objetos e, frequentemente, também nas biografias dos colecionadores. Nessa cultura, os conservadores (vozes diretas da direção) são entendidos como os especialistas (apesar de serem *amadores* em muitos museus do século XIX) e os curadores têm o domínio da interpretação.[12] Os educadores, se existem, devem repetir suas mensagens. Quando projetam programas educativos adotam os processos de ordenação do conhecimento que correspondem às estruturas do pensamento vindas da conservação: identificação, descrição, explicação e demonstração. Seu objetivo é reforçar as vozes autoritárias dos curadores. E se encontram presos entre o ritual (Duncan, 1995) do autêntico, a promoção do objeto como um tesouro, o padrão de originalidade e autenticidade e, finalmente, a descontextualização do silêncio dos visitantes ou sua falsa inclusão.

O silêncio dos visitantes não deixa de ser o silêncio das educadoras. Ambos são posicionados como principiantes e, consequentemente, o desequilíbrio de poder é gerado por quem tem a capacidade de defender a centralidade de um trabalho que se projeta somente no objeto como obra, em que se revela a centralidade de seu valor.

S-2: O olhar difusor de produtores/consumidores

Utilizamos um artigo de jornal de Montaner chamado *A exposição e seu público:*[13]

> O mundo dos museus tem fortalecido nas últimas décadas sua vontade de aproximar-se mais do público. Desta forma, os mesmos museus têm promovido exposições temporárias pretendendo atrair um público que se recusa a se aproximar habitualmente desses templos da cultura. Além disso, em países como

12 Sobre esse tema ver Teather, 1978.

13 Montaner, 1995. p.42; ibidem, 1990.

> os Estados Unidos, Canadá, Grã-Bretanha e França, se tem avançado muito na intenção de fazer com que os museus e as exposições sejam o mais comunicativos, didáticos e atrativos possível. A ampliação do âmbito dos museus tem contribuído para o aumento de exposições sobre temas etnográficos, convertendo cada objeto da cultura material, ou seja, quase tudo é motivo de estudo ou exposição ... e não somente a arte nutre as exposições, mas também a política, as ciências naturais, a tecnologia ou campos mais específicos como a história, o cinema, a arquitetura, o desenho ou a literatura encontram nas mostras um local de aproximação com o público.
>
> ... Para o público em geral, as exposições são ocasiões valiosas para adquirir informações novas e aproximar-se da cultura e da arte. Mesmo que o público seja muito heterogêneo, simplificando, podemos estabelecer que os visitantes da maioria das exposições podem situar-se entre os extremos: os especialistas e os profissionais do setor, quem têm um interesse ou sentem-se obrigados a não perder a oportunidade, e o visitante não especializado. Entre ambos os extremos estão os estudantes, os grupos escolares, e os grupos adeptos às ditas visitas ...
>
> Possivelmente, o verdadeiro interesse que as exposições despertam no público consista em situar-se em um ponto de cruzamento entre o mundo da mídia e das reproduções, por um lado, e a possibilidade de um contato direto com a aura de objetos originais, por outro.

As mudanças que o autor evidencia coincidem com a democratização da cultura, em virtude da consolidação, ao menos nos países desenvolvidos, de um progressivo estado de bem-estar, acesso à educação e avanços técnicos a serviço da comunicação. E, por outro lado, com a gradual concepção da cultura como um benefício a mais. Essa concepção une-se à virada cultural do capitalismo multinacional (Jameson, 1985) ou ao fato de que a cultura balança entre uma forma de economia do ato cultural e uma vontade de melhorar seu acesso por meio de uma aproximação de todos com a tradicional alta cultura. No caso dos museus é muito claro o olhar reverencial, descrito anteriormente, entendido como uma estratégia para criar produtos culturais, compreender os visitantes como clientes, usuários ou consumidores, e encenar relatos e retóricas que giram em torno de arquitetos, artistas, curadores, gestores e intelectuais, astros que se ocupam da tirania do estilo.

Os museus serão, ao mesmo tempo, espaços de contemplação, centros comerciais, centros de lazer e espaços de instrução e vigilância. Serão inscritos como um artefato a mais da cultura de massa,[14] o que, para um setor,

14 Desde os anos 1990 há uma série de publicações que afirma, cada vez mais, que os museus são também meios de comunicação. Destamos, por exemplo, Hernández, 1998.

transtorna sua função e suas formas e, para outros, é uma oportunidade de influenciar a economia de serviços. Logicamente, aqui se enfatiza o mercado de arte, as megaexposições, os programas educativos de impacto ou que pretendem abrir o museu a novos públicos, o público quantitativo, os serviços periféricos, o marketing ou a gestão como fundamentais na promoção dos museus.

O modelo simbólico de museu continua sendo o museu de arte – neste caso, de arte moderna –, que produz uma categoria de arte vinculada à aquisição de capital cultural ou como uma forma de fator social.[15] Essa visão define a cultura da organização (aqui, a missão dos museus) em termos funcionais e técnicos, consolidando a noção dos museus como confluência entre produtores e aqueles que passam a ser os agentes da democratização cultural, os consumidores.[16] A maioria da bibliografia, que considera as mudanças institucionais dos museus como organizações clássicas, destaca uma série de tensões entre uma instituição dirigida a especialização disciplinar e uma instituição destinada a conciliar especialização e estrutura, ou seja, a parte conservadora dos museus com processos de eficiência que designam as instituições como alguns marcos propícios para competir em um mundo de oferta e procura. A aplicação de teorias de gestão nos museus e a redefinição dessa instituição como empresa (Harrison, 1996) fomentam, entre outros, a revalorização do museu como criador do turismo cultural. O que conta, parece, é que os museus são "*maiores e melhores e haja mais*" (Cossons, 1994. p.238), haja pessoal diversificado que se dirija a diferentes públicos, gere mais programas, recursos e possibilidades de lazer. Mas as concepções sobre a educação não têm variado muito, já que continuam sendo as transmissoras de um conhecimento maiúsculo.

É interessante ver como, desde as novas gestões dos museus, se considera que o crescimento, apesar de ter promovido algumas organizações menos planificadas, leva a uma presença pública e política mais evidente do que nunca. E os museus são, portanto, mais visíveis: em jornais, telejornais, congressos, suplementos dominicais, entre outros. Têm-se inserido nos meios de comunicação e querem ser um meio a mais. Criam polêmica e divulgam suas coleções, exposições e visitantes.

15 Ver um dos clássicos de Bourdieu, recentemente traduzido por Piados, *El amor al arte*. Los museos y su público, e outros textos de Bourdieu traduzidos para o espanhol no livro *Creencia artística y bienes simbólicos*.

16 Fopp, 1997; Cossons In: Kavanagh, 1994, p.237-46; Davies In: Kavanagh, 1994, p.33-40.

Além disso, são entendidos como instituições possuidoras de valores que vão além do altruísmo ou voluntarismo. Contribuem com benefícios econômicos; sua presença repercute sobre o lazer e também sobre o turismo, sobre a educação e a diversão; e aproveitam a crise das instituições públicas. Como comenta Ross,

> a crise atual das instituições culturais públicas não deveria servir como uma ocasião para retirada, mas sim como uma oportunidade, porque revisamos, modernizamos, redefinimos e democratizamos plenamente suas estruturas. (1996, p.214)

Nessa situação, o papel dos museus como instituições públicas tem sido assumido por administradores, gestores e pessoas dedicadas ao marketing como uma estratégia para promover assistência em massa ao museu. Os museus de arte são vistos como pastiches de seu essencialismo, como excentricidades que defendem a originalidade nas salas e o consumo de reproduções em lojas, como instituições que utilizam a nostalgia como uma forma de promoção e a educação como uma ferramenta para medir essa competição pelos índices de audiência.

O que conta é o efeito do museu ou a capacidade de "converter os objetos em obras de arte" (Alpers, 1992). A cultura do museu transforma-se em consumo e os profissionais encontram-se perdidos entre um profissionalismo empresarial, o tradicional conhecimento disciplinar especializado e uma mescla entre educar e entreter (*edutainment*) que reafirma sua condição de espetáculo. Para cobrir essas novas necessidades, cabe outro tipo de pessoal: ligado à gestão, à comunicação, à difusão, às relações públicas, ao projeto e à publicidade; integrado aos conservadores e curadores; que provém de outro tipo de cultura ou que tenha revisado suas práticas em favor da gestão.

Nessa forma de entender os museus, os educadores são considerados os portadores de público. Seu objetivo é ser especialista nas políticas de audiência e, portanto, justificam seu trabalho com a geração de programas populares como festas para famílias, noites nos museus, dias dedicados a visitantes "multiculturais".[17] Consolidam-se quando promovem o museu

17 A maioria dos programas educativos aposta em formatos populares que continuam refletindo os conteúdos selecionados por diretores e curadores. Em alguns museus essa geração de programas para atrair o público é vista como a invasão das "massas" numa instituição que deve ser reverenciada ou respeitada por sua qualidade estética. Aqui temos uma primeira tensão entre duas políticas que se constroem com base em concepções totalmente opostas e não aceitam outras possibilidades.

e continuam legitimando abstrações misticamente descritas como *"beleza, gosto, elegância, inovação ou radicalismo"* (Trend, 1992). Os processos de conhecimento que defendem são a justificativa, a promoção de um sentido de admiração ou inspiração, explicação, comparação e contraste.

Acreditamos que, para contestar tal perspectiva, seria interessante estudar como esses museus também podem contribuir para uma reflexão sobre a sociedade de consumo, redefini-la, relacioná-la, e também conciliar profissionais e visitantes com culturas diferentes. O primeiro passo poderia ser conhecer os visitantes, não somente pela vertente quantitativa, mas também qualitativa, com a finalidade de poder dialogar sobre isso. O segundo passo poderia vincular-se a proporcionar uma série de ferramentas que ajudasse a encontrar pontos de diálogo entre as profissões dedicadas aos objetos e aos processos e as profissões dedicadas aos visitantes. Conversar sobre as diversas noções de museu e as diferentes concepções de trabalho educativo é uma forma de refletir na questão da responsabilidade pública dos museus. E surgem temas como o acesso a que, de quem e para quem, a difusão de quais conhecimentos, e a produção de quais linguagens.

S-3: Outro museu selecionado

Uma imagem diametralmente oposta poderia ser a descrição de Tabucchi (1998) em *Réquiem* quando o protagonista, em uma desafortunada viagem a Lisboa, precisa entrar no desorganizado museu de arte antiga para se recordar da obra preferida de El Bosco. Um domingo à tarde e no horário de encerramento, o visitante suborna um funcionário e o guarda para entrar fora de expediente. Solitário, vê que há também outro visitante privilegiado. Trata-se do pintor copista que há dez anos se dedica a engrandecer detalhes da obra "As tentações de Santo Antônio" de El Bosco em quadros de grandes dimensões para decorar a casa de um milionário texano. O visitante protagonista, atônito pela maravilhosa cópia de um detalhe do quadro e pela própria situação inesperada, inicia uma conversa sobre a profissão de copista (antes funcionário contábil) e sobre a obra (situada em um hospital como amuleto de cura antes de formar parte da coleção do museu).

Aqui cabe perceber como ambos os visitantes não enterram as obras em uma procissão em direção ao cemitério (Crimp, 1995), mas sim se apropriam delas, seja de forma simbólica ou de forma textual. Em todo caso, o copista parece ter ficado ileso ao romper seus próprios limites, a estrutura de guardião, própria dos museus de arte, quando descentraliza a obra autêntica provocando um encontro, um encontro deslocado pela incoerência de enviá-la para o outro lado do Atlântico e em um formato de pintura para ser exposta em um museu de arte moderna.

A descrição de Tabucchi coincide com uma visão de museu na pós-modernidade, que segundo comenta África Vidal

> critica o caráter monolítico, unitário e autorreferencial do Modernismo, e se inclina por uma desestruturação do objeto e uma desconcentração do sujeito, não só como artista, mas também como público. (1989, p.21-2)

Ambos os personagens apropriam-se de um espaço no qual, apesar de ser regido pelas resoluções da museologia tradicional, a pessoa que está à serviço é quem tem a última palavra sobre o acesso ou não ao museu.

Nessa visão, os museus clássicos – os museus de belas artes e outros museus surgidos de projetos da Ilustração – são também revisados em virtude do conhecimento e da ideologia que representam e atendendo a que, é o que comunicam a diferentes públicos. Segundo O'Neill, as demandas sociais pressionam para que a *autossuficiente* cultura dos museus, baseada no cuidado exclusivo das coleções, exponha sua defasagem em relação à sociedade pós-industrial. É interessante destacar o que Gergen considera:

> como sustentar um grupo cada vez mais forte de historiadores, a história da arte, tal qual tem sido a escrita (e, portanto, tal como se ensina as pessoas e como se expõe no museu), mascara, debaixo da capa da verdade, concessões culturais. Qualquer norte-americano que visite um museu de Bruxelas, Berlim ou Oslo rapidamente descobrirá que os "gênios que – em sua pátria – transcendem toda época ou cultura" têm sido substituídos nesses países estrangeiros por um panteão de heróis locais e apenas conhecidos nos países vizinhos ... Esta sensibilidade às concessões sociais e políticas que interferem na glorificação (ou condenação) da arte tem começado a influenciar nos projetos de exposições dos museus. Muitos deles abrem hoje suas portas à obra de grupos ou de indivíduos antes marginalizados, e muitas exposições oferecem comentários políticos ou éticos das obras expostas. (1992, p.66)

No caso da história de Tabucchi, essas relações se entrecruzam. Suas personagens colaboram com uma visão caleidoscópica dos agentes que criam estruturas não oficiais nem definitivas, já que a decisão vem dada por uma relação entre guardas, funcionários e visitantes. Expõe-se um museu que é consciente de seus dilemas, de suas descontinuidades e de seus marcos de atuação, com a necessidade de revisar a museologia como uma prática cultural.

Sherman & Rogoff (1996) consideram que os museus institucionalizam e perpetuam quatro discursos muito claros. Em primeiro lugar, os museus fundamentam seu trabalho na relação com certa noção de objetos e com um sistema de classificação. A classificação funciona como uma imposição de ordem e significado e posiciona os objetos como desencadeantes de ideias. Em segundo, os museus institucionalizam o contexto que se constrói como uma forma de comunidade (de gente ou de valores) que os objetos se encarregam de significar. Além disso, tanto a categorização como a construção do contexto são elaboradas de acordo com um visitante que clama servir e com quem define a esfera pública na qual opera. Finalmente, fixam a forma em que o visitante recebe os *displays* e os significados que oferecem.

Nesse caso da descrição de Tabucchi, os objetos adquirem outra posição que vai além do sistema de salas públicas e armazéns privados, de horários de abertura e profissionais comprometidos com o patrimônio que o museu integra. O relato de Tabucchi serve para refletir sobre esse processo de construção museológica que adota outros sentidos em outros contextos, como o sítio do milionário texano. O visitante já não é construído como passivo, mas sim como criador de sua própria esfera pública.

Finalmente, a narração incide nesse ponto de mudanças do museu ou no fato de visitantes e profissionais contribuírem com suas bagagens, preconceitos, ideias errôneas, valores. Acreditamos que esses quatro aspectos são eixos que configuram a postura revisionista da museologia, de uma posição de seus processos, vozes e papéis profissionais, uma vez que ajudam a compreender que há muitas formas e formações na hora de produzir um *tipo* de exposição ou um *tipo* de visitante.

S-4: Vozes, relações e conflitos em comunidades que se situam como aprendizes

O departamento de educação do Instituto de Artes de Chicago iniciou em 1992 uma política de organização expositiva que pretendia contextualizar diferentes obras da coleção, integrando os visitantes mais jovens na organização dessas exposições. *Telling Images* foi a segunda exposição temporária organizada pelo departamento de educação, com uma equipe de educação e um comitê de meninos e meninas. Seu objetivo era criar um espaço de diálogo que levava em conta diversas relações entre as obras do museu e as leituras delas, entre a vida institucional e as vidas e os valores dos meninos e meninas.[18] A finalidade da exposição era "não só partir dos aspectos estéticos da arte, mas também de suas conexões com o passado e com o seu contexto" (Sousa, 1997, p.4).

Nesse projeto, e quanto aos objetos, se encontram diferentes histórias e tantas formas de narrá-las que é difícil saber por onde começar. O processo tem como finalidade conectar as ocupações dos profissionais do museu (desde a autenticação até o registro ou a exposição) com outros agentes relacionados com as obras eleitas (historiadores da arte, críticos, não especialistas, gente da rua) para aprender, ao longo da organização expositiva, a explorar outros contextos de produção, circulação e reprodução entre objetos, espaços, profissionais e visitantes que, neste caso, são integrados como profissionais. Ainda que a experiência se vincule somente com o público infantil e com uma vontade de atrair famílias, o processo em equipe pode ser um modo de desmistificar o estadismo e o esteticismo de um museu de arte reverencial ou a mercantilização de um museu disjuntivo.

É significativo destacar que tais programas possibilitam a flexibilidade do departamento de educação, mas convém levar em conta, paralelamente, que o Instituto de Artes iniciou uma política de exposições temporárias que refletem sobre a própria prática museológica. Em consequência, em uma coleção moderna, integra-se um espaço para refletir sobre a prática museológica e sobre as exposições como construtoras de identidades múltiplas. Pretende-se, assim, aproximar o museu de seu contexto sociocultural específico, incidindo em uma postura que revisa a instituição e sua noção de construção compartilhada. E os visitantes munem-se de instrumentos para se afastarem do estereótipo de museu como espaço reverencial e levam em conta que eles também podem relacionar-se em outros pontos.

Esse olhar se une a uma museologia preocupada com a crítica da representação de outras vozes, a qual ressitua as funções expositiva, comunicati-

18 Sousa, 1997.

va e interpretativa e entende os profissionais como aprendizes. Nessa linha, destacamos o trabalho de Karp e Lavine (1992), que insiste em revisar, ou considerar, quatro elementos na criação de qualquer exposição:

- as intenções dos produtores do objeto que se expõe;
- os destaques culturais e as qualificações conferidas;
- as reivindicações de autoridades que se articulam na exposição; e
- os juízos estéticos ou de autenticidade do objeto da exposição.

Baxandall (1992), na mesma linha, reformula a relação entre as ideias e os valores da cultura, que propõem o museu como instituição, a equipe organizativa e os visitantes que acessam e interpretam a exposição (ou, acrescentaríamos, os programas e projetos que expõem). Segundo o autor, essa interação se moldura por três ângulos: as relações que se estabelecem entre raça, classe social e gênero e, portanto, abre-se a possibilidade de desestruturar o historicismo e a autoridade dos museus quando se consideram outros aspectos vinculados às identidades que circulam nas salas e pelas salas. Tal museologia desmonta ideias, memórias, histórias para ressituá-las em uma visão narrativa, polifônica e historicamente situada. Nesse sentido, a tarefa de conservadores, desenhistas, educadores, avaliadores, diretores, gestores ou visitantes pode cruzar-se de mil formas, uma vez que se considera uma rede de visões e versões que facilitam essa pluralidade e existem noções de cultura compartilhadas e outras que estão por compartilhar.

Culturas compartilhadas

Tanto nessa tendência quanto na tendência anterior, os museus refletem sobre sua genealogia, políticas e sistemas de classificação. Os profissionais levam em conta que supõem reformular noções como a verdade, a autenticidade, o gosto, o estilo ou a linearidade. Entretanto, eles necessitam de uma formação museística mais crítica e de umas comunidades de prática que contribuam para estudar outras vozes e outras concepções que integrem a cultura popular à alta cultura; a cultura impressa à cultura oral; as histórias à História; os relatos, às vidas relatadas, aos objetos; e a cultura material, à etnográfica, à narrativa.

Parece importante reconhecer tais formas de pensar museologias para repensar a forma pela qual compreendemos os museus e a educação.

Referências bibliográficas

ÁFRICA VIDAL, M. *¿Qué es el postmodernismo?*. Alicante: Universidad de Alicante, 1989.

ALONSO FERNÁNDEZ, L. *La museología.* Introducción a la teoría y práctica del museo. Madrid: Itsmo, 1993.

ALPERS, S. The museum as a way of seeing. In: KARP, I. & LAVINE, S. *Exhibiting cultures the poetics and politics of museum display* (1992). Washington, DC: Smithsonian Institution, 1992. p.25-33.

AUBERT, A. et al. *Dialogar y transformar*. Pedagogía crítica del siglo XXI. Barcelona: Graó, 2004.

AYUSTE, A.; FLECHA, R.; LÓPEZ, F. *Planteamientos de la pedagogía crítica*. Barcelona: Graó, 1998.

BAL, M. The discourse of the museum. In: GREENBERG, R.; FERGUSON, B. W.; NAIRNE, S. *Thinking about exhibitions*. Londres, New York: Routledge, 1996.

BARKER, E. *Contemporary cultures in display*. London: Open University, 1999.

BAXANDALL, M. Exhibiting intention: some preconditions of visual display of culturally purposeful objects. In: KARP, I. & LAVINE, S. *Exhibiting cultures the poetics and politics of museum display* (1992), Washington, DC: Smithsonian Institution, 1992. p.33-42.

BOURDIEU, P. *Creencia artística y bienes simbólicos*. Elementos para una sociología de la cultura. Buenos Aires: Aurelia Rivera, 2003.

BOURDIEU, P. & DARBEL, A. *El amor al arte.* Los museos y su público. Barcelona: Paidos, 2004.

BRUNER, J. *Actos de significado, más allá de la revolución cognitiva.* Madrid: Alianza Editorial, 1998.

BURCAW. E. *Introduction to museum work*. 2.ed. Nashville, T.N: The American Association for State and Local History, 1983.

__________. *Introduction to museum work*. Nashville: American Association for State and Local History, 1975.

CONFORTI, M. Museums past and museums present. Some thoughts on institutional survival. *Museum Management and Curatorship,* v.14, n.4, p.339-55, 1995.

COSSONS, N. Scholarship or self-indulgence?. In: KAVANAGH, G. *Museum provision and professionalism*. Londres, New York: Routledge, 1994. p.237-46.

CRIMP, D. *On the museum's ruins*. Cambridge, London: The MIT Press, 1993.

DAVIES, S. A sense of purpose: rethinking museum values and strategies. In: KAVANAGH, G. *Museum provision and professionalism*. London, New York: Routledge, 1994. p.33-40.

DÍAZ-BALERDI, I. Museos: conflicto e identidad" a VVAA. *Miscelánea Museológica,* Bilbao: Universidad del País Vasco, 1994.

DUNCAN, C. *The aesthetics of power. Essays in critical art history.* Cambridge: Cambridge University Press, 1993.

__________. *Civilizing rituals*. Londres, New York: Routledge, 1995.

FOPP, M. A. *Managing museums and galleries*. London, New York: Routledge, 1997.

GÁLVEZ MOZO, A. Narratividad y posicionamiento: herramientas para el análisis de la interacción en los entornos virtuales. *Encuentros en psicología social*, v.1, n.5, p.224-27, 2003.

GERGEN, K. J. *El yo saturado*. Dilemas de identidad en el mundo contemporáneo. Barcelona: Paidós, 1992.

__________. *Realidades y relaciones*. Aproximaciones a la construcción social. Barcelona: Paidós, 1996.

GRABURN. The museum and the visitor experience. In: NICHOLS, S. *Museum education anthology, 1973-1983*. Washington, DC: Museum Education Roundtable, 1984. p.177-90.

HARRISON, J. D. Ideas of museums in the 90's. *Museum Management and Curatorship*, n.13, p.164-5, 1993.

HERNÁNDEZ, Francisca. *Manual de museología*. Madrid: Sílex, 1994.

__________. *El museo como espacio de comunicación*, Gijón: Trea, 1998.

JAMESON, F. Postmodernismo y sociedad de consumo. In: FOSTER, H. (Ed.) *La postmodernidad*. Barcelona: Kairós, 1985, p.93-9.

JENKINSON, P. Museum futures. In: KAVANAGH, G. *Museum provision and professionalism*. Londres, New York: Routledge, 1994. p.51-61.

KARP, I. & LAVINE, S. *Exhibiting cultures the poetics and politics of museum display*. Washington, DC: Smithsonian Institution, 1992.

MACDONALD, S. Museums, national, postnational and transcultural identities. *Museum and Society*, v.1, n.1, p.1-16, 2003.

MONTANER, J. M. *New museums*. New York: Princeton Architectural Place, 1990.

__________. La exposición y su público. *La Vanguardia*, 5 dez. 1995, p.42.

O'NEILL, M. After the artefact: internal and external relations in museums. In: KAVANAGH, G. *Museums profession*. Leicester: Leicester University Press, 1991.

PADRÓ, C. Revisitar la museologia com a práctica cultural. *Butlletí del Museu Nacional d'Art de Catalunya* (Barcelona), v.6, p.85-96, 2003.

PARKER, R. & POLLOCK, G. *Framing feminism. Art and the women's movement*. London: Harper Collins, 1985.

POLLOCK, G. *Vision and difference. Feminism and the histories of art*. Londres, New York: Routledge, 1998.

PREZIOSI, D. & FARAGO, C. Introduction. In: *Grasping the World*. The idea of the museum. Burlington, VT: Ashgate, 2003, p.1-4.

ROBERTS, L. Museums and knowledge: the responsibility to open minds. *The Journal of Museum Education*, Winter 1989, p.9-12.

__________. Educators and exhibit teams. A new role, a new era. In: DURBIN, G. *Developing museum exhibitions for lifelong learning*. Washington, DC: American Association of Museums, 1996, p.14-21.

ROBERTS, L. *From knowledge to narrative. Educators and the changing museum*. Washington, London: Smithsonian Institution, 1997.

ROSS, A. El gran joc americà dels nombres. In: *Los límits del museu*. Barcelona: Fundació Tàpies, 1996. p.214-8.

ROSS, M. Interpreting the new museology. *Museum and Society*, v.2, n.2, p.84-103, 2004.

SHINER, L. *La invención del arte*. Una historia cultural. Barcelona: Paidós, 2004.

SOUSA, J. L. *Telling images*: stories in art. The story of the exhibition and how it was created. Washington DC: American Association of Museums, 1997.

STURM, E. Art-mediation/education/communication as deconstruction. In: VVAA. *Kunstcoop in der NGBK*. Berlin, 2002. p.182-9.

TABUCCHI, A. *Réquiem*. Barcelona: Anagrama, 1998.

TEATHER, l. *Professional directions for museum work in Canada*. Otawa: Canadian Museum Association, 1978.

TEATHER, L. Professionalism and the museum. In: SCHAPIRO, M. S. *The museum reference guide*. New York, London: Greenwood Press, 1990. p.300.

TREND, D. *Cultural pedagogy. Art/education/politics. New York*, Westport, London: Bergin & Garvey, 1992.

VAN MENSCH, P. (Ed.) *Professionalizing the muses. The museum profession in motion*. Amsterdam: AHA Books, 1989.

WEIL, S. *Rethinking the museum*. Washington, DC: Smithsonian University Press, 1990.

WOLF, J. *La producción social del arte*. Madrid: Istmo, 1997.

4
Políticas de emprego cultural e o ofício da mediação[1]

Elisabeth Caillet

O trabalho de ação cultural fica cada dia mais complexo por conta da diversificação dos equipamentos culturais. Nos processos concretos, aparecem constantes tanto em atividades como em iniciativas – nesse campo os métodos estão em construção. Eles cruzam exigências múltiplas dos criadores científicos, cada vez mais bem formados, e dos financiadores públicos e privados, mais cuidadosos em prestar contas de seus investimentos.

Os atores da ação cultural tornaram-se profissionais. Eles devem conhecer e dominar os conceitos e as técnicas que comportam o que chamamos atualmente na França de "mediação cultural". Para iniciar, convém precisar o que entendemos por esses ofícios. Desde o início dos anos 80, os diferentes trabalhos que permitiram fazer emergir tais profissionais nos levaram a situá-los na interface entre as obras e os vários públicos aos quais elas se destinam. Esse ofício se posiciona, de preferência, como múltiplas e diversificadas funções preenchidas de acordo com o tamanho das instituições artísticas e culturais que o utilizam.

De forma mais teórica, parece necessário voltar à identificação dos modos de representação que presidem o exercício da mediação, tendo em vista

1 Tradução de Rejane Galvão Coutinho.

que ela opera certa forma de atualização em presença direta de obras e públicos. As análises de Bruno Latour, quando ele se esforça em distinguir os diferentes regimes de representação, permitem clarificar aquilo que tentamos fazer nas nossas ações de mediação.

Bruno Latour (1993) distingue dois regimes de representação encontrados na análise da célebre obra de Holbein, intitulada *Os embaixadores*. Seu texto traz uma importante contribuição que procuramos resumir aqui sob forma de quadro comparativo.

Representação, presença sagrada	Representação, presença científica
Retradução de uma mensagem que muda	Transformação de uma mensagem constante
Não capitaliza	Capitaliza
Revelação	Descobertas
Procissões	Alinhamento de referências, rede
Invenções	Inscrições sobrepostas
Fiel	Sábio
Mensagem = mensageiro	Mensagem = informação

Admitimos que a mediação utiliza os meios da representação – presença sagrada, tanto quanto os da representação – presença científica, daí sua dificuldade específica.

A fim de situar o trabalho de mediação, é importante aproximá-lo de uma problemática da política cultural, procedente das reflexões de Hannah Arendt, das quais aqui citamos apenas algumas frases, manifestando que o "entre dois" da mediação é posto conjuntamente, designado pelo belo termo *passeur*.[2]

> A cultura indica que o domínio público, tornado politicamente seguro pelos homens de ação, oferece seu espaço de desdobramento às coisas cuja essência é aparecer e serem belas. Em outros termos, a cultura indica que a arte e a política, não obstante seus conflitos e suas tensões, são ligadas e até mesmo em mútua dependência.[3]
>
> ...
>
> Cortejar o consentimento do outro – o que não é ser cortesão, mas cortês.
>
> ...

2 O termo *passeur* em francês pode ser traduzido literalmente por *barqueiro* (aquele que conduz o barco de uma margem a outra, ou de um porto a outro), e traz para o campo da mediação a ideia de passagem. (N.T.)

3 Todas as citações foram extraídas da obra de Hanna Arendt. *La crise de la culture*. Paris: Gallimard, 1972. p.279ss.

> Para se tornar consciente do que é perceptível, nós devemos inicialmente estar livres para estabelecer certa distância entre nós e o objeto.
>
> ...
>
> Se o mundo torna-se comum através do espaço da aparição das ações e das palavras, o "senso comum" faz descobrir ao homem sua essência comunitária, "política".

A mediação é então um ato de colocar em presença uma atualização. Presença entendida não certamente no sentido imediato, porém na representação do presente (simbolização). Ela procura tornar contemporâneo, trazer para o tempo do receptor aquilo que não está mais lá, ou ainda não está. Para esse fim, ela trabalha sobre as obras de arte ou de pensamento que respondem à definição de *extraordinário representativo* de D. S. Milo:[4]

> De todos os acervos humanos, a contemporaneidade parece ser a mais frouxa das categorias: isso não a impede de ser incorrigível, porque os atores nela se reconhecem, porque os observadores não podem fazer sem ela a economia. ... um conjunto deve sua identidade ao nome de um de seus membros, aquele precisamente que se faz um nome, os outros fazem igual às suas custas, sob seu dorso (por exemplo, o século de Péricles, os precursores de Kafka, a geração Mitterrand).

O olhar crítico da mediação é então posto em presença pela distância. Ele procura restituir o questionamento existente na origem da obra, precisar as questões, os debates e as controvérsias que permitiram à obra e ao pensamento serem formulados e colocá-los em narrativas. A história contada pela mediação é absolutamente inerente àquela da obra, ela descreve a verdade sob uma forma ficcional, o que alguns nomeiam de "ficção verdadeira" a fim de elaborar o trabalho de "cientificção".[5]

Condições e possibilidade de instalação dos ofícios da mediação cultural

O surgimento da função de mediação fez-se por distinção de ofícios conexos, inicialmente com o ofício de professor. A criação de um Ministé-

4 Citado por Bruno Latour no *La clé de Berlin*.

5 Latour, Guedj & Stengers, Bastide. Comment traduire la science? In: La trahissant... Club Scientifiction. Revista *Education Permanente*, n.93.

rio da Cultura, oriundo do Ministério da Educação Nacional, evidenciou a questão de quem tornaria possível o acesso ao maior número de obras de arte e de cultura. A aposta feita por André Malraux nos anos 1960, de estimular o encontro com as obras-primas, foi acompanhada de uma política de agenciamento (as Casas de Cultura) e de uma confiança na estética do choque, rapidamente criticada, e naquele momento situou os professores nos *serviços pedagógicos*. A mediação nasceu então das dificuldades encontradas por esses serviços que passaram a reproduzir a escola nas instituições culturais. Em consequência, os anos 1980-1990 viram surgir os *serviços de público*, constituídos de profissionais de museus que progressivamente nos habituamos a chamar na França de "mediadores". Esses serviços tomaram de empréstimo à Educação Popular e à formação de adultos a ideia do *direito e da capacidade de se formar durante toda a vida.*[6] Igualmente, tomaram de empréstimo à animação sociocultural, que trabalhava há bastante tempo com o lazer dos jovens como tempo e ferramenta de suas expressões criativas, as técnicas que estavam sendo consideradas tanto enganadoras quanto eficazes.

Quanto mais os equipamentos culturais se desenvolviam, mais os ofícios do pessoal que eles utilizavam se diversificavam. Foi necessário então diferenciar os ofícios da mediação dos outros ofícios conexos, como aquele dos responsáveis pela comunicação, aqueles dos jornalistas, dos cenógrafos, dos críticos. Faltava ainda fazer uma distinção do mediador dos especialistas e dos criadores que podem intervir nos processos de mediação. O ofício principal desses especialistas – curadores, pesquisadores, autores e artistas – é estar próximos da criação artística ou cultural e não de sua mediação. É papel do mediador preparar o campo, acompanhar e integrar esses atores no processo de mediação.

O trabalho do mediador foi então se desenvolvendo na multiplicação dos dispositivos que foram progressivamente instalados pelas políticas públicas, a fim de facilitar o "acesso" às obras, e que levaram os equipamentos culturais a trabalhar em estreita colaboração com os usuários. Os professores, os animadores, os especialistas dos ofícios, que designamos como conexos, tornaram-se assim parceiros em projetos.

Uma última etapa parece ter sido transposta quando, à luz de novos trabalhos de pesquisa sobre avaliação das ações culturais, foram divulgadas

6 Esse direito é hoje reconhecido pelo Protocolo de Johannesburgo.

as competências do público.[7] Esses trabalhos obrigaram os estabelecimentos culturais a esclarecer o que se espera que o público seja capaz de fazer, de viver, de compreender, a fim de indicar o que deve realizar o mediador e seus parceiros de mediação.

As ações do campo

O trabalho político de implantação dos ofícios da mediação esteve ligado à formidável crença dos equipamentos culturais dos anos 1980. A questão pôde se encarnar rapidamente por meio de ações experimentais e de pesquisas-ação acerca da criação de empregos.

O inquérito da região Paca[8] com Eurologiques[9] e a sensibilização dos decisores

No domínio dos museus, que foram pioneiros na formalização desses ofícios, uma pesquisa-ação desenvolveu-se no fim dos anos 1980 para sensibilizar os responsáveis de museus e os políticos locais para a necessidade de transformar em verdadeiros cargos as atividades em geral confiadas a profissionais autônomos, às vezes pessoas externas (conferencistas particulares). Esse estudo, realizado com apoio técnico da Sociedade Eurologiques, foi conduzido durante um ano na região Paca a fim de identificar as competências, o número e a localização dos futuros mediadores. A pesquisa foi realizada em uma série de reuniões, nas quais eram convidados pelo Drac[10] os responsáveis pelos museus, as associações prestadoras de serviços e os políticos locais, para refletir sobre as políticas de desenvolvimento de ações para públicos de sua região. A essas reuniões seguiram-se numerosas entrevistas telefônicas e de conversas que permitiram elaborar fichas de postos e calendários de contratação. As conclusões desse trabalho foram apresentadas em

7 Exemplo de catorze habilidades intelectuais dos jovens escolares em relação ao Museu Nacional de História Natural: observar, localizar a informação, decidir por uma resposta, antecipar uma resposta, identificar, formular questões, justificar, comparar, comunicar, estabelecer relações, discriminar, classificar, sintetizar (Arlette Quagliozzi e Cora Cohen, 2000).

8 Provence-Alpes-Côte d'Azur.

9 Gabinete dirigido por Serge Renimel.

10 Direção Regional dos Assuntos Culturais.

diferentes seminários e colóquios. Os documentos de referência concebidos foram enviados para todas as coletividades territoriais[11] e os artigos, divulgados em publicações lidas por políticos e administradores locais.

A criação de cargos culturais

Paralelamente, um trabalho estava sendo conduzido com o CNFPT[12] e com a direção das coletividades locais do Ministério do Interior, a fim de criar um novo cargo no quadro dos empregos na área da cultura que estava em processo de definição. A mediação foi reconhecida pelo conjunto de domínios de atividades de patrimônio e de museus: assistente, assistente qualificado, adido de conservação do patrimônio. Dessa forma, os concursos de recrutamento puderam ser instalados.

As ações experimentais

A diversidade de ações conduzidas pelo que se passava a chamar lentamente de "mediação cultural" devia ser examinada pelo maior número possível de atores da área, pois eram eles que a criavam. O Ministério da Cultura instalou, sozinho ou em parceria com os usuários, numerosos estágios de trocas e de formação mútua. Essas formações curtas (um a cinco dias) tomaram diferentes direções e formas, como as das universidades de verão ou estágios PAF[13] para as parcerias com os professores; encontros regulares com os responsáveis culturais das Federações de Educação Popular; formação com os animadores de prevenção do Ministério da Justiça; ações experimentais com os coordenadores de ZEP;[14] colóquios com os responsáveis culturais dos hospitais; e intervenções nas formações de chefes de estabelecimentos de liceus agrícolas, entre outros.

A riqueza do trabalho assim produzido nos incitou a propor a duas universidades a instituição de formações, profissionalizantes, em nível de "*maîtrise* em ciências e técnicas", que nos pareciam as únicas capazes de ca-

11 Nomenclatura dos ofícios das coletividades territoriais, CNFPT.

12 Centro Nacional de Função Pública Territorial.

13 Programa Acadêmico de Formação.

14 Zona de Educação Prioritária.

pacitar mediadores para dominar um ou vários campos artísticos ou culturais em técnicas próprias da mediação. As formações experimentais abertas em Tours, Paris 8 e Aix-Marseille, depois em Dijon, Lyon, Paris e Bordeaux formalizaram as competências esperadas dos mediadores culturais do mesmo modo que poderiam ser configuradas pelas universidades.

Um repertório de competências

No início da década de 1990 foi necessário fazer um retorno ao campo de trabalho e ver se as formações universitárias estavam correspondendo às necessidades. Ficou decidido criar entre todos os formadores e profissionais uma rede que ofereceria um lugar de trocas e de debates sobre as questões da mediação. O trabalho direcionou-se para a construção de um repertório de competências comuns, as quais se articulariam do ponto de vista dos organismos de formação e dos empregadores, além das competências vividas pelos próprios mediadores. Um repertório, não um referencial posto como uma utopia que jamais seria alcançada, descreveria o mais próximo possível o que são as tarefas exercidas pelos mediadores da perspectiva dos formadores, dos empregadores e dos empregados. Uma ferramenta de diálogo entre eles, uma tentativa para resistir à acusação de "vago" que se encontrava ainda fortemente ligada à função de mediação. Não ouvíamos então falar de um "conceito frouxo"?

Assim, definimos a competência como um conjunto organizado e finalizado de conhecimentos, de habilidades e de estratégias cognitivas mobilizadas em um contexto dado, em função de uma meta, de um problema a resolver ou de um objetivo a atingir. A competência não é visível, apenas o resultado pode ser observado.

Exemplo 1: organizar as ações de acompanhamento da demanda pública.

Exemplo 2: estabelecer um caderno de encargos de segurança dos locais de acolhimento.

Buscamos a distinção entre *conhecimentos* e *atividades*. Os conhecimentos relacionavam-se com o público, os domínios artísticos e culturais, as instituições, os locais, as línguas. As atividades relacionavam-se com o projeto, a gestão, a informação, a animação, as relações, a pedagogia, a expografia, a informática, o audiovisual, a multimídia e a edição.

Exemplo: Lista detalhada de competências relativas à informação:

Para constituir uma informação sobre um tema, deve-se: localizar e utilizar as fontes documentais existentes; buscar e encontrar uma informação específica entre fontes especializadas; selecionar e hierarquizar as informações úteis; reunir, organizar e estruturar as informações; tirar partido, valorizar as informações disponíveis; constituir uma informação inédita sobre uma obra, um artista; identificar em uma obra o que pode ser fonte de rejeição para o público; e valorizar os conhecimentos dos públicos durante a preparação de uma visita.

Vários repertórios foram abertos para os diferentes campos de intervenção dos mediadores. Dois foram completamente elaborados: um sobre a mediação da arte contemporânea,[15] e o outro acompanha a formação a distância do curso Concepção e Aproveitamento de Projetos Culturais da Universidade da Provence e do CNED (Campus Cultural).[16]

Uma grade coerente de classificação de empregos

Um acordo foi estabelecido na rede de mediação cultural para traçar uma referência comum sobre o posicionamento dos empregos, que se repartiam de acordo com os três níveis de formação dos mediadores: bac, bac+3, bac+5.[17]

Primeiro nível (bac): atividades para o público (visitas, demonstrações, ateliê, elaboração de documentos de acompanhamento).

Segundo nível (bac+3): programas para públicos específicos (público jovem/público escolar, público adulto, público com dificuldades).

Terceiro nível (bac+5): projetos (políticas e estratégias, negociação com os parceiros).

Faltava situar esses empregos no rol daqueles que os mediadores eram capazes de utilizar. Constatamos que tínhamos de contar com várias grades de acordo com o tipo de museu: aqueles de função pública (do Estado ou da coletividade territorial) ou de setores privados, como os museus de associação,

15 *Médiateurs pour l'art contemporain*: répertoire des compétences. 2000. (Documentação francesa, guias para arte contemporânea 5)

16 Formação online pela internet desenvolvida pelo Centre National d'Enseignement à Distance e pela Universidade de Provence. Cf. nota 22.

17 Níveis de formação: apenas o bacharelado (exame final do ensino médio no sistema educacional da França); bacharelado mais três ou cinco anos de formação universitária.

a convenção coletiva do ramo profissional da animação sociocultural. Resolvemos, então, trabalhar pela construção desses empregos nas funções públicas territoriais (foi a primeira) como naquela da função pública do Estado.

As funções de mediação já existiam na lista de empregos culturais das coletividades territoriais sob a denominação de assistente qualificado ou de adido de conservação, cada uma delas comportando uma especialização de mediação. Numerosas questões, porém, restavam em suspense: como tratar o problema das pequenas estruturas e das grandes estruturas? Os empregos das pequenas estruturas artísticas e culturais demandavam uma poliqualificação, ao passo que as grandes estruturas repartiam as funções em diversos postos que eliminavam quase toda a categorização.

Uma harmonização restava ainda a ser feita e era necessário contar com o máximo de estruturas artísticas e culturais na elaboração, a fim de pesar nas tomadas de decisões administrativas. Constatamos também que encontraríamos iniciativas e trabalhos conduzidos por outras redes, por exemplo, a rede Cortex da Universidade de Dijon ou a rede europeia Euroedult, ou ainda a rede internacional concernente ao campo específico dos museus (no sentido amplo que lhe dá o Icom), a ICTOP.[18]

Uma classificação racional para as ações de mediação

Em outras publicações, já descrevemos de forma precisa em que consistem as ações de mediação, buscando conferir uma ferramenta complementar ao repertório de competências, assim como um instrumento de referência que possa dar destaque a uma iniciativa de construção de marcos públicos nos projetos científicos e culturais, que demandam administração a todo equipamento cultural para lhes atribuir as subvenções necessárias a seu funcionamento.

O quadro a seguir foi elaborado graças a mais de uma dezena de experiências de organização de atividades de mediação artística e cultural. Ele permite a todos os atores das estruturas culturais descrever a atividade da estrutura e debatê-la coletivamente.[19]

18 International Commitee for the Training of Personnel (Comitê Internacional para o Treinamento de Pessoal), comitê oriundo do Icom.

19 Cf. Elisabeth Caillet e Odile Coppey, 2004.

Tipos de ação X usuários	Classe 1 Produtos de informação e de promoção	Classe 2 Produtos de acolhimento	Classe 3 Produtos programados	Classe 4 Produtos-alvo	Classe 5 Produtos de autonomização	Classe 6 Produtos de transferência e de multiplicação
Público ocasional	Plaqueta, imprensa, cartazes, plano de sinalização externa, marcos, sítios audiovisuais internet, banners	Tarifas, planos, banco de acolhimento, hall de acolhimento, conforto (vestiário, butiques, banheiros), sinalização interna	Programação de painéis, programa do dia, visita guiada, jornadas, portas abertas	Ateliê, visitas específicas, documentos de apoio para exposições, encontros com artistas	Sessões de informação	
Público experiente	Salão especializado, festivais, mailings	Fichas de apresentação, audiovisuais por demanda	Visita temática, ateliê, programação complementar, festivais – feiras	Visita comentada, classe cultural, ateliê de práticas artísticas e culturais	Estágio de formação, colóquio, dossiê, biblioteca, centro de documentação	
Público implicado	Boletim de relacionamento, carta de fidelidade e de descontos, cartões de convites	Apresentação para a imprensa, tutores e parceiros	Vernissages, aberturas	Reunião de trabalho, (preparação de ações)	Seminário, colóquio, formação, catálogos, publicações críticas, gravações, revistas	Formação, publicação, exposição, colóquios especializados, biblioteca, centro de documentação
Público responsável	Salões-correio personalizados	Refeições de negócio	Festivais, exposições, internacionais, feiras	Colóquios, artigos para imprensa especializada	Empréstimos de material	Experimentações, estudos avançados, formação profissional, depósito de obras, co-produção

As formações articuladas que permitem equivalência no âmbito europeu

A mobilidade dos mediadores entre os diferentes tipos de estruturas culturais, tanto francesas quanto estrangeiras, assim como a necessidade de avaliar as aquisições profissionais daqueles que não tiveram a chance de se beneficiar com uma formação acadêmica mas que precisam se situar no nível universitário para obter o direito de se apresentar a um concurso de função pública, ou, simplesmente, para fazer reconhecer seu nível de formação,[20] nos levou em seguida a trabalhar a formulação de módulos de qualificação de tipo europeu: os ECTS (sistema de créditos de transferências europeu). Trabalhamos igualmente com os profissionais que queriam se beneficiar de instrumentos de acompanhamento de projetos.[21] Foi assim concebida a formação-piloto proposta pela plataforma da rede CampusCultura.[22]

Os novos empregos

Quando foi instado, o programa *Novos serviços-novos empregos* nos pareceu capaz de abrir vagas para jovens em ofícios de mediação; restava pensar em formá-los. No entanto, se o programa permitiu a assimilação massiva de mediadores, contribuiu também para que os empregadores (coletividades territoriais, associações) não criassem verdadeiros empregos, porque esperavam que pudessem continuar a ser "apoiados" por subvenções do Estado. O corte desse programa é hoje um terrível problema do qual não se pode sair, a não ser por meio da capacidade dos novos mediadores de comprovar a "rentabilidade" de seu trabalho.

As últimas decisões tomadas em virtude da diminuição drástica de recursos para a cultura e da descentralização institucional nos levam a pensar que estamos entrando, talvez, em uma nova era dos ofícios de mediação,

20 Utilizando a validação das aquisições da experiência (VAE).

21 Podendo utilizar o novo direito à formação ao longo da vida (*longlife learning*) inscrito nos acordos de Johannesburgo.

22 www.campuscultura.fr, plataforma de formação em ofícios de concepção e de instalação de projetos culturais. Essa plataforma reuniu diversos parceiros: o CNED, a Universidade de Provence, a Universidade de Paris 1 (Irest), a Association de Prévention du Site de la Villette (APSV), a Cité des Sciences e de l'Industrie, a École du Patrimoine Africain (EPA), Cybéosphère.

sem ao menos terem sido estabilizadas suas formas originais. Com efeito, esboça-se um subtratamento das grandes instituições para essas funções que não era habitual ou que elas sempre tiveram problemas em aceitar, mesmo que todos os discursos políticos dos últimos vinte anos exigissem a "democratização cultural". Vemos, por exemplo, a *Cité des Sciences* tratar com pequenas estruturas os conferencistas de turismo; e os grandes museus apoiarem-se em parceiros, como as associações de educação popular.

Tais tendências são dignas de exame, pois elas sem dúvida dão conta de que o público, aquele mais difícil de se interessar pelas ações culturais e artísticas, não frequentará nossos estabelecimentos se não se sentir verdadeiramente "em casa", acompanhado por mediadores que o conheçam bem. Perde-se, sem dúvida, uma das funções da mediação quando ela se exerce no interior do estabelecimento cultural: carregar um discurso ou uma prática verdadeiramente artística ou cultural.

Um contrato de estudo prospectivo europeu?

A fim de refletir coletivamente sobre todas essas questões, parece possível utilizar um instrumento: o contrato de estudo prospectivo, um dispositivo de conhecimento de um setor profissional que o estuda mediante seus três componentes – trabalho, emprego e formação. Envolvendo os ministérios encarregados e os parceiros sociais, esse formato de estudo restabelece uma ação comum que busca o interesse geral dos profissionais envolvidos, definindo objetivos concretos a atingir de acordo com um calendário o mais preciso possível.

Para construir o futuro dos mediadores culturais não será este um instrumento a convocar? Deixaremos essa hipótese para reflexão com uma observação: quem são, nesse caso, os *parceiros sociais?* Quais são os sindicatos representativos?

O contrato de atividades

Uma última pista de reflexão para terminar. O Comissariado Geral de Planejamento confiou, em 1994, a Jean Boissonnat uma missão de reflexão sobre "O trabalho dentro de vinte anos".[23] Os resultados da dita comissão colocaram em evidência que estaríamos em processo de transição para novas formas de duração de tempo de trabalho (isso foi antes da Lei das 35 Horas...) e, sobretudo, em direção a novas maneiras de considerar o trabalho.

Ao trabalho assalariado havia-se já acrescentado o direito a se formar, graças às leis de 1971 sobre a educação permanente. Não seria então conveniente refletir sobre a utilidade social, cidadã, de atividades múltiplas que efetuamos sem as reconhecer como tal? Não deveríamos buscar dotar cada um de nós de um "contrato de atividade" que compreenderia o trabalho produtivo, a formação (estendida ao longo da vida) e o trabalho benévolo, militante, cidadão? E coloco ainda uma última questão: não deveremos militar em direção à cultura, o fato de se cultivar no exercício de uma prática cultural que seja assim reconhecida e assumida não mais individual, mas coletivamente, para que o "vínculo social" não seja tão distendido como ele é hoje?

Referências bibliográficas

ARENDT, Hanna. *La crise de la culture*. Paris: Gallimard, 1972.

BOISSONNAT, Jean (relatório da comissão presidida por). *Le travail dans vingt ans*. Edição Odile Jacob/La Documentation française, 1995.

CAILLET, Elisabeth, COPPEY, Odile. *Stratégies pour l'action culturelle*. L'Harmattan, 2004 (Coleção Patrimoine et Société).

CAILLET, Elisabeth & LEHALLE, E. *À l'approche du musée, la médiation culturelle*. Lyon: Presses Universitaires de Lyon, 1995.

EIDELMAN, Jacqueline & VAN PRAËT, Michel (Dir.) *La Muséologie des sciences et ses publics*. Paris: PUF, 2000.

LATOUR, Bruno. *La clé de Berlin*. Paris: La Découverte, 1993.

QUAGLIOZZI, Arlette & COHEN, Cora. Regards croisés sur la Grande Galerie de l'Évolution du Muséum National d'Histoire Naturelle. In: EIDELMAN, Jacqueline & VAN PRAËT, Michel (Dir.) *La Muséologie des sciences et ses publics*. Paris: PUF, 2000.

23 Jean Boissonnat (relatório da comissão presidida por), *Le travail dans vingt ans*. Edição Odile Jacob/La Documentation française, 1995.

5
Educação como mediação em centros de arte contemporânea[1]

Carmen Lidón Beltrán Mir

Passaram-se quase vinte anos desde que as propostas do "artedidaktion" começaram a materializar-se na comunidade de Castilla y León. Atualmente, fazem parte desse grupo de trabalho profissionais de diversas disciplinas: Artes, Filosofia, História, Psicologia e Novas Tecnologias, entre outras; tendo como colaboradores habituais o Conselho Municipal de Castilla y León, Museus de Arte, Universidades de vários países e outras instituições culturais.

Sua trajetória é variada e ininterrupta (*Oficinas de Arte*, 1988; *Culturarteducación*, 1990; *Ver arte hoy*, 1992-1995; *Archivo informatizado de recursos de educación artística em centros de A. C*, 1998; entre outros), sendo seus projetos mais recentes *Arte, tecnología y educación cultural*, 2000-2002 e *Centros de arte y público: diseño y aplicación de estrategias de mediación em la formación cultural del ciudadano*, 2003-2005. Com base nesses trabalhos tem sido possível organizar encontros cujos resultados são agora publicados.

Trata-se de integrar, em todas essas propostas, as últimas contribuições da pesquisa educacional, segundo uma perspectiva humanista, à ação didática dirigida ao público de espaços de arte contemporânea, entendidos

1 O texto apresenta o livro *Educación como mediación en centros de arte contemporáneo*. Salamanca: Universidad de Salamanca, Junta de Castilla y León, Artdidaktion, 2005. Tradução para o português de Valéria Peixoto de Alencar.

não só como espaços expositivos como também lugares de construção de conhecimento.

Com a revisão e a atualização da função formativa da experiência estética, houve a necessidade de se formular a interpretação da arte contemporânea como meio de autoconstrução de significados vitais e de descobrimento de novas formas de compreender a realidade.

Por isso, as três edições do Simpósio "Arte Contemporáneo y Educación" se propuseram a analisar o papel da arte contemporânea e dos espaços nos quais ela se expõe como mediadores e geradores essenciais à formação cultural do cidadão de hoje.

Nesses encontros, pretendeu-se, de um lado, estabelecer alguns pressupostos teórico-práticos sobre os quais se baseia a criação artística na cultura atual e, de outro, examinar em profundidade a eficácia dos recursos educativos utilizados por diversos centros na aproximação do público com a arte contemporânea.

Em termos gerais, acreditamos que a realização desse simpósio serviu para:

1. Consolidar as bases teóricas que sustentam a mediação cultural em geral e a educação artística em particular.
2. Conhecer e analisar diretamente as estratégias e os recursos educativos utilizados em espaços de arte contemporânea de todo o mundo.
3. Consolidar a relação, a conexão e a colaboração entre instituições artísticas, acadêmicas e agentes culturais (museus, universidades, artistas e gestores).
4. Traçar um perfil aproximado do mediador entre arte e público, a fim de determinar uma titulação que cubra as necessidades de formação desse profissional da cultura.
5. Possibilitar melhora qualitativa da oferta didática existente, por meio de um esboço dos recursos de caráter experimental desenvolvidos em nossa investigação.

Arte contemporânea e educação I, II e III

A primeira edição do simpósio (2000), cujo subtítulo foi "La función del arte contemporáneo en la formación cultural del ciudadano", propôs uma reflexão em torno do conceito de mediação cultural na sociedade contemporânea, reconhecendo-se que estamos vivendo um momento de inflexão no qual, adiante da ênfase da pós-modernidade, a desconstrução caminha para a autoconstrução; a fragmentação para a transversalidade; a autorreferência para a significação contextual (Clark, 1993).

Na emergência dessa nova racionalidade, tendem a unir-se razão e emoção e, em tal perspectiva, a arte é capaz de assumir um papel na configuração de cognições nas quais se integram sentimento e intelecto, recuperando conceitos estéticos e dotando-os de novo sentido (Funch, 1997). Isso nos conduz à revisão da função dos espaços de arte (Hein, 1998), tratando de aproximar posições entre instituições museológicas, culturais e acadêmicas.

O segundo simpósio (2001) quis se aprofundar no papel protagonista da arte como configurador do cidadão europeu do século XXI, em sintonia com o marco traçado pela Comunidade Europeia na Decisão n. 508/2000 do Parlamento Europeu e do Conselho de Europa para os anos 2000 a 2004 (Programa Cultura 2000), no qual se defende a

> universalização da cultura respeitando a diversidade a incorporação das novas tecnologias para o diálogo cultural e a informação sobre criações culturais, assim como a mobilização de políticas a serviço do emprego e do fortalecimento de vínculos culturais que exerçam um papel integrador, conseguindo um melhor equilíbrio entre os aspectos econômico e cultural.

Em relação aos anos anteriores, essa decisão contribui com o interesse de que a cultura se integre ao meio social por meio de medidas que tenham base conceitual sólida (conforme art. 128, parágrafo 5 do tratado).

Certamente, a preocupação em promover ações que favoreçam a cultura e propiciem o acesso e a participação cidadã, assim como o fomento ao conhecimento e a melhora da difusão artística, é compartilhada por numerosas instituições: Unesco (Fórum Mundial das Culturas, 1998); Conselho de Europa (Culture, Creativity and the Young, 1996); Icom (Relatório do Ceca, 1999); e Generalitat Valenciana (Encontro Mundial das Artes, 2000), entre outras.

No entanto, ainda são insuficientes as medidas tomadas até agora (programas Caleidoscópio, Rafael, Ariadna e Cultura 2000). Faltam estruturas estáveis que permitam construir a cooperação cultural entre todos os agentes implicados. As ações artísticas precisam da educação para não cair na banalidade.

Pensamos, então, que desde o âmbito universitário é possível e necessário aportar as bases conceituais exigidas – pela investigação, pelo estudo científico, pela reflexão crítica e pela formação cultural – para dotar de significado profundo o campo da cultura. Esse aporte também oferece uma rede institucional para o estabelecimento de acordos e convênios de colaboração e intercâmbio entre a universidade e os cenários culturais.

Isso poderia alcançar a otimização de recursos culturais, aumentando, assim, a eficácia dos meios de informação, educação e difusão utilizados. Com frequência, o mundo científico-acadêmico tem permanecido distante do acontecer cultural contemporâneo, relegando propriamente a investigação cultural.

Assim, nesse segundo encontro, formularam-se questões como:

- O que entendemos por educação estética na denominada cultura visual?
- É válido desenvolver o sentido estético hoje?
- Que meios favorecem a sensibilização do cidadão à arte?
- Para que serve a arte contemporânea na sociedade atual?
- A arte contemporânea assume alguma função no suposto desenvolvimento estético?
- A quem compete essa formação?
- Onde se ensina a ver arte contemporânea?
- As novas tecnologias são eficazes para a formação estética?
- Que políticas possibilitariam realmente o acesso à cultura e a formação cultural?

Concentrando-se na proposta dos seguintes objetivos:

- Analisar o sentido e a necessidade da educação estética na cultura contemporânea.
- Delinear as características dos meios de desenvolvimento estético de acordo com as necessidades do cidadão europeu.
- Traçar o perfil do educador/mediador de arte contemporânea e suas competências como elemento-chave entre a arte e o público.
- Perfilar as exigências implícitas das políticas culturais ao serem colocadas em prática.

A terceira edição do simpósio "Arte Contemporáneo y Educación" (2002) quis focalizar o ponto de vista da gestão e mediação em espaços de arte contemporânea, enunciando que a difusão, o acesso e a mediação cultural parecem adoecer dos seguintes problemas:

1. Falta de sentido e de uma base sólida: por que se faz uma determinada ação cultural? Para quê? Para onde se dirige? Em que contribui?
   - Seria necessário aplicar essas ações sobre resultados de investigação qualitativa.
2. Falta de coordenação de esforços, tanto no nível de operadores como no de políticas culturais: quem são os que operam? O que fazem? Onde estão?
   - Seria necessário criar estruturas de comunicação por meio de novas tecnologias (redes, base de dados e web, entre outras).
3. Falta de profissionalização aos mediadores: o que devem saber? Do que têm de ser capazes? Que atitudes precisam tomar? Que nível de reconhecimento profissional merecem?
   - Seria necessário criar programas de formação concretos e de qualidade (mestrados e outras pós-graduações).
   - Seria necessário definir seu "status" profissional específico e criar postos de trabalho adequados às exigências profissionais que lhes são solicitadas: pagar salários justos, de acordo com sua dedicação, e valorizar sua função como mediador na cultura contemporânea, tendo em conta sua voz e seu voto na gestão da instituição.
4. Falta de criação de meios de acesso entre a cultura e o cidadão: como obter um acesso pessoal frutífero – nem efêmero nem superficial – que transcenda o mero entretenimento?
   - Seria necessário desenhar recursos didáticos que, segundo a situação do cidadão, desenvolvessem as capacidades pessoais necessárias para superar os obstáculos que nos apresenta a cultura contemporânea, sabendo, inclusive, tirar proveito deles.

Por isso, os objetivos traduziram-se em um esforço para consolidar pontes institucionais que tornem possível um trabalho em médio e longo prazos. Alguns deles se concretizaram em:

- Criar uma rede de colaboração institucional mista: museus e universidades, que de fato foi traduzida na atual proposta de uma "Exposição Virtual", na qual participam: Centro Galego de Arte Contemporânea (Cristina Trigo), Artium (Charo Garaigorta e MariFran Machín), Espai d'Art Contemporani de Castelló (Juan Francisco Fandos), Fundació La Caixa (Montse Sampietro e Isabel Abadi), Patio Herreriano (Olga Fernández), Fundació Pilar i Joan Miró de Palma de Mallorca (Joana Mª Riera) e Museo de Salamanca DA2, em conexão com as Universidades Complutense de Madrid (profª drª Marian López-Cao), Granada (prof. dr. Francisco Maeso), Barcelona (profª drª Carla Padró), Lisboa (profª Elisa M. Barros Marques), Görlitz (prof. dr. Eckehard Binas) e Salamanca.

- Conectar ação educativa e mediadora dos centros de arte à investigação qualitativa das equipes universitárias.
- Integrar e aplicar, por meio de uma base de colaboração, projetos experimentais e inovadores que possibilitem desenvolvimentos criativos e possam contribuir no futuro para a solução de problemas do nosso mundo.

Um merecido reconhecimento aos responsáveis pela educação e pela mediação nos centros de arte

Maio de 2000 revelou-se uma referência indiscutível para se falar de educação e mediação, pois Michael Baudson, do Jeu de Paume em Paris, organizou, sob o título de "Mediation de l'art contemporain: perspectives européennes pour l'enseignement et l'education artistique", um colóquio europeu no qual reuniu os principais especialistas do setor, abrindo realmente uma perspectiva para a função mediadora dos até agora chamados departamentos educativos.

O encontro de profissionais do setor da educação artística de centros de arte contemporânea era praticamente inexistente em nosso país. É certo, porém, que pessoas como Maria Victoria Antoñanzas, Andréa García Sastre ou Pedro Lavado Paradinas, entre outros, haviam possibilitado a realização de várias jornadas dos Departamentos de Educação e Ação Cultural que englobavam todo tipo de museu (História, Ciências Naturais, Etnografia etc.).

A comemoração das três edições do simpósio "Arte Contemporáneo y Educación" quis reunir na Espanha profissionais de educação artística que trabalham em centros de arte contemporânea. Não foram chamados os diretores desses centros, pois o propósito foi ter a oportunidade de escutar as experiências e os projetos desenvolvidos nos departamentos educativos.

Há uma necessidade latente em cada uma dessas reuniões, que é a de buscar, nesses cenários culturais, alternativas para a educação artística que nos ajudem a renovar os atrofiados currículos acadêmicos para, finalmente, estimular a criação e a inovação.

Por esses encontros, patrocinados pelo Conselho Municipal de Castilla y León, e realizados na Universidade de Salamanca, quisemos conhecer o que estavam fazendo esses profissionais em matéria de sensibilização e formação de públicos, ações nem sempre divulgadas. Existem diversos meios de publicidade em torno dos centros de arte, como a web e o material impresso de programação das exposições; no entanto, o enorme trabalho que supõe a atividade didática fica, com frequência, relegado a um plano secundário quando, na realidade, a razão de ser de uma exposição é ser aproveitada pelo público.

Assim reconhece a *Revista DCA*, n.3, ao publicar, em 1998, o artigo "Les publics: sensibilisations et formation" no qual apresenta os resultados de um questionário aplicado na maioria dos centros de arte contemporânea franceses, com o objetivo de conhecer a situação dos respectivos departamentos educativos.

Também Francisca Hernández manifesta essa ideia em seu livro *El museo como espacio de comunicación*, publicado em 1998, que supõe uma contribuição importante no âmbito espanhol.

Em Portugal, a Fundação Calouste Gulbenkian de Lisboa corrobora essa necessidade em sua publicação *Educação estética e artística: abordagens transdisciplinares*, trazendo pesquisas sobre a significação atual de conceitos de estética, as funções da arte na contemporaneidade e a aplicação de estratégias de desenvolvimento cognitivo como meio de aproximação com a criação artística.

De acordo com as preocupações de Dufresne-Tassé, do Comitê de Educação e Ação Cultural do Icom, que expressa a urgência de se estabelecer vínculos entre instituições museológicas e de pesquisa, temos de estar alertas ao risco de que a comercialização da cultura pode se converter em indústria de entretenimento por ser, em termos econômicos, rentável, questionando-nos constantemente sobre a validade desses produtos em confrontação com seu valor formativo. Aqui é onde pode intervir o profissional de educação e mediação.

As diferentes edições do simpósio têm tentado manifestar um reconhecimento a esse ofício, ainda em desenvolvimento, carente de qualificação; não remunerado proporcionalmente ao esforço e responsabilidade; não tratado em profundidade; praticamente inexistente no mercado profissional – apesar de sua demanda social real – e medido, com demasiada frequência, só quantitativamente, ou seja, pelo número de visitantes.

Necessidade de revitalizar a educação artística formal

Apesar de o documento oficial do Ministério da Educação (2002) apontar como fontes do currículo os aspectos psicológicos, pedagógicos, socioculturais e epistemológicos da arte, tudo isso não parece se refletir na prática docente cotidiana.

Complementando as opiniões de Arañó Gisbert (2002), as aulas de educação artística fecharam-se à inovação sob o pretexto de cumprimento dos programas institucionais, e a consequência é que, atrás de seus muros, seguem reproduzindo velhos programas sem conexão com os interesses dos alunos, alheios ao que se passa no mundo e distantes dos problemas da criação artística.

Pensamos que enfrentar a problemática da educação artística, no presente momento, exige atender a contextos mais amplos que os delimitados pelas paredes das instituições de ensino formal.

Se analisarmos as causas das dificuldades que o ensino das artes visuais atravessa, perceberemos que elas nos remetem ao estudo da educação como processo do desenvolvimento humano, como também nos remetem a uma revisão profunda da prática artística na contemporaneidade, que nos oferece uma infinidade de questionamentos, e ao papel que os espaços de arte estão assumindo como mediadores naqueles processos de desenvolvimento que afetam os cidadãos. Essa hipótese é a defendida por Maset (1996) que, ao considerar a formação estética como mediação cultural, conta com os três elementos ausentes: o sujeito, a arte e a contemporaneidade.

Na opinião de Funch (1997), as emoções da experiência estética já estão previstas na estrutura cognitiva, pois tal experiência atualiza uma qualidade emocional que não pode ser referida em outras situações existenciais. Por isso, as experiências da vida constituem a influência que vai marcando as diferenças individuais. Em contraposição a certas posturas arcaicas, o caráter individual do trabalho de arte é um importante incentivo para a constituição emocional que tem seu efeito também na integridade pessoal. Assim, as funções perceptivas, cognitivas e emocionais envolvem a experiência estética e fundem-se com a experiência de vida, ou seja, a experiência estética seria a atualização existencial de uma qualidade emocional e, portanto, o caráter individual do trabalho de arte constrói, por meio da experiência, as diferenças individuais.

Daí a necessidade de abordar tais áreas como fonte de esclarecimento do conceito e do sentido da educação artística no momento, que tem sido o direcionamento dos trabalhos realizados na organização das sucessivas edições do simpósio "Arte Contemporáneo y Educación".

Não é fácil ultrapassar as fronteiras institucionais para ir em busca de novos focos e ideias que ampliem as concepções tradicionais da educação artística. No entanto, estamos convencidos de que essa é uma das vias que podem possibilitar a abertura da capacidade criativa que tanto falta em nossa época, além da mera capacidade combinatória.

Em pleno auge da "cultura visual", porém, parece inexplicável que nós, profissionais da educação artística, continuemos carregando sobre nossos ombros preconceitos generalizados: por que seguir permitindo que a educação artística seja a irmã pobre no currículo escolar?

Por que não fazer um esforço para atualizar, com base na realidade social, conteúdos, focos, metodologias?

Por que não integrar ao currículo o contexto cultural que é, finalmente, onde nós mesmos e nossos alunos estamos imersos?

Por que não atender às diferenças individuais e subjetivas de nossos alunos, se sabemos que nossa disciplina tem possibilidades idôneas para desenvolver aspectos que em outros campos seria impossível?

Por que não indagar, em âmbitos alternativos, novas possibilidades de se fazer educação artística?

Freedman sugere que a escola deva deixar de ser formalista para ser construtora de significados, e dar importância ao contexto social para definir a identidade cultural de cada aluno. Assim, o propósito da educação artística é ... ampliar o significado dos artefatos e sua importância na existência humana (Freedman, 2000).

A denominada teoria reconstrucionista (Barbosa, 1985; Efland, 1990; Blandy & Congdon, 1987) propõe uma reconstrução social por meio da educação artística. Tal perspectiva social da educação artística inclui a concepção de que o ensino é parte da cultura; promove o diálogo que relata os objetos e as ideias formadas em sala de aula para a construção da identidade cultural, a ação social e os múltiplos discursos da arte que vive fora da escola.

Por todas essas razões, e talvez contra o correto imobilismo, queremos abrir uma brecha em um campo ainda incipiente, mas com grandes possibilidades de constituir-se em prática educativa exemplificadora dentro da cultura contemporânea.

Sobre a função dos centros de arte contemporânea

A função do museu na sociedade tem sido repensada pelo próprio International Council of Museums (Icom). Seus objetivos têm-se ampliado e muitos desses centros se oferecem não só como expositores ou transmissores de conhecimentos culturais, senão também como verdadeiros espaços de criação cultural.

Mesmo que em 1984 a AAM nos Estados Unidos tenha declarado seu interesse em esclarecer o papel dos museus, só em 1992 a Comissão "Museus para um Novo Século" escreve o informe específico sobre educação e dimensão pública dos museus, ressaltando sua responsabilidade em oferecer oportunidades de enriquecimento a outras instituições educativas, para o desenvolvimento humano e cidadão, para apreciar o valor do conhecimento sobre o passado, estar sensibilizado com o presente e determinado a configurar um futuro no qual algumas experiências e pontos de vista "tenham voz".

Em contraponto ao âmbito acadêmico, nos espaços educativos dos centros de arte, observa-se uma série de circunstâncias – diríamos propícias – amplamente descritas por Hoopper-Greenhill (1998), capazes de gerar as experiências criativas necessárias à renovação da educação artística.

Hein (1998) oferece uma caracterização da suposta exposição construtivista na qual apresenta várias perspectivas a fim de validar diferentes caminhos para se interpretar objetos e diferentes maneiras de aproximação ao material apresentado.

Esse tipo de exposição:

- Quer ter muitos pontos de entrada, não um esquema com um único começo e fim.
- Quer prover modos ativos de aprendizagem.
- Quer apresentar vários pontos de vista.
- Quer conectar os visitantes aos objetos e ideias por meio das atividades que utiliza.
- Quer aportar experiências e materiais que induzam os estudantes a experimentar, conjeturar e traçar conclusões (op.cit., p.35-6).

Um exemplo, em nosso país, foram As Oficinas Didáticas do Ivam, coordenadas por Alberto Esteve (2002).

Essas ideias ficam evidentes ao se observar como alguns museus – criados em princípio para abrigar e expor objetos artísticos –, conscientes das mudanças e novas demandas socioculturais, atreveram-se a por em dúvida sua validade como recintos fechados. O mais positivo, no nosso ponto de vista, é que os museus têm reagido diante das mudanças sociais e querem ser parte ativa na construção cultural.

Tal como comenta Lorente (1997), a função dos espaços de arte contemporânea transformou-se. O público já não busca admirar objetos que são alheios a sua vida cotidiana, porém quer encontrar-se a si mesmo por elementos com os quais se possa identificar. E mais, quer viver experiências que poderíamos situar em paralelo à experiência estética: chegar ao conhecimento pelos sentidos, por meio do sentimento e conduzido pela intuição. Daí que as competências dos Departamentos de Ação e Educação podem resultar essenciais para a sobrevivência cultural tanto das instituições como dos cidadãos.

Nesses espaços, a arte contemporânea propõe com frequência uma autorreflexão e, nesse discurso proposicional, nos confronta com uma realidade que, de certo modo, falta considerar, em contraposição ao estilo de vida superficial que a sociedade de consumo nos tem acostumado.

Entrar na dinâmica da arte contemporânea exige interpretar um contexto concreto na busca por significados antes inexplorados, que talvez se materializem em descobertas sobre nós mesmos. No entanto, tudo isso não significa que nesses centros de arte não persistam interesses de rentabilidade política e econômica, mas tem-se evidenciado que a razão de ser desses departamentos e de seus trabalhadores vai além da mera justificação institucional.

Déficit sociocultural

Ao ver, mesmo que superficialmente, o panorama sociocultural em que vivemos, comprovaremos que o sujeito contemporâneo (ocidental) demonstra grande preocupação com sua qualidade de vida. Seus esforços se direcionam para conseguir estar de posse dos ingredientes da felicidade. Mas a busca por saúde converteu-se em narcisismo. A economia passou a ser o critério que determina o valor; o amor à vida e às pessoas foi substituído por um afã de consumir tudo aquilo que brilha aos nossos olhos.

Dentro desse estilo de vida de usar e descartar, tão sofisticado, poucos se identificariam com tais linhas. Surpresos, nos perguntamos: por que surgem alguns personagens perturbadores de nossa tranquilidade, com a desfaçatez de nos alertar que algo não funciona como deveria? Será que nossas aspirações começam e terminam com ter tudo que conforma uma vida prazerosa? Para que ver o lado "feio" da vida quando se tem tantas formas de se esquivar disso?

Sabemos, ainda que em um nível muito profundo, que essa camada superficial não nos satisfaz, mas seria preciso um empurrão de consciência e coragem para atravessar a fictícia felicidade que nos recobre e encobre.

O cidadão de hoje parece buscar cegamente pautas e critérios que o ajudem a valorizar, julgar e selecionar informações que chegam de todas as partes e permitem a ele interpretar sua própria existência.

Talvez os recursos de mediação propostos para a educação artística por meio da arte contemporânea possam atenuar algumas dessas necessidades com a utilização de mecanismos cognitivos semelhantes aos que estão se desenvolvendo nos comportamentos habituais. O livro de Zoya Kocur (1996), *Contemporary art and multicultural education,* apresenta um conjunto de entrevistas feitas com pessoas que realizam práticas artísticas não como meio de ganhar a vida, mas como meio de sobrevivência.

A cultura, como cita Francisca Hernández, aludindo à Conferência Mundial sobre Políticas Culturais (México, 1982), considerada um conjunto de linhas distintivas, espirituais e materiais, intelectuais e afetivas, que caracterizam uma sociedade ou um grupo social, mostra um feroz consumismo próximo do materialismo absoluto. Nela, o multiculturalismo disfarça uma refinada intolerância que só conhece quem a sofre.

Essa cultura globalizadora, que se autojustifica e se retroalimenta por sua própria dinâmica, exclui os diferentes. Suas políticas pseudodemocráticas só encobrem demagogias totalitárias. Qualquer indício de alternativas dissidentes é asfixiado mediante o abuso de poder. Suas economias do capitalismo tardio são sustentadas por multinacionais que criam a demanda de consumo mediante uma oferta convincente.

Sociologicamente, a cultura visual, a cultura de massas, a cultura tecnológica, a sociedade da informação, ou como queiramos classificá-la, acentua as diferenças sociais não tanto para integrar as minorias desfavorecidas, mas para aniquilá-las.

Nas palavras de Michaud (2002), os meios de comunicação exibem uma violência estetizada que nos insensibiliza. Nessa cultura do entretenimento se fabrica o consenso por meio de uma opinião pública preestabelecida.

Como também assinalou G. Verzotti, em *Form follows fiction* (Castello di Rivoli, 2002), nossos modos de vida são resultado do poder de convicção do espetáculo publicitário. Assim, uma cultura que teria ao seu alcance um alto nível de sensibilidade está ficando no mais rasteiro sentimentalismo, por carecer de projeto intelectual (Llano, 1998).

Os novos meios de acesso ao conhecimento estão caracterizando um perfil de *homo videns* (Sartori, 2000) que, em vez de integrar sentimentos e pensamentos, se acomodou com a fácil identificação da "telenovela", de "operação triunfo" ou de "grande irmão".

Com Rifkin (2001), pensamos que nos encaminhamos para um comércio cultural em que o objeto de consumo é a experiência. Nossa comodidade chega ao extremo de esperar passivamente para comprar um estilo de vida *à la carte*. E para isso, as lojas-espetáculo já têm preparadas verdadeiras paródias de experiências vitais que nos vendem *life style,* ao gosto do consumidor refinado.

A arte, expressão pessoal e desafogo, denuncia um mundo que está doente, mas poderia apontar a construção de outros mundos possíveis, porque sua origem está na contribuição pessoal. O trabalho dos artistas, hoje, uma vez mais, nos obriga a reagir.

Citando Michaud, a arte tende a se dissolver ... a maquiagem é arte, o gesto desportivo é arte, a cozinha é arte, o corpo é arte ... A arte está em todas as partes e em nenhuma.

Acreditamos que a arte atual poderia estar assumindo um papel revulsivo diante de tantos tópicos que sufocam a necessária interioridade individual. Essa possível função da arte, entendemos, poderia ser uma saída ao conformismo.

O artista vê, sente e pensa as mesmas realidades que o restante dos humanos, mas as interpreta a sua maneira e nos apresenta a elas, caso algum de nós acreditemos que é possível caber tal distinção entre tanta homogeneidade.

É certo que a arte também cai na armadilha do mercado e se deixa adular por benefícios econômicos, chegando mesmo a trair a si própria, mas, por sorte, não sempre.

Como afirma V. Verdú, em *La muerte del creador* (2002), o trabalho de arte já não tem mais relação com a representação ... é presença.

Poderia ser a figura do artista contemporâneo uma espécie de "médium", capaz de nos apresentar perspectivas de outras formas de ver e organizar a vida neste planeta agonizante?

Em busca de "boas" práticas

São essas algumas das coordenadas que aos poucos desapareceram das salas de aula e que, em nossa opinião, constituem precisamente as referências da atividade artística. Como consequência, são as tendências compensatórias destes déficits, que temos buscado nos departamentos de educação artística dos centros de arte contemporânea convidados. As práticas de educação artística produzidas nesses espaços têm um objetivo comum: envolver o visitante. Isso conduz a buscar-se estratégias de comunicação adaptadas a cada tipo de público; a considerar-se a situação concreta de cada grupo e, inclusive, de cada pessoa; utilizar-se meios e recursos cotidianos desse grupo, favorecendo processos de interpretação e tratando temas motivadores baseados na experiência prévia destes visitantes específicos.

Não significa que todos os resultados sejam satisfatórios. Entre as carências, encontramos: práticas que beiram o entretenimento ou distração, com escasso valor formativo; ausência de bases conceituais; não operacionalização dos objetivos que se enunciam como desejáveis; práticas que atendem ao desenvolvimento dos níveis perceptíveis e informativos, mas relegam os níveis reflexivos, interpretativos, criativos e afetivos.

As carências e problemas que há vinte anos foram diagnosticados por Eisner e Dobbs, nos Estados Unidos, continuam sem resolução em nosso país. Apesar das travas políticas, administrativas e trabalhistas, as possibilidades abertas à investigação como busca de melhores resultados são numerosas: desde o desenvolvimento de habilidades na experiência artística (Allard & Lefevre) aos instrumentos de avaliação de atitudes (Weltz-Fairchild) e às estruturas cognitivas implicadas frente às imagens artísticas (Tirado & Bustos), entre outros.

A educação artística nos centros de arte contemporânea: uma alternativa para a construção de aprendizagens

O que faz o museu que não faz a escola? Por que hoje a aprendizagem no museu poderia ser mais eficaz que na escola?

Em resposta à primeira questão, diríamos que:

- o museu assumiu os desafios da educação, interpretando seus objetivos e os aplicando em seu meio;

- o museu está se interessando pelas recentes pesquisas educativas que lhe proporciona novas metodologias de trabalho;
- o museu incorporou novas tecnologias como suporte para se apresentar e para "se comunicar" com seu público, na mesma "linguagem" deste; e
- o museu ampliou e diversificou sua oferta cultural, a qual inclui shows, cinema, dança, teatro etc.

A respeito da segunda questão, pensamos que a eficácia do museu se deve:

- à atitude do estudante é mais aberta porque não recebe qualificações e a visita ao centro de arte está dentro da esfera do que ele considera lúdico;
- à aprendizagem costuma ser experimental, através de práticas que favorecem a interpretação e a criação pessoal;
- ao conhecimento é interdisciplinar, o que resulta mais próximo à vida real;
- aos temas são atuais; as mesmas imagens, ou semelhantes, podem ser vistas na rua e nos meios de propaganda; e
- a serem oferecidas motivações por meio de estratégias de curiosidade, jogo etc. (Perry, 1992, op.cit. Hein, 1998).

Com relação à construção de aprendizagens, os três paradigmas do conhecimento analisados por Pearse se integram: os conceitos que encontramos por trás das experiências educativas dos centros de arte contemporânea são a consideração da arte como meio de conhecimento pessoal e do entorno social; arte como instrumento ativador de experiências significativas; arte como instrumento questionador do mundo e da vida; arte como linguagem para expressar ideias e sentimentos.

Quanto aos métodos, aparecem processos que integram a compreensão de problemas e a realidade; utilizam métodos artísticos; trabalham com os próprios artistas; são paralelos aos discursos contemporâneos, por exemplo a construção-desconstrução; incorporam novas tecnologias; trabalham temas a partir da multidisciplinaridade etc.

Os ganhos e as metas consistem no desenvolvimento da identidade cultural, construindo significados sociais; no favorecimento da análise crítica da realidade; no estímulo da produção criativa pessoal; na integração da teoria à prática, das experiências aos conhecimentos etc.

Os enfoques tendem a ser socializadores e interdisciplinares. A grande maioria dos centros de arte contemporânea que pudemos conhecer centrou sua atividade educativa nos aspectos destacados anteriormente: a realidade pessoal do visitante, o contexto cultural em que ele vive, na problemática concreta que o afeta e nos processos e meios materiais que os artistas contemporâneos estão experimentando.

Algo a ressaltar, em contraste com a gestão habitual dos museus tradicionais, é que os artistas e os projetos expositivos são pensados a partir dos possíveis públicos do entorno em que se localiza o centro de arte.

Mas ainda existem, de fato, projetos museográficos cujo propósito é abertamente o de se constituir, segundo termos utilizados por Lorente, em centros de revitalização urbana, como o Projeto "Radio-Active" levado a cabo pelo grupo SOZO, em Manchester, iniciado em 2000. Daí que o benefício é mútuo: as comunidades têm a possibilidade de "se fazerem ouvir" e de se enriquecerem com as novas aprendizagens. O museu obtém maior êxito e compreende melhor a atividade artística que promove.

Uma educação artística que possa recuperar a função da arte como meio de expressão pessoal, a partir de uma perspectiva cognitiva integradora dos paradigmas empírico, teórico e interpretativo, capaz de superar os limites de espaço e de tempo que nos são impostos e que têm como centro diretriz a pessoa – suas necessidades, sua realidade social e seu contexto – provavelmente está próxima de algumas práticas artísticas contemporâneas.

O centro de arte contemporâneo como espaço para essa educação artística. Por que não? Os resultados obtidos demonstram que é possível uma melhora da educação artística. Por isso, é esperançoso para a educação artística encontrar profissionais envolvidos totalmente com a tarefa de alcançar metas que vão além daquelas de conduzir informação ou ensinar habilidades manuais.

Esta maneira de fazer, desde a necessidade, provavelmente resulta numa formação mais eficaz do cidadão, porque não parte de velhos preconceitos, nem de classificações institucionalizadas. Busca dar resposta às necessidades de seus visitantes. Por isso, deixa aberta infinitas possibilidades: aquelas de cada indivíduo.

Referências bibliográficas

ARAÑÓ GISBERT, J. C. Cuadernos de Pedagogia, n.312, 2002.

BARBOSA A. M. *John Dewey e o ensino de Arte no Brasil*. São Paulo: Cortez. 2002.

_________. *La reconstrucción social a través del arte*. São Paulo. Internet, 2003.

BAUDSON, M. *Mediation de l'Art Contemporain: Perspectives européennes pour l'enseignement et l'education artistique*. Paris, 2000.

BELTRÁN MIR, C.L. *Situación actual de la enseñanza de las artes visuales en España 1985-1995*. MEC. Madrid, 2001.

CLARCK R. *Art Education: Issues in Postmodernist Pedagogy*, 1993.

Currículo Oficial. Ministerio de Educación. Madrid, 1992.

DUFRESNE-TASSÉ, C. *Evaluación y Educación Museística: Nuevas Tendencias*. ICOM--CECA. Montreal, 1998.

ESTEVE, A. *Los talleres Didácticos del IVAM*. Valencia, 1998.

Financing of Cultura Museums: An investment for Development UNESCO. International Council of Museums [ICOM]. Madrid, 1982.

FREEDMAN, K. *Perspectivas Sociales en educación artística en Estados Unidos. Enseñando cultura visual en una democracia*. Studies in Art Education, 41 (4), 2003, p.14-329.

_________. & HERNADÉZ, F. *Curriculum, Culture and Art Education*. State University N.Y. Press, 2002.

FROIS, J. P. (Coord.) *Educação estética e artística. Abordagens transdisciplinares*. Fundação Calouste Gulbenkian. Lisboa, 2000.

FUNCH, B. S. *The Psychology of Art Appreciation*. Tuskulanum Museum Press. Copenhagen, 1997.

HEIN, G. *Learning in the Museum*. London: Routledge. 1998.

HERNÁNDEZ, Francisca. *El museo como espacio de comunicación*. Trea: Gijón, 1998.

HOOPER GREENHILL, E. *The educational role of the Museum*. London: Routledge, 1998.

LANGER, S. *Los problemas del arte*. Buenos Aires: Infinito, 1966.

Les publics: "Sensibilisation et Formation". *Bulletin DCA*, n.3, 1998.

LLANO, A. *La nueva sensibilidad*. Espasa Calpe, 1988.

LORENTE LORENTE, J. P. *Espacios de arte contemporáneo, generadores de revitalización urbana*. Comisión Europea y Colegio Oficial de Arquitectos de Aragón. Zaragoza, 1997.

MASET, P. *Äesthetisches Bildungder Diferenz*. Radius Verlag. Stuttgart, 1996.

MASET, P. *Praxis Kunst Pädagogik. Ästhetische Operationen in der Kunstvermittlung*. HYDE. Lüneburg. 2001.

ROBLEDO, J. J. "Consumo, luego existo". *El País*, 15/11/2002, p.20.

SOLÉ, D. *Museo-Museum. Organización, Gestión y Comunicación*. Barcelona, 1996.

The European Report of Culture and Development. Consejo de Europa. Strasbourg, 1995.

WALKER J.A. & CHAPLIN, S. *Una introducción a la cultura visual*. Octaedro-EUB, Barcelona, 2002.

ZOYA KOCUR & CAHAN, S. *Contemporany Art and Multicultural Educations*. The New Museum of Contemporany Art. New York, 1996.

Parte 2

Mediação em Museus e Centros Culturais

6

Comentários sobre mediação cultural. A prática de um modo-modelo e suas atualizações: as intervenções de tipo conversacional em presença direta[1]

Françoise Julien-Casanova

A propósito da ação cultural, sem dúvida é útil mostrar também como ela se exerce, como ela abre um caminho, de ensaios e erros, dentro do conhecido e do desconhecido. Seus insucessos são mais comentados do que seus avanços. No entanto, ela institui transformações profundas...

Claude Fourteau (2000)

Por convicção, por militância, para satisfazer as injunções ministeriais, para obter um retorno de imagem, para fazer a tesouraria... os profissionais do setor social e do setor cultural trabalham o acesso do maior número de pessoas à cultura. Mas, além deste *leitmotiv* aviltante, como responder às questões que se colocam sobre a prática? Como chegar, junto com a população, a inventar uma cultura viva, única garantia de aprendizagem da autonomia?

Yves Jammet (2003)

Os museus são lugar do mistério, então tudo deveria ser feito pela clareza, pela pedagogia, pela precisão, em uma palavra, pelo conhecimento...

1 Texto publicado em *Médiations & Information MEI*, n.19. Paris: L'Harmattan, 2003, p.147-61. Tradução de Rejane Galvão Coutinho (*Médiations & Médiateurs*, Marie Thonon, Dir).

> A primavera dos museus no século XIX nasceu dos ideais do Iluminismo, do combate contra os mistérios.
>
> Adrien Goetz (2003)

Introdução

Um modo de mediação cultural oral *in situ*, em presença direta, foi posto em prática de modo progressivo, desde 1995, no contexto de uma parceria entre a Universidade de Paris 1 e o Serviço Cultura do Museu do Louvre. Trata-se de um modo 'conversacional' praticado por estudantes especialistas benévolos nos noturnos gratuitos de outono Louvre-jovem.[2] Rapidamente divulgado por conta de sua eficácia e da sedução que exerce, esse modo se tornou um modelo de inspiração. Ele deu e dá lugar a outras operações realizadas em outros contextos institucionais, que seguem o "padrão" (*pattern*) e o adaptam aos objetos de arte e de cultura específicos, com resultados variáveis em virtude das circunstâncias, dos locais, das instituições responsáveis, dos objetos aos quais as mediações se referem. Uma das razões do sucesso ou do insucesso dessas iniciativas parece estar ligada não ao modelo inicial que sistematicamente tem a adesão do público, mas à forma que assume o acesso tanto às mediações quanto às manifestações onde elas acontecem e à comunicação que as acompanham e as promovem. No caso da operação do Louvre, pontual, a gratuidade é total: entrada e mediação feita pelos estudantes. Em outro caso, por exemplo, a variação praticada no Palais de Tokyo, o acesso às exposições requer a quitação de ingresso, porém os mediadores empregados pela instituição estão à disposição durante todo o ano e gratuitamente para quem faz a demanda. Temos aqui de um lado um dispositivo de origem (Louvre) e de outra parte um conjunto de metadispositivos (Palais de Tokyo e outros), cujos termos não se equivalem completamente: um paralelo deverá permitir verificar, à revelia, as razões pelas quais um ou outro funciona e outros não recebem o reconhecimento esperado.

2 Esses noturnos, organizados pelo Serviço Cultural do Louvre pela iniciativa de Claude Fourteau em 1993, ocorrem a cada ano ritualmente no outono. Os estudantes envolvidos pertencem à formação em Mediação Cultural, História da Arte e Arquitetura (Universidade de Paris 1 e École du Louvre).

Um auxílio inegável à visita: as práticas de tipo conversacional

A grande originalidade da operação do Louvre é que ela acontece em quatro quintas-feiras consecutivas e, além das habituais ajudas à visita (folders, itinerários de percursos, fichas informativas), ela propõe um acompanhamento muito personalizado. Os jovens visitantes, desde sua chegada, são acolhidos pelos alunos de hotelaria que lhes concedem um bilhete de ingresso e lhes orientam. Em seguida, nas salas, eles são convidados a livremente abordar os estudantes disponíveis *"à la carte"* para dialogar com eles, "ajudar aqueles que desejam melhor ver as obras" ou "dividir com eles seus conhecimentos e suas paixões"[3] pelos objetos expostos. Assim, praticando a palavra e o olhar plural, os encontros e os grupos criam-se ao sabor das afinidades e dos percursos visitados.

Se o modo conversacional se tornou um modo-modelo, em que a exemplaridade é citada por aqueles que o experimentaram, é porque ele é um tipo de "resolução" de problemas para questões identificadas pelo público e pelos profissionais da ação cultural.

> A questão que se coloca ... ao museu não é mais de saber como provocar uma primeira visita, mas de encontrar os meios de um verdadeiro acolhimento que se transformará em um projeto de retorno, em uma possibilidade de um retorno real. É por isto que parece urgente tornar aparente... a existência de ajudas à visita para estes visitantes em potencial. Estas ajudas devem ser repensadas, adaptadas, como é o caso dos "Noturnos Louvre-jovens" de outono, a fim de que os visitantes saibam que não se encontram sozinhos, uma segunda vez, confrontados com seus sentimentos de falta e suas questões. (Gottesdiener, 2002, p.134)

É assim que Hanna Gottesdiener conclui sua análise sobre a gratuidade dos Domingos no Louvre, depois de constatar que "ver não é suficiente", "alguma coisa de essencial se furta" aos visitantes, que dizem respeito ao encontro, às aprendizagens, às transcrições, aos vestígios, à memória. É essa "alguma coisa" que autorizariam as mediações conversacionais dos estudantes dos noturnos.

O maior traço comum entre a operação "Louvre-jovem", operação-modelo, e suas declinações, ao menos aquelas que chegaram ao nosso co-

3 Extratos de diferentes comunicados e folders editados pelo Louvre (programas de maio de 1999 e set.-out. 2003).

nhecimento, é que elas repousam sobre a prestação de serviço de jovens adultos – estudantes ou assalariados em curso de seus estudos superiores, alguns já diplomados – que oferecem seus serviços ao público interessado, e, sobretudo, não praticam o modo tradicional de conferência. Em outros termos mais precisos, aquele modelo de visita guiada convencional ou de exposição acadêmica de uma lição magistral ou de uma conferência *ex-cátedra*, frontal.

Esses jovens mediadores, auxílios "encarnados" à visita, respondem às eventuais questões dos visitantes e se entretêm com eles. Mais ainda: o modo conversacional, com efeito, implica uma palavra "circulante"; o mediador situado entre as obras e o público tem um papel de ativador das inter-relações. Esse modo repousa sobre uma interatividade de fato: seu regime de ação é aquele da "mutualidade, da cooperação, do encontro, da parceria, diferente do regime de conversação cotidiana e ordinária, diferente do regime de conversação espontânea" (Casanova-Julien, 1998, p.98). Ele corresponde a um "procedimento misto, mestiço, original, a ser permanentemente inventado, que não é sistematizável, mas tem traços estáveis, objetiváveis, racionalizáveis" (Casanova-Julien, 1999, p.73) a tal ponto que nós podemos formar nossos estudantes para exercê-lo.[4] O visitante é solicitado e, corolariamente, pode igualmente solicitar seus interlocutores; sua contribuição, primordial, é articulada à do mediador em momentos particulares, imprevisíveis, numa partitura não escrita anteriormente. Com efeito, o processo é inelutavelmente flutuante, dado que ele depende de uma demanda e de uma resposta específica a cada caso, e requer da parte do mediador uma flexibilidade tal que lhe permita se adaptar a cada circunstância desse encontro, a cada parceiro, a cada face a face. Modificando de modo gradual, nesse processo antes de tudo dinâmico, um discurso que não é jamais definitivamente estabelecido, mas sempre em devir: de descentramento em descentramento, cada resposta leva ao reconhecimento, e a tomada de consciência do outro, ao estabelecimento de complementaridades, ou a intercompreensão. Por conseguinte, e essa é uma das chaves das *satisfecit* que lhe são atribuídas, apreende-se que o modo conversacional, antes de tudo uma troca e uma reunião de vozes, induz e favorece a multiplicação de pontos de vista e de perspectivas que são aquelas dos interatuantes.

4 Estudantes de graduação e *maîtrise* (especialização) em Concepção e Desenvolvimento de Projetos Culturais.

Pesquisas de campo demonstram: a presença dos mediadores ajuda, segundo as fórmulas consagradas, a "dar sentido à visita", a "construir sentidos". Em outro momento, já comentamos os resultados das pesquisas de avaliação que fizemos (Casanova-Julien, 1998, 1999) e o entusiasmo dos visitantes que estimaram em 100%, depois de "provar", que a presença dos estudantes é "necessária" ao êxito da visita, ao prazer que eles são suscetíveis de ter.

Veremos mais adiante, por meio de um exemplo, que outras adaptações do dispositivo inicial são possíveis engajando mediadores de classe, idades e origens diferentes das até aqui mencionadas.

Pode-se muito bem, em presença de um público, diante de uma obra no museu ou em outro local, ter um discurso douto ou leigo. É bom que se diga que a troca não advém obrigatoriamente, tudo depende da performance, da maneira como a presença é articulada. Dentro da tripresencialidade que implica o encontro entre o visitante, o mediador e os objetos, a presença permite certo tipo de relação com a atualidade do objeto, certo tipo de compreensão (emocional, sensorial, corporal, espacial, tátil, intelectual e estética, entre outros) e, portanto, de acesso aos objetos mediados.

No centro de nossas interrogações, os mediadores culturais em situação de oralidade e de copresença, *in praesentia,* na prova do "in-mediato" e da alteridade, mergulhados em uma experiência de tipo participativa e de proximidade.

A reflexão sobre a mediação cultural direciona-se na maioria dos casos para "como ela é pensada, construída ou escrita", mais raramente sobre como é praticada.

Os riscos da oralidade e o regime presencial direto

A força cognitiva da oralidade não precisa de demonstração: entretanto, a história de sua vertente sábia e das atividades específicas da palavra, que a ela se ligam, não havia ainda sido objeto de uma reflexão sistemática antes da última obra de Françoise Waquet, *Parler comme un livre* (2003). A autora salienta que "Falar é, em efeito, uma das coisas mais comuns que existem no mundo intelectual, da universidade e da pesquisa" (2003, p.23) e demonstra que, além de sua utilização nas operações cotidianas, a oralidade contribui largamente para o avanço dos conhecimentos. E mais ainda: ela é indispensável. Diversos são os exemplos nos quais se afirma "a eficácia de uma palavra 'pública', em que o locutor 'aprende' tanto e talvez mais do que o ouvinte" (2003, p.386). O papel ativo, construtivo e criativo da conversação, em consequência, não deixa nenhuma dúvida, precisa de novo Françoise Waquet em seu estudo:

> Trazendo à luz a oralidade, eu desejava lembrar também que o mundo intelectual não é apenas feito de manuscritos e de impressos, e que ao lado de suas numerosas formas de comunicação ditas não verbais, que uma tradição recente de estudos colocou em evidência, existe também a palavra. (2003, p.399)

Longe de ser uma apologia da oralidade em detrimento do livro, ou depreciando a cultura livresca, leva a constatar de maneira irrefutável "o lugar importante e o estatuto eminente que a oralidade teve em nossa civilização" (2003, p.399). Michel de Certeau afirma:

> uma memória cultural adquirida pela audição, pela tradição oral, permite e enriquece pouco a pouco as estratégias de interrogação semânticas onde a decifração de um escrito refina, precisa ou corrige. Daquela da criança àquela do cientista, a leitura é indiciada e torna-se possível pela comunicação oral, 'autoridade' inominável que os textos jamais citam. Tudo se passa como se a construção de significados, que tem por forma uma expectativa (se espera por) ou uma antecipação (faz-se hipóteses) ligada à transmissão oral fosse o bloco inicial que a decifração dos materiais gráficos esculpia progressivamente, invalidava, verificava, detalhava para dar lugar aos leitores. (1999, p.244)

O exercício do ofício do mediador cultural demanda que ele seja um tipo de "inquiridor" que trabalha sobre objetos a ele destinados para se converter em "discursos para outros", à destinação do público. Essa operação de conversão é uma operação de transformação de textos preexistentes, quer sejam textos verbais ou não verbais. Para ser feito, na direção de suas intervenções, o mediador entrega-se a certo número de operações de linguagem, práticas e intelectuais, operações de pesquisa e de coleta de informação, de gestão de documentação, de decifração, de "tradução" significante, que põem em relevo aquilo que chamamos metalinguagem e metaprática, às vezes de uma metassemiótica. "Ao apresentar as culturas 'eruditas' ao público, os 'mediadores culturais' são primeiramente definidos como tradutores, colocando à disposição de todos os objetos considerados de difícil acesso" (Pedler, 2000, p.119). Os mediadores colocam à disposição do público certa quantidade e certa qualidade de saberes e de conhecimentos que legitimam sua presença e são fruto de um trabalho e de uma interpretação. Uma interpretação que ele construiu pela consulta a fontes de textos ou tutores, de estudos de caráter local ou específico que pertencem a campos disciplinares diferentes, por exemplo: História da Arte, História, Geografia, Artes Plásticas, Filosofia, Semiótica, Psicanálise, Sociologia, Antropologia, Literatura, História das Religiões, História das Ciências, História da Medicina – a lista é inesgotável.

Mas o discurso do mediador não é aquele do erudito ou do especialista. Sua ciência é outra, que se situa "horizontalmente" em relação às outras disciplinas científicas (verticais por suas especificidades) das quais, certamente, ele pede emprestados os instrumentos. O mediador "reverte" sua tradução no contexto situacional, na medida em que ele assegura a ligação entre o público, as obras-objeto, o lugar e os saberes científicos requisitados para certa apreensão das obras-objeto. Ao mesmo tempo, é necessário submeter à sua "versão inicial" as translações que a transformam em uma "versão outra". Porque nessa direção, o mediador transporta para seu próprio referencial aquilo que possui uma significação no referencial do especialista científico e, *in situ*, ele o transporta/transforma novamente para que faça sentido diante do referencial do visitante (Caillet, 1994, p.64). O sentido inicial que ele havia construído, ele o reconstrói e o confecciona de outra maneira ainda no ato socializado de comunicação que é a mediação. Ainda mais se esse ato se fundir no modo conversacional, no qual há flexibilidade e o princípio de adaptabilidade.

> Interpretar não é nem compreender, nem significar, nem conhecer, mas uma prática de modos compreensíveis, semânticos e cognitivos. A interpretação visa captar um aspecto, às vezes o conjunto, de uma coisa durante uma operação determinada por uma perspectiva de interpretação, manifesta ou difusa. Enunciada, ela pretende compartilhar sua apreensão. Na maior parte do tempo, a interpretação seleciona um dos aspectos do objeto estético, seja porque ele lhe parece mais apreensível, seja porque ele lhe parece mais representativo ou "significativo", e ela não visa forçosamente esgotar este objeto dentro de uma "compreensão cognitiva" de "todos" os seus aspectos. Ela é uma compreensão parcelada, que não pretende ter sempre os meios de reduzir a obra a suas interpretações, mas pretende colocar à disposição um ou muitos pontos de vista particulares de conhecimento de uma obra. (Fol, 1995, p.2)

Em consequência, o acesso à palavra que autoriza o modo conversacional permite o acesso à obra pela interpretação que é uma produção comum, e individual, de um texto verbal e não verbal sempre refeito. Cada um traça seu próprio caminho, tanto quanto suas estratégias, relativizando, construindo suas próprias interpretações, inventando seu próprio texto dentro daquilo que é colocado à sua disposição. E em um contexto propício a deslanchar a segunda visita, o retorno, o desejo de voltar.

Essa atividade "faladora" produtiva não está reservada a uma categoria social particular ou a uma elite, ela se endereça e se estende a todo o público que se deseja beneficiar:

> Todo o problema da democratização do saber consiste precisamente em aumentar as possibilidades de intercompreensão e de cooperação entre aqueles que dominam um saber – uma estrutura esquemática complexa comportando vários níveis – e aqueles que não possuem alguns elementos parciais e/ou de menor nível. (Meunier, 2003, p.221-2)

A mediação conversacional interativa, como a definimos e a experimentamos, em verdade, não faz pois que atualizar a confiança que nossa civilização da imprensa colocou em relação à oralidade e a seus altos valores cognitivos, a despeito da hesitação dos estudos históricos a seu respeito. A atividade organizadora do visitante direciona o seu desenrolar: os participantes "se fazem conhecer uns aos outros": a implicação no regime de presença direta e a interface que daí resulta, pelos corpos situados, pelas ações da palavra e da presença física comum favorecem a fundação de saberes e sua fixação em cada um dos co-presentes.

As declinações da operação de origem: alguns exemplos

Serão aqui brevemente enumeradas e resumidas diferentes operações, com suas opções correspondentes, para avaliar seus graus de aproximação ou de distanciamento com o modelo de origem. Entendendo que cada uma dessas operações integra práticas do modo-modelo conversacional.

Distinguem-se três tipos de operações. As temporárias (renovadas ritual e periodicamente), as perenes (permanentes nos dias de trabalho) e as pontuais (excepcionais e experimentais).

Os Noturnos gratuitos de outono Louvre jovem

(Temporária, quatro quintas-feiras consecutivas à noite, novembro)

A originalidade desse evento já foi amplamente sublinhada: reafirmamos que o entusiasmo dos visitantes é tal que por unanimidade eles aderem de modo incondicional à presença dos estudantes, mesmo se as dificuldades de audição (a 52%) e as decepções sobre a natureza ou o aporte dos contatos são expressas (a 59%) (Casanova-Julien, 1998, p.78). O número insuficiente dos noturnos e de mediadores nas salas é com frequência lamentado: os quase cento e cinquenta estudantes gratuitamente envolvidos, que elegem as obras a seu bel-prazer, não podem efetivamente cobrir o conjunto das coleções do vasto museu; remediações estão em curso visando ampliar o círculo de estudantes de maneira conveniente. Em outros artigos, já discutimos os efeitos estimulantes produzidos por essas mediações sobre a formação dos mediadores.

As mediações no Palais de Tokyo

(Perene durante o horário de abertura do Centro)

O serviço de público, colocado em funcionamento por David Cacasro, compreende uma equipe de quinze mediadores preparados para "falar" as obras e as exposições em andamento. Esse pessoal de gênero híbrido, veremos mais adiante, intervém quando o projeto de exposição (arte contemporânea) já está pensado e realizado pelos curadores ou os responsáveis pelas manifestações. Não há espaço para interferências, ou muito pouco. O material informacional chega até eles pré-formatado. Além disso, esses mediadores, nomeados para criar uma convivialidade, devem também assegurar a recepção no balcão de caixa, a guarda, a segurança, o acolhimento, a redação de um jornal, o auxílio à montagem das exposições, as visitas guiadas e as ações pedagógicas, assim como o trabalho na biblioteca.[5] Essa multiplicidade de tarefas díspares contribui para entravar as implicações do *staff*, dividido entre as diferentes funções que tem por missão assumir. As mediações conversacionais são apenas uma das facetas desse "emprego múltiplo" e, quando elas acontecem, são acompanhadas da tarefa de segu-

5 Cf. Mathilde Monier, 2003.

rança que é estruturalmente incompatível. Os problemas sentidos por esses mediadores provêm do acúmulo de trabalho que, além de tudo, confere a seu perfil e identidade uma ambiguidade embaraçante: de um lado, o rótulo de mediador é profissionalmente valorizado, de outro, ele mascara uma situação vivenciada de modo negativo por uns e por outros que não se reconhecem: "nos dizem frequentemente que nós somos guardas simpáticos que falam das obras".[6] Tais observações, que atingem a baixa estima da qual eles se sentem objeto, não empatam, entretanto, o interesse e o prazer sentido no exercício das mediações conversacionais.[7]

No Palais de Tokyo, como no exemplo precedente do Louvre, apuramos que a comunicação visual e informacional concernente às ofertas de mediação é passavelmente discreta.[8] A modéstia dessas promoções não contribui para estimular a frequentação dos Noturnos. Mas o conhecimento das *soirées* por meio do boca a boca, sua tradição e ritualização o permitem, não obstante de compensar a fragilidade do apoio publicitário. No Palais de Tokyo não existe nenhum paliativo até o momento; os educadores são pouco interpelados, a não ser por alguns fiéis visitantes ou iniciados (11%) (Monier, 2003, p.31), o que, ao contrário, testemunha o valor das mediações praticadas.

O Festival "Primeiro contato"

(Outubro 2002, mediação pontual de um dia)

Durante a Bienal des Arts numériques, organizada por Le Cube e pela cidade de Issy-les-Moulineaux, foram expostas instalações interativas no espaço urbano com ajuda de ambientações especialmente concebidas. Uma dezena de obras foi mostrada a céu aberto, sob a chuva e vento, nas calçadas ou em jardins públicos. Os mediadores recrutados entre estudantes, por

---

6 Entrevista de 15/10/2003, testemunho de Benjamin Herr.

7 Pesquisa de frequentação e entrevistas, 2003.

8 No Louvre, alguns comunicados aparecem na imprensa (*Le Monde, Libération, L'Officiel des Spectables*...); alguns minutos são dedicados excepcionalmente na televisão, pequenos cartazes são distribuídos, não há sinalização e apenas uma etiqueta 'especial' é alfinetada sobre as roupas dos estudantes permitindo distingui-los sobre o terreno. No Palais de Tokyo, uma mensagem escrita a giz num quadro-negro e um anúncio intermitente sobre um quadro luminoso advertem sobre a presença dos mediadores, identificados graças a um crachá que reproduz a marca do Centro.

iniciativa de uma das "antigas" mediadoras dos Noturnos Louvre,[9] acompanhavam gratuitamente o público em seu confronto com esses trabalhos. Foi necessário providenciar proteção contra a chuva em virtude de problemas meteorológicos. O tempo úmido e fechado não desencorajou a população, que afluiu em número significativo para aproveitar as mediações ao ar livre. As equipes de mediação rendiam-se continuamente, mantendo o terreno ocupado com sua presença. Essa operação recebeu aprovação geral, da população local em particular, e deve ser refeita em 2005.

Retrospectiva Jean Rustin, Halle Saint-Pierre, Paris

(26 de maio-17 de junho de 2001, operação pontual)

A obra de Rustin é conhecida por ser provocante e revulsiva. Suas telas mostram seres com faces inqualificáveis, fechados em uma total incomunicabilidade, sexo à mostra, em posições de uma crueza para alguns insustentáveis, obscenas, bestiais. Para fins de avaliação da "necessidade e da legitimidade da mediação" dessas obras, um estudante de *maîtrise* (especialização), Geoffrey Benoît, fez uma parceria entre a Universidade de Paris 1 e a Halle Saint Pierre, e comandou um ciclo de mediação oral efetuado por uma dezena de estudantes.[10] As mediações que ele conduziu foram aprovadas positivamente, apesar dos freios causados pela deficiência de comunicação interna e externa: os números atestam 90% de entusiasmo e uma demanda explícita e reiterada de 65%.

"Do signo ao livro", exposição de arte contemporânea, Le Temple de Chauray (Deux-Sèvres)

(20 janeiro-15 de fevereiro 2001, operação pontual)

Essa experimentação, à semelhança daquela conduzida no contexto dos Noturnos, permitiu que crianças de dez anos se tornassem mediadores em

9 Parte dos mediadores foi recrutada entre os antigos estudantes, que se beneficiaram da experiência dos Noturnos; o grupo formado no local foi instigado por Alice Lebresne. Tomou-se um cuidado especial com a "visibilidade" dos mediadores, que usavam capas e guarda-chuvas vermelhos, facilitando a identificação.

10 *Quelle réception pour le corps ob-scène art contemporain?* Nécessité et légitimité de la médiation de l'oeuvre d'art 'obscène'. Monografia, Universidade de Paris 1, orientação de B. Darras, 2001.

presença direta para seus pares, crianças de outras salas de aula. E por extensão – por demanda dos interessados –, para o público adulto que estava impressionado e intrigado com o potencial inimaginado que se revelava nessas crianças mediadoras. Michèle Guitton, estudante de *maîtrise* (especialização), conselheira pedagógica e curadora da exposição, foi quem concebeu e realizou essa adaptação inovadora que, ao fim de sua monografia, ela conclui com um: "Continuar? Sim, certamente".[11]

"Hipóteses de coleção", FRACPACA, Musée du Luxembourg, Paris

(1º abril-30 maio de 1999, operação pontual)

O projeto de mediação cultural, como intenção, esteve desde o início integrado ao conceito da exposição (arte contemporânea). A mediação humana *in situ* foi vivenciada sob três formas concomitantes: mediações conversacionais conduzidas por estudantes remunerados da Paris 1, visitas guiadas por profissionais, intervenções de artistas. Os dois dias de maior frequentação eram as quintas-feiras e domingos, dias dos encontros; a afluência das quintas "explicava-se pelas ações humanas que a imprensa fez eco". As visitas-conferência, de outro lado, "pareciam ter menos poder de atração" do que as mediações estudantis, as quais foram, entretanto, "sem dúvidas, subutilizadas, por um lado, porque os encontros foram episódicos, e, por outro, porque a presença dos artistas as colocou na sombra" (Eidelman, 1999, p.21). O público majoritariamente "era detentor de um capital elevado de conhecimentos da arte contemporânea" e não tinha tanta necessidade de utilizar esses auxílios, como o público leigo, com menos competências. Ainda observamos uma insuficiente promoção da exposição para o público do local: a gratuidade e os cartazes não foram suficientes para deslanchar as visitas inesperadas. Os mediadores não trabalharam tanto quanto eles esperavam, mas essa constatação não desmerece a qualidade das mediações conversacionais empreendidas.

Outros casos poderiam ser ainda convocados, como a operação em *Artes vivas* concebida e realizada por nós para o espetáculo *Et Qui Libre?* (2000, Compagnie Foraine, La Villette, Cirque Larue & Demuynck), ou as proposições da Fundação Cartier, do Museu d'Orsay, do Museu das Thermes

11 *Dês enfants s'adressent à leurs pairs: une experimentation originale de médiation orale de l'art contemporain*. Monografia, Universidade de Paris 1, orientação de Françoise Julien-Casanova, 2001.

de Cluny, ou aquelas mais recentes de Avignon (Palais des Papes) e de Toulouse (primavera de setembro de 2003). Inevitavelmente, aqui e ali, o modo-modelo não foi respeitado "ao pé da letra"; as contaminações e interferências concretas refletiram-se necessariamente nos metamodelos. Todavia, as mediações conversacionais não foram julgadas menos atrativas e instauradoras de novas relações diante das obras e das aprendizagens.[12] Sabemos que os estudantes e a juventude em geral se beneficiam com um capital de simpatia em razão de seu duplo estatuto "intermediário": não são ainda profissionais, mas em situação de profissionalização, acessíveis e corolariamente permitindo aceder às exposições, ao saber, ao prazer. O voluntariado e a gratuidade das prestações de serviço são dois fatores decisivos. Mas as questões não são mais aquelas que colocamos em 1999, de saber o que seria desses jovens "iniciadores", se eles seriam empregados pelas instituições organizadoras. Aqueles que se tornaram assalariados ou contratados continuam a praticar o modo-modelo com a mesma convicção: o pouco sucesso quantitativo provém, como as confrontações desses seis casos tendem a mostrar, das lacunas dos contextos situacionais, organizacionais e informacionais; ou da definição enviesada de seu ofício; ou de uma carência de enquadramento. A qualidade da mediação interativa oral, se ela depende de mediadores engajados na área, de suas sensibilidades e de suas formações, só pode ser aproveitada plenamente por um maior número de pessoas na condição de ser desenvolvida em um ambiente oportuno e com uma iniciativa de visibilidade.

Parece que as operações gratuitas, que se beneficiam de uma logística de comunicação que valoriza o dispositivo e informa o público, são uma das condições *sine qua non* do sucesso de toda a operação de mediação cultural. Tomemos o exemplo do *Printemps des musées*, objeto de uma mediação retumbante. O comunicado da imprensa do Ministério da Cultura e da Comunicação precisa que, no que concerne à frequentação da operação,

> todos os apurados demonstram que ela foi particularmente forte nos numerosos museus (quase 430 na França) que, oferecendo a gratuidade de acesso, organizaram animações específicas sobre o tema dos 'cinco sentidos' escolhido este ano.

12 Não pudemos discutir no contexto deste artigo o valor das aprendizagens nas mediações conversacionais. Elas se inscrevem numa pedagogia dita "construtivista".

Os números são eloquentes, o Museu Fabre de Montpellier

> acolheu mais de 3.000 visitantes, ou seja, 25 vezes sua frequentação habitual; o CAPC – Museu de Arte Contemporânea de Bordeaux, 1625 visitantes ao invés de 230; O Museu da Pré-história de Nemours, 695 visitantes, ou seja 7 vezes mais do que o habitual, etc. O conjunto de museus da cidade de Strasbourg que elaboraram um programa bastante rico de animação viu sua frequentação quadruplicar, e o museu de Belas Artes de Quimper multiplicou 33 vezes seu público.[13]

A "gratuidade livra os constrangimentos ligados ao pagamento" (Gottesdiener, 2002, p.133), mas não esgota a longo termo as expectativas do visitante. Nem a questão da despesa cultural, entre ganhos e perdas, produtividade e improdutividade.

Conclusão

As intervenções conversacionais *in situ* provam que a mediação cultural pode valer como uma *política*, "quer dizer, tomando a etimologia do termo, como uma das formas possíveis de 'governo da realidade'. Sobre isso não há, ousamos crer, nada de prejudicial" (Ardenne, 2002, p.236). O futuro desse modo de operação? Sua perenidade? A política de suas extensões? Nós nos abstemos de toda predição a esse respeito. É difícil projetar o desenvolvimento de um modelo viável no futuro, por ser um modelo em essência e por natureza evanescente, fugidio, fugaz e na dependência total das instituições, públicas e privadas. Um modelo em expansão aqui e ali seria arriscado prever seu futuro. Como seria arriscado profetizar o que virá em matéria de inovação em comunicação. Portanto, o desenvolvimento de tais iniciativas não é certamente um fato do acaso. Aliás, nós já emitimos a hipótese que ela será a contrapartida dos desenvolvimentos das novas tecnologias e da virtualidade que ela comporta. Hoje, nós nos perguntamos igualmente se ele não está ligado ao *revival* da estética participativa dos anos 1990 e de sua essência relacional (Ardenne, 2002, p.196-7); sendo assim, seria um sintoma cultural e essencialmente uma formalização de relações conviviais já existentes. Nós já havíamos sugerido com a ordem da oralidade, mas seria

13 *Un très grand succès pour la journée de gratuité de la quatrième édition du printemps des musées* (domingo, 7 abr. 2002). Comunicado da imprensa, 2003: 2p. Ministério da Cultura, DMF.

muito redutor. Nem efeito de moda, nem banalizações, nem normatividades; ao multiplicarem-se, as mediações orais interativas poderiam ser tanto solicitações como respostas ao problema de acesso aos saberes e aos prazeres. Elas abrem uma brecha, introduzem uma mudança de *episteme*: outra lógica de construção da experiência estética. A democratização da arte ocidental no seio da sua própria cultura? Sim, o desdém não é mais colocado.

O que muda também com esse modo-modelo conversacional é a natureza de oficialidade de seus intérpretes que, idealmente, não estão mais lá para ensinar ou prodigar alguns saberes, para liberar o passaporte de uma cultura "politicamente correta", reproduzindo a fronteira entre leituras conformadas e heréticas, perpetuando o sistema fechado das hierarquias. A relação com as obras ou com os objetos da cultura não é mais a caça guardada por alguns, uma minoria. Esses mediadores, que têm a paradoxal legitimidade sempre recolocada em questão, fazem comunicar seus modos nada heterogêneos, situando-se

> neste ponto onde a palavra se faz permuta entre dois mundos, questionando um e outro, e emitindo uma pretensão à legitimidade que ela sabe infundada e que, no entanto, se completa. (Roman, 2002, p.278)

Um potencial de intervenções ao infinito.

> Ao final de dez, quinze anos, um desconhecido por acaso me redisse minhas próprias palavras que eu mesmo havia esquecido, me lembrou então aquela palavra de pouco efeito, que não obstante caiu no mais profundo, ficou, germinou nele, e retorna frequentemente em sua vida e faz parte de seu coração,

conta Michelet. O livre acesso às obras?

> Os barqueiros ali se empregam, com a legitimidade mal assegurada, com energia, obstinação, provocação, inabilidade, selvageria ou timidez excessivas: escutemo-los, e nós poderemos os reconhecer e os saudar. (Roman, 2002, p.280).

Referências bibliográficas

ARDENNE, Paul. *Un art contextuel.* Paris: Flammarion, 2002.

CAILLET, Elisabeth. L'ambiguïté de la médiation culturelle: entre savoir et présence. In: *Publics et musées.* n.6 (Profession en mutation). Lyon: PUL, 1994.

CASANOVA-JULIEN. La voix de musée? Le problème des voix dans la médition de l'oeuvre d'art in situ. In: *MEI*. n.9 (Voix et média). Paris: L'Harmattan, 1998. Une pratique interative orale de l'Histoire de l'art au musée du Louvre. In *Publics et musée*. n.14 (Éducation artistique à l'école et au musée, Darras, B. Dir.). Lyon, 1999. CERTEAU, Michel de. *L'invention du quotidien, I. Arts de faire*. Paris: Gallimard, Coll. Folio, 1990.

EIDELMAN, Jacqueline. (Dir.) *Formes de la médiation, réception et interprétation par les visiteurs de l'exposition Hypothèses de collection*. Paris: Cerlis (CNRS & Université de Paris V) & DAP, relatório, t.1, SDet. 1999.

FOL, Jac. Propos a l'oeuvre. In: *Art présence*. n.13. Paris: Alpa, 1995.

FOURTEAU, C. L. Les attentes du public. In: *Le regard instruit*. Paris: La documentation française, 2000.

GOETZ, A. Mystères et découvertes. Une promenade dans les musées de France et d'ailleurs pour le Printemps des musées 2003. In: *Le Printemps des musées*. Paris: Ministère de la Culture & RMN, communiqué de presse, 2003.

GOTTESDIENER, H. La gratuité et le visiteur en devenir. In: FOURTEAU, Claude (Dir.) *Les instituitions culturelles au plus près du public*. Paris: La Documentation Française, 2002.

JAMMET, Y. (Dir.) *Médiation culturelle et politique de la ville. Un lexique*. Paris: Asociation de prévention du site de la Villette & Caisse des dépôts et consignations, 2003.

PEDLER, Emmanuel. *Sociologie de la communication*. Paris: Nathan & Her, 2000.

MEUNIER, Jean-Pierre. *Approches systémiques de la communication*. Bruxelas: De Boeck, 2003.

MICHELET, J. *Cours au college de France*, t.1, 1838-1844.

MONIER, Mathilde. *Un site de création contemporaine et son public:* le palais de Tokyo ou l'utopie de proximité. Monografia (DÉA em Estética) – Universidade de Paris 1, sob orientação de B. Darras.

ROMAN, J. Heritiers, parvenus et passeurs. In: FOURTEAU, Claude. (Dir.) *Les institutions culturelles au plus près du public*. Paris: La Documentation Française, 2002.

WAQUET, Françoise. *Parler comme un livre. L'oralité et le savoir (XVI – XX siècle)*. Paris: Albin Michel, 2003.

7
Para além do olhar: a construção e a negociação de significados pela educação museal[1]

Susana Gomes da Silva

Situar pontos de partida, identificar paradigmas

> *A paradigm is very powerful in the life of society, since it influences the way we think, how problems are solved, what goals we pursue and what we value.*
>
> Gablik (1991)

Nas últimas décadas a sociedade da informação e do conhecimento tem assistido e participado de uma mudança de paradigma (Silverman, 1995, p.161), que responde aos desafios da pós-modernidade e implica a transformação das concepções de conhecimento, comunicação e informação. Catalisou, assim, mudanças num vasto campo de disciplinas e instituições dedicadas ao que Silverman designou "a natureza da troca de informação e a formação do conhecimento",[2] nas quais os museus se encontram claramente incluídos.

Como consequência, os museus são confrontados com a necessidade de repensar seu papel e, em última análise, a própria identidade e sua relevân-

---

1 Este texto foi originalmente publicado em Calaf, R. & Fontal, O (Coord.) *Miradas al patrimonio*. Gijon: Universidad de Oviedo, 2006.

2 *The nature of information change and knowledge shaping* (Silverman, 1995, p.161).

cia como espaços de construção do conhecimento. Isso lhes coloca desafios e abre oportunidades para o desenvolvimento de novas estratégias de relacionamento com os públicos e com as coleções, repensando e reequacionando os espaços e as formas para esse encontro.

A emergência e a consolidação da educação museal[3] como campo de estudos transversal e fundamental, para o desenvolvimento de um trabalho educativo consolidado e estruturado em torno dos desafios da contemporaneidade, não deixam de ser uma resposta a esse movimento de transformação. Reforçam e validam a tomada de consciência do valor educativo dos museus e contribuem para esse campo, com conceitos e instrumentos que têm ajudado a delinear novos paradigmas de atuação, novos pontos de partida e novas relações, nomeadamente no âmbito dos serviços educativos e suas funções.

Novos paradigmas, novas relações

> *Museum staff increasingly argue that the educational role of the museum is significant. Yet just what the educational intention of the museum might be, how the institution considers education, how it believes that people learn, and what education consists of, are frequently vaguely defined if defined at all.*
>
> George Hein (1998)

Os paradigmas vigentes na concepção do conhecimento, da informação e da comunicação têm efeitos profundos em qualquer prática educativa, uma vez que funcionam como universo de referentes no qual se estabelecem as fronteiras e as normas, se definem os centros e as periferias, se delineiam e consolidam as boas práticas e os seus sistemas de avaliação e aferição, de integração e de exclusão.

Nesse sentido, vale a pena identificar algumas linhas de força envolvidas na definição de mudança de paradigma, citada inicialmente, e refletir

3 "O termo educação museal é ainda estranho no campo dos estudos sobre museus em Portugal. Essa situação deve-se, a nosso ver, por um lado, ao fato de a maioria dos programas de estudos em museologia ainda tratarem a educação como uma área acadêmica periférica, o que não tem contribuído para a publicação de estudos capazes de promover a criação de um glossário que dê forma aos recentes conceitos educativos na área museológica, e, por outro, à ainda extremamente precária situação dos serviços educativos nos museus portugueses que, apesar de terem crescido nos últimos anos, ainda só marcam presença em apenas 48% dos museus nacionais" (Santos, 2005).

sobre seus principais contributos e implicações para o campo da educação museal e, em consequência, para os espaços educativos dos museus.

Conhecimento, comunicação e construção de significados

De acordo com o paradigma pós-moderno, o conhecimento deixa de ser concebido como produção para consumo passivo dos indivíduos, e passa a ser encarado como o resultado de uma construção ativa, um processo de significados[4] criado pelos "aprendizes" e "influenciado pelas normas, valores e atitudes sociais e culturais que rodeiam os comunicadores" (Silverman, 1995, p.161).

Dessa forma, o conhecimento não pode dissociar-se da sua própria construção nem do método de comunicação em si mesmo, uma vez que a comunicação (entendida aqui como o modo simultâneo de estruturação e partilha da informação) é percebida como "um processo de negociação entre duas partes no qual a informação (e os seus sentidos) é criada mais do que transmitida" (ibidem). Isso enfatiza o papel e a "autoridade" dos próprios sujeitos na construção dos sentidos e significados que lhes permitem interpretar e experienciar o mundo à sua volta.

Essa expressiva aproximação da noção de comunicação ao próprio processo de construção de conhecimento permite uma nova abordagem dos espaços educativos, já que passam a conceber-se, cada vez mais, como interfaces de comunicação nas quais a relação entre o público e a instituição se faz numa perspectiva dialógica de partilha e parceria, não de transmissão.

De fato, o foco dado à comunicação como processo de negociação de sentidos reforça justamente esse espaço, que não reside nem nos comunicadores nem nos conteúdos, mas sim na dialética permanente entre ambos. Esse campo de diálogo e relação, em constante construção e negociação, molda e dá forma à experiência dos sujeitos, além de lhe conferir sentido.

Um dos desafios colocados então aos serviços educativos dos museus é exatamente o de contribuírem para a criação desses espaços de encontro e de partilha, promovendo e consolidando o ambiente museológico como fórum e arena onde se debatem, constroem e negociam discursos e leituras.

Essa perspectiva implica uma transformação estrutural na forma pela qual os museus se relacionam com suas coleções e suas audiências, uma

4 Do inglês *meaning-making process*.

vez que o foco deixa de estar nos objetos museológicos em si mesmos para se centrar sobretudo em seu potencial comunicativo, que é, fundamentalmente, suporte de ideias e conceitos culturais. E nesse campo os serviços educativos, chamando a si o espaço de comunicação, discussão e construção partilhada de sentidos, podem e devem desempenhar um papel crucial assentando sua prática e sua programação nas contribuições do construtivismo crítico como teoria educativa de referência.

Para isso, é fundamental que a Educação Museal se consolide em campo de estudos e de reflexão (nessa sua visão alargada e abrangente da educação) e seus contributos sejam plenamente integrados na formação teórica e prática dos profissionais de museu, nomeada (mas não exclusivamente) dos profissionais de serviço educativo ou educadores de museu.

Conceber a aprendizagem como uma construção ativa

A necessidade de uma teoria da educação e da aprendizagem que enquadre a forma como o museu concebe o conhecimento (ou seja, aquilo que é passível de ser aprendido) e como os indivíduos aprendem é um elemento de base para a criação de programas educativamente eletivos e capazes de responder à diversidade das audiências e aos desafios da sociedade contemporânea.

Assentando no paradigma enunciado, o campo da Educação Museal tem vindo consolidar as teorias construtivistas da aprendizagem que definem os sujeitos como sendo ativos na construção da interpretação das suas experiências educacionais, com base em seus conhecimentos prévios, suas competências, seu percurso de vida, sua bagagem cultural e sua motivação pessoal (ou disposição para aprender).

Essa perspectiva faz recair sobre o próprio aprendiz a responsabilidade pelo seu aprendizado, remetendo para o "educador" e para a instituição educativa o papel de criar os ambientes e condições mais apropriados ao desenvolvimento e à construção das competências necessárias a essa mesma aprendizagem, funcionando, assim, mais como facilitadores e potenciadores do processo do que como a fonte única dos conhecimentos. Como diz Hernández (2000, p.50),

> o objetivo de toda aprendizagem é estabelecer processos de inferência e transferência entre os conhecimentos que se possuem e os novos problemas-situações que são colocados a quem aprende.

Essa capacidade de transferência responde a dois fatores: "a organização mental do conhecimento que possui o sujeito e o nível de autoconsciência que ele tem sobre o seu próprio conhecimento" (Prawat apud Hernández, 2000, p.50), e nesse sentido, a compreensão organiza-se em torno de três conceitos-chave: o conhecimento-base dos sujeitos (os seus saberes prévios), as estratégias que utilizam (e constroem) para aprender e a sua disposição para isso (o conjunto das suas motivações e expectativas) (Hernández, 2000, p.50).

De certa forma, é nessa investidura de poder conferida aos sujeitos que reside o motor transformador do paradigma educativo e, em consequência, da relação entre os museus e os visitantes. Uma vez que o indivíduo é entendido como agente ativo da sua própria aprendizagem, o papel do museu passa a ser o de potenciar a construção de múltiplas leituras que permitam o alargamento dos conhecimentos iniciais de cada sujeito, criando desafios cognitivos e estimulando a interpretação. Essa perspectiva tem consequências não apenas para o trabalho educativo a ser desenvolvido pelos serviços educativos, mas atravessa todas as áreas do museu, uma vez que os espaços de contato (exposições, edifícios, serviços, sinalização) são espaços de comunicação que veiculam discursos sobre como o conhecimento, a aprendizagem e os indivíduos são gerados.

Assim, reconhecer que os sujeitos são autônomos em sua construção de conhecimento implica deixar de perceber o museu como fonte única de saber num sistema transmissivo e unilinear, em que o emissor controla a totalidade da mensagem e o seu processo de apreensão, para integrá-lo num processo complexo, dinâmico, biunívoco (e idiossincrático!) de construção e negociação de saberes. Isso implica uma perspectiva epistemológica que considera o conhecimento uma produção subjetiva (como construção dos sujeitos) e a aprendizagem um rico e complexo processo contextual de interpretação.

Como interpretação, entendemos como os indivíduos criam um sentido para as coisas:

> um processo mental levado a cabo pelos sujeitos, que corresponde à construção de significados para o mundo que os rodeia, implicando por isso o desenvolvimento de competências de análise, crítica e síntese capazes de enquadrar o contínuo processo de modificação, adaptação e extensão [de conhecimentos, leituras e versões] que a aprendizagem ao longo de toda a vida implica. (Silva, 2001, p.115)

Nessa linha, a interpretação torna-se um dos elementos centrais do trabalho educativo e associa-se à noção de longa duração – a aprendizagem ao longo de toda a vida[5] –, requerendo, portanto, uma visão mais alargada e contínua do trabalho educativo para poder ser efetiva, o que, mais uma vez, implica um reequacionamento das relações dos museus com suas audiências.

Experiência museal, conhecimentos prévios e construção de memórias

Os museus, em geral, e as exposições, em particular, têm o potencial de ampliar, expandir e reestruturar os esquemas conceituais e mentais dos visitantes (Falk et al., 1998; Falk & Dierking, 2000). Essa ampliação e reestruturação é o resultado de um processo de interpretação aberto e ativo, no qual o campo da educação museal deverá incidir de forma cada vez mais consciente: uma interpretação por objetos e relações estabelecidas com eles, capazes de criar desafios que conduzam os sujeitos ao levantamento e à resolução de problemas, reelaborando e acomodando os conhecimentos prévios para construírem novos significados e aprendizagens. E para isso é necessário saber trabalhar a totalidade da experiência, que se pretende capaz de despoletar novas aprendizagens e de perdurar muito além do momento em que ocorre.

Uma ida ao museu é uma experiência global que depende tanto das expectativas e *agendas pessoais*[6] (Falk et al., 1998) de cada indivíduo quanto das atividades desenvolvidas no próprio espaço visitado, funcionando como uma importante articulação entre o passado (os conhecimentos prévios, as expectativas trazidas), o presente (o momento em que o contato se dá) e o futuro (a projeção da experiência na vida futura dos indivíduos).

Os indivíduos chegam ao museu com uma série de interesses e motivações prévias, baseadas em sua vivência, seus conhecimentos, sua posição social, econômica e cultural, que irão necessariamente condicionar sua experiência no museu e, naturalmente, as suas aprendizagens. Inserido num *continuum* temporal que transcende em muito o momento da visita em si, esse momento de contato e construção faz sentido para os indivíduos numa lógica

---

5 Da expressão inglesa *lifelong learning*.

6 Entenda-se aqui a noção de agenda como o conjunto de motivações, interesses, expectativas que os visitantes têm para visitar determinado espaço, ou seja, o conjunto de razões que os levam a incluir tal visita no conjunto de atividades que constam das suas "agendas pessoais" e que determinam prioridade, duração, interesse e disponibilidade atribuída ao evento.

vivencial e *experiencial* muito mais do que puramente cognitiva. Por esse motivo, alguns autores (Falk & Dierking, 1992) têm optado por conceber as aprendizagens passíveis de serem desenvolvidas no espaço museológico inteiro, englobando-as num processo mais amplo que designam "experiência museal".[7]

Essa experiência – entendida como o conjunto total de aprendizagens, emoções, sensações e vivências experimentadas como resultado da interação com os objetos, as ideias, os conceitos, os discursos e os espaços dos museus – é moldada pela intersecção de três contextos fundamentais: o contexto pessoal, o contexto social e o contexto físico. Para Falk e Dierking é justamente nesse espaço de intersecção que se constrói e define a experiência que perdurará na memória dos indivíduos, potenciando a construção de aprendizagens duradouras, significativas e efetivas. Tais aprendizagens, parte integrante da experiência global, serão, portanto, aquelas que resultem da conjugação do patrimônio cultural, social e emocional que os indivíduos trazem consigo, da sua biografia, com aquilo que a instituição visitada (com seus objetos, coleções e serviços) é capaz de lhes proporcionar. E é justamente nesse espaço híbrido de confluência e confronto de ideias que o trabalho dos serviços educativos se realiza plenamente, erigindo-se como uma interface em que se conjugam todos *os lugares de onde se parte* (Hernández, 2000).

Entendemos ser precisamente aqui que reside um dos desafios mais interessantes e frutíferos para os serviços educativos: a possibilidade e a capacidade de se assumirem como espaços para o cruzamento de "olhares" e de leituras numa plataforma dinâmica e em permanente mudança.

Desafios e objetivos dos serviços educativos numa perspectiva atual – algumas ideias-chave:

- Contribuir para a construção de espaços de encontro e negociação de significados.
- Criar interfaces de comunicação e interculturalidade.
- Construir experiências significativas, efetivas e de longa duração em uma visão de educação ao longo de toda a vida.
- Contribuir para a construção de conhecimento de uma perspectiva de plurivocalidade e múltiplas leituras baseadas no modelo do construtivismo crítico.
- Construir um museu em movimento virado para a mudança e a transformação.

7 Da expressão inglesa *museum experience*.

Educação museal no centro de arte moderna

> La postmodernidad, entre otras reflexiones, ha abierto la importancia de mirar el "arte" como una representación de significados. Esto supone que frente a las obras no hay miradas ni verdades absolutas, o aproximaciones formalistas (que se consideran como una categoría socialmente construida) sino que dependen del tiempo, el lugar y el contexto. Esto hace que el lenguaje del arte quede sujeto al escrutinio de los códigos simbólicos y de las convenciones culturales. Ello condiciona y posibilita las diferentes formas de interpretación.
>
> Hernández (2000)

O Setor de Educação do Centro de Arte Moderna José de Azeredo Perdigão (CAMJAP), criado em julho de 2002, nasceu do desejo de dotar o museu de um espaço para a interpretação de sua coleção e de suas exposições e para a comunicação com as audiências, aprofundando e desenvolvendo as existentes premissas basilares sobre as quais já se assentava a missão da instituição:

a. Divulgar e estudar a arte moderna e contemporânea, com especial incidência na arte portuguesa mediante apresentação permanente de obras da coleção do centro e da organização de exposições temporárias.
b. Desenvolver o interesse do público pela arte moderna e contemporânea, por meio de ações nas áreas da educação, da divulgação, da animação e da captação de públicos por programas específicos.[8]

Surgido num momento de reestruturação orgânica,[9] o novo setor apresentou-se como uma oportunidade de criar um espaço simultaneamente capaz de expandir (e, de alguma forma, reequacionar) os objetivos definidos

---

8 Documento interno do centro de Arte Moderna José de Azeredo Perdigão (CAMJAP, 2000)

9 Em 2001 o Centro de Arte Moderna José de Azeredo Perdigão (CAMJAP) sofreu uma reestruturação orgânica que acarretou a extinção de alguns serviços e o nascimento de outros. Dessa forma o antigo Centro Artístico Infantil (CAI), uma estrutura criada na década de 1980 na senda do movimento da Educação pela Arte em Portugal, foi completamente reequacionado e integrado ao novo Serviço Educativo do CAMJAP. De certa forma, essa reestruturação veio permitir a criação de um espaço educativo diretamente relacionado com o museu e assente nas premissas da atual educação museal, uma vez que o antigo CAI funcionava de forma autônoma num edifício à parte, nunca se tendo instituído como um espaço direcionado para a interpretação e a exploração da coleção. O nascimento do Setor de Educação do CAMJAP assumiu, desde o primeiro momento, a condição de espaço para um trabalho direto com a coleção e exposições temporárias.

estatutariamente pela instituição. E, ainda, de responder aos atuais desafios enfrentados pela educação museal, enquadrando a linha educativa e os programas a serem desenvolvidos futuramente num movimento muito mais amplo de renovação e reinvenção do papel dos serviços educativos como espaços de construção e partilha de saberes que enunciamos.

Nesse sentido, a missão do Setor de Educação do CAMJAP procurou estruturar-se em torno de quatro eixos fundamentais, num claro intuito de amplificar as premissas iniciais:

a. A divulgação e a interpretação da arte moderna e contemporânea (com base na coleção e nas exposições), numa perspectiva de plurivocalidade e interculturalidade, integrando-a aos desafios e às problemáticas da cultura visual e seu papel na sociedade contemporânea.
b. O desenvolvimento de uma programação diversificada e transversal apoiada numa perspectiva educativa *construtivista crítica* capaz de promover o cruzamento de olhares e leituras e de contribuir para o alargamento das acessibilidades.
c. A construção de espaços de reflexão, diálogo e debate sobre arte moderna e contemporânea e seus campos de estudo associados.
d. A construção de um espaço para a reflexão, promoção e debate sobre a educação museal e seus contributos para a prática educativa atual em ambiente de museu.

Assente nessas premissas, desde seu início o Setor de Educação tem procurado desenvolver uma programação variada de visitas guiadas, oficinas, cursos e debates dirigida quer à comunidade escolar (professores, educadores, alunos de todos os níveis de ensino) quer aos restantes públicos (crianças, jovens, adultos, famílias, pessoas com necessidades educativas especiais, seniores, especialistas e não especialistas, entre outros), erigindo-se como um espaço vital de comunicação e relacionamento.

Entendemos a arte sobretudo como um conceito cultural que integra tanto um conjunto de manifestações e produções 'artísticas' que a caracterizam como o sistema que as classifica como tal, pelo que reforçamos a "importância de olhar a 'arte' como uma representação de significados" (Hernández, 2000, p.129), em um contexto cultural, histórico, social, econômico, político e simbólico específico, procurando promover um olhar situado e informado capaz de ler os objetos artísticos (e museológicos) em suas várias dimensões e esferas discursivas e simbólicas.

Trabalhando sobretudo com uma coleção de arte moderna e contemporânea, interessa-nos integrar a produção artística nas problemáticas da sociedade atual, concebendo o trabalho com as obras de arte como portas abertas para a reflexão e o debate sobre o mundo que nos rodeia, nomeadamente as suas culturas visual e material como construtoras de discursos e práticas identitárias, por meio das quais os indivíduos desenham e constroem os seus universos de referência.

Como refere Hernández, essa visão "faz que a linguagem da arte fique sujeita ao escrutínio dos códigos simbólicos e das convenções culturais" (Hernández, 2000, p.129). E um dos desafios das iniciativas educativas no Centro de Arte Moderna reside justamente na construção de atividades capazes de promover o desenvolvimento de estratégias e instrumentos para a reflexão e a construção de processos de leitura (tornando-os visíveis).

Interessa-nos, acima de tudo, ir mais além do olhar, mais além dos objetos, desenvolvendo uma literacia visual fundamental para a interpretação da cultura visual na qual estamos imersos.

Projeto Olhar, Ver, Interpretar – propiciar o cruzamento de olhares

> *... The construction of meaning depends on prior knowledge, and on beliefs and values. We see according to what we know, and we make sense of meaning according to what we see. In this way we construct our meanings, and do not find them "ready-made".*
>
> Eilean Hooper-Greenhill (1999)

A importância concedida à construção ativa de conhecimentos com base nos conhecimentos prévios dos indivíduos tem servido de base a toda a programação de atividades e contribuído para o desenvolvimento de um tipo de abordagem educativa estruturada em torno de questões-chave e de um processo de diálogo constante. Neste sentido, e uma vez que as visitas guiadas são uma das atividades mais procuradas por quase todos os segmentos de público, o Setor de Educação tem procurado desenvolver visitas temáticas diversificadas, apoiadas num conjunto de questões transversais a vários campos do saber e num diálogo participado, promovendo uma leitura plural da coleção e seus objetos artísticos para públicos a partir dos três anos.

Embora toda a programação procure refletir as premissas enunciadas, alguns programas específicos, como é o caso de *Olhar, Ver, Interpretar*, nasceram como resposta direta à vontade de realizar uma experiência educativa, que pudesse incidir sobre os próprios processos de interpretação e de leitura, como ponto de partida para uma exploração da coleção. Nas páginas que se seguem, procuraremos salientar algumas de suas características estruturais sem a preocupação de apresentar um guia da atividade. De certa forma, interessa-nos acima de tudo pôr em evidência alguns dos pilares estruturais da atividade, bem como as estratégias desenvolvidas para explorar o processo de leitura e de negociação de significados, aspectos fundamentais para a interpretação como forma de conhecer e de cruzar olhares.

Trabalhar os próprios processos de interpretação

Constituindo, sobretudo, uma visita-diálogo com a duração média de 90 minutos, o projeto *Olhar, Ver, Interpretar* desenvolve-se em torno da interpretação e da compreensão como conceitos-chave, definindo em cinco ideias cruciais:

- O olhar como instrumento de conhecimento e um lugar por meio do qual se parte e se fala (Hernández, 2000).
- A problematização encarada como processo de construção de conhecimento.
- O conhecimento entendido como uma dotação de sentidos.
- A aprendizagem concebida como transformação, experiência e transgressão.
- A cultura visual como universo de referência.

Dirigido especialmente ao público escolar a partir dos seis anos, o projeto pretende disponibilizar uma atividade que, sendo curta no tempo, possa ainda assim proporcionar um momento de reflexão capaz de alargar os universos de referência de cada participante e trabalhar os seus preconceitos (e "pré-conceitos") e representações em relação aos *museus*, às *coleções*, aos *objetos museológicos* e *artísticos*, à *arte moderna e contemporânea* e *suas problemáticas*, ao mesmo tempo em que desenvolve a *autoconsciência sobre os processos de interpretação e descoberta utilizados* para responder a esses mesmos desafios.

Trata-se, portanto, de um projeto que pretende construir momentos de meta-aprendizagem, dando aos sujeitos a possibilidade de refletir sobre as estratégias usadas para a resolução dos problemas que lhes são colocados, usando as obras de arte como objeto e estímulo para a reflexão.

Dois problemas como fio condutor

Duas problemáticas orientam todo o programa: será possível ver sem interpretar? Como participamos nas obras de arte?

Duas questões permitem trabalhar as obras como suportes de ideias e conceitos culturais passíveis de serem lidos e completados pelo olhar de cada um, e possibilitam reforçar o papel ativo dos "observadores" nesse cruzamento de olhares.

A escolha de duas questões que pudessem transcender o universo mais direto da coleção e abordassem a produção artística e seus objetos, com base na própria ideia de leitura, permite, de um lado, estimular olhares e leituras flexíveis não subordinadas à linha cronológica e estilística apresentada nas salas do museu, e, de outro, potenciar a exploração de conceitos-base cruciais para a exploração da coleção mediante universos de referentes dos visitantes (interpretação, olhar, arte, valor, memória, representação, identidade e a função das obras de arte, entre outros).

Num modelo constituído por quatro fases – lançamento de questões/criação de problemas; discussão e resolução de problemas; síntese; levantamento de novas questões –, a visita estrutura-se em torno de cinco ideias-chave: qual é a diferença entre olhar, ver e interpretar? Será possível ver sem interpretar? O que acontece quando interpretamos? Será que fazemos parte das obras de arte? Como e por quê? Essa questões permitem organizar diferentes momentos de discussão e interpretação das obras selecionadas do percurso, nos quais o desdobramento de questões se faz pelas respostas e referências de cada grupo, dando origem a debates extremamente diversificados.

Uma caixa de sapatos para guardar ideias

Pensada para públicos com idades diversificadas, a visita assume formatos ligeiramente distintos em razão da faixa etária, permitindo uma adaptação aos grupos. De fato, se as grandes questões se mantêm como eixos estruturais, já a colocação dos problemas é feita de forma diferenciada.

Assim, para a faixa etária dos seis aos dez anos (correspondente ao 1º ciclo do ensino básico em Portugal), a visita estrutura-se em torno de uma caixa para colecionar ideias, na qual se guardam (colecionam) todas aquelas que os participantes considerem suficientemente importantes para levar para casa. Essas ideias são fruto da interpretação das obras e da resolução dos problemas ou questões que são colocados.

Escrita pelo educador em pequenos pedaços de papel, a coleção de ideias é constituída mediante critérios desenvolvidos pelo grupo, refletindo os pensamentos, as inquietações, as expectativas e os desafios que os pequenos visitantes vivenciam em todo o percurso. Esse recurso possibilita a realização de vários momentos de síntese, bem como a visualização do conhecimento gerado ao longo da visita, permitindo confrontar os visitantes quer com os seus conhecimentos e discursos como fonte primária de informação, quer com a transformação dos conceitos discutidos durante o percurso.

Para os grupos a partir dos dez anos, a coleção de ideias dá lugar a uma estrutura mais fluida de questões abertas e debates em torno das obras com o cruzamento de vários elementos, como a utilização e o reforço do discurso dos participantes como fonte primária e ponto de partida crucial para qualquer discussão, o manuseio e o relacionamento de objetos, imagens, citações de proveniências diversas, que permitam o alargamento das visões e versões sobre as obras analisadas. Se para os menores era fundamental estabelecer critérios de valor para a seleção das ideias que constituiriam a coleção a realizar ao longo da visita, para os grupos restantes o primeiro trabalho desenvolvido girava justamente em torno da construção de critérios para a classificação de um objeto museológico e artístico pelo manuseamento e observação direita de objetos de uso comum.

Uma forma de sapatos e um poema para descobrir a arte contemporânea

A distribuição de objetos de proveniências variadas (uma forma de sapatos, uma tela em branco, uma lâmina de *passe-vite*, um espelho, uma paleta, um poema de Pablo Neruda[10]) permite suscitar a curiosidade e lançar desafios prévios no início do percurso pelo museu, funcionando simultaneamente como momentos para a aferição de expectativas, motivações e referentes. Como poderiam esses objetos entrar para uma coleção de mu-

10 Objetos selecionados por sua relação com algumas das obras do percurso, nomeadamente as caixas de objetos de Lourdes Castro (1963), nas quais a assemblagem de objetos de uso comum e cotidiano permite trabalhar a noção de objeto museológico e artístico (Em que diferem esses objetos daqueles que temos em casa? Que transformações sofrem quando entram no espaço do museu? O que nos podem dizer?); a ideia de valor (e a construção de critérios de valor); e a de leitura e a de memória (Será que os objetos têm memória? Que nos dizem acerca do mundo em foram produzidos?).

seu? Quais escolheriam para constituir uma coleção? Por quê? Em que tipo de coleções os colocariam? Poderiam fazer parte de uma coleção de arte? Como? são questões essenciais para a consecução da visita.

A realização do breve exercício de formar uma coleção com os elementos distribuídos, com tudo o que isso implica a definição de critérios de seleção (criação de um discurso englobador e justificador, criação de sistemas e critérios de valor para a seleção dos objetos), funciona como um momento de introdução e diagnóstico que aborda e reflete, de forma lúdica e descontraída, importantes conceitos e problemáticas em torno das coleções e seus discursos. Cria, assim, uma plataforma inicial de premissas, partilhadas e discutidas, para a leitura dos objetos museológicos e artísticos do percurso que se segue, no qual essas mesmas premissas serão, na maioria das vezes, confrontadas e postas em causa.

A escolha de objetos curiosos, surpreendentes, fora do normal, estimula o exercício de reflexão como superação do estranhamento causado. E a escolha e a utilização de objetos expectáveis no ambiente de museu possibilita, de certa forma, trabalhar sobre as ideias preconcebidas, os preconceitos e as representações que os indivíduos trazem consigo na visita a um espaço museológico e, mais especificamente, a um centro de arte moderna e contemporânea. A conjugação dos dois universos (o conhecido e expectável com o desconhecido e surpreendente) amplia as visões possíveis, contribuindo desde logo para o alargamento das leituras plausíveis. Diversificar os elementos de apoio e estímulo ao olhar (informado) é assim uma forma de diversificar os potenciais pontos de partida para a abordagem das obras, bem como de promover a criação de relações (por contraste, comparação, identificação, diferenciação e seleção) entre elementos de universos distintos, inserindo as obras de arte da coleção no universo muito mais alargado da cultura visual. Um poema, um objeto, uma imagem, um anúncio funcionam como estímulo, mas também como documento para a fundamentação das relações estabelecidas, pelo que, ao longo de toda a visita, é utilizado um banco de materiais de apoio relevante para o trabalho com as obras, nessa lógica de multiplicidade interpretativa.

Obras inquietantes para mentes ativas

Uma abordagem de conceitos-chave, por exemplo, colecionismo, valor, memória, representação, permite colocar os indivíduos em confronto com os sistemas de construção das próprias leituras, tornando-os visíveis, promovendo a reflexão e a desconstrução como instrumentos promotores de aprendizagens numa perspectiva construtivista e construtiva.

Com o intuito de promover esse trabalho, as cinco obras da coleção constantes do percurso foram selecionadas, acima de tudo, por potencializarem o cruzamento de diferentes olhares e leituras e o levantamento de distintos desafios cognitivos que exigem estratégias de relacionamento e resolução de problemas diversificados. Para selecioná-las, seguimos essencialmente alguns dos critérios enunciados por Hernández (2000, p.149): serem inquietantes (por sua dificuldade de classificação ou impacto visual); relacionarem-se com valores partilhados por diferentes culturas; estarem abertas a múltiplas interpretações; serem próximas do universo de referentes e da "vida da gente" (como produtos de uma sociedade que nos é próxima e da qual partilhamos referentes e inquietações); e fazerem pensar o "espectador".

De certa forma interessa-nos, sobretudo, poder suscitar a inquietação como motor para a descoberta e a vontade de saber mais (motivação), trabalhando num universo simultaneamente familiar e desconhecido para o visitante que lhe possibilite estabelecer pontes e relações utilizando os conhecimentos prévios como ponto de partida, mas com o intuito de chegar mais longe, fazendo que a novidade (e seu grau de desconhecido) seja suficientemente desafiante para que as estruturas prévias de conhecimento possam ser transformadas.

Participar e negociar significados

A estrutura em diálogo, partindo de um conjunto de questões alargadas e abertas a múltiplas respostas, estabelece desde o primeiro momento que a relação do visitante com o museu e o educador é ática, crítica e paritária. Aqui o trabalho do educador é o de introduzir e gerir o debate, promover a reflexão, lançar questões, mediar, redistribuir as questões surgidas no seio do grupo, ajudar a construir momentos de síntese e consolidação, deixando claro que o papel ativo pertence a cada um dos sujeitos envolvidos no processo (ele incluído), e o processo de construção efetiva só existe enquanto esse papel for desempenhado por todos.

O sentido atribuído às coisas é pessoal, uma vez que se relaciona com as estruturas mentais já existentes nos indivíduos e com o tipo de ideias que se encontram na base da interpretação da sua experiência do mundo. Mas é também social, uma vez que é influenciado pelos "outros significativos" para o indivíduo (família, grupos de pares, amigos, colegas), aqueles que constituem a comunidade interpretativa (Hooper-Greenhil, 1999, p.11) à qual o indivíduo pertence. Nesse sentido, é fundamental criar momentos de discussão e resolução de problemas que envolvam os indivíduos no seu conjunto, trazendo para a própria discussão as práticas sociais que lhe dão forma. Se o processo interpretativo é simultaneamente pessoal e social, ele requer o desenvolvimento de estratégias de discussão e negociação para que seja capaz de gerar transformação efetiva, ou seja, aprendizagens efetivas. Desse modo, potencia-se o processo de negociação de significados que permite a criação de redes partilhadas de saberes e plataformas comuns de entendimento.

A introdução de temas e problemáticas na forma de questões que interpelam os indivíduos funciona simultaneamente como o estímulo para a partilha de saberes e a entre ajuda, e como uma forma de diagnóstico que possibilite aferir conhecimentos prévios, universos de referentes, estratégias dominantes, expectativas e motivações. Tal situação permite trabalhar a construção de conhecimento com base em uma plataforma comum de entendimento na qual o educador participa em paridade, acrescentando leituras que não substituem, mas enriquecem e complementam, as que foram produzidas anteriormente. O desdobramento das grandes questões (abertas e passíveis de múltiplas respostas) faz-se em razão do que é colocado à discussão pelo grupo no seu exercício de interpretação, estimulando o desenvolvimento e a inter-relação de diversas estratégias (descritivas, interpretativas, analíticas, críticas). E o incentivo ao debate e à construção de visões e versões diferentes e fundamentadas faz-se, como já dissemos, com a distribuição de outros elementos visuais e escritos, para relacionamento com as obras em questão, e a divisão do grupo em equipes de trabalho.

Criar construtores ativos e conscientes

Como já vimos, a conjugação de fontes e documentos distintos incentiva a investigação para a resolução de problemas e promove o relacionamento de dados para o alargamento das possibilidades de leitura, permitindo sua fundamentação. Por isso, ao longo do percurso, há vários momentos de divisão do grupo em pequenos grupos de trabalho e distribuição diferenciada de documentos para relacionamento e contraste com as obras abordadas. A promoção de diversas versões, baseadas nos documentos distribuídos, funciona assim como plataforma para o enriquecimento e a consolidação dos níveis de interpretação e compreensão do grupo.

No entanto, fazer não é, necessariamente, sinônimo de aprender se a ação requerida não se inserir num desafio de tipo cognitivo que levante questões e dote a experiência de sentido.

> Para poderem promover uma verdadeira aprendizagem, as atividades educativas necessitam de envolver a mente (*minds-on*) tanto quanto as mãos (*hands-on*) e de permitir a produção de uma reflexão sobre a prática realizada, sobre o que se aprende e como se aprende. (Silva, 2003, p.23)

A promoção de pequenos trabalhos de grupo em contexto de museu, baseada no relacionamento de materiais diversos com as obras expostas, permite conjugar ambos os conceitos – aprender-fazendo e fazer-pensando –, estimulando a participação ativa na construção de leituras fundamentadas e, dessa forma, envolvendo os indivíduos nessa mesma construção (*hearts-on*).

A implicação dos indivíduos na construção (e fundamentação) de leituras para os objetos funciona como um processo de investidura de poder para o visitante como construtor ativo e consciente, cujo olhar completa a obra. A questão da participação do "observador" na obra de arte torna-se, assim, extremamente relevante nesse processo de interpretação.

"Os olhos só não chegam"

Se a construção de significados ou atribuição de sentido está dependente dos conhecimentos prévios, crenças e valores de cada um de nós, será possível ver sem interpretar?

Retomando as palavras de Hooper-Greenhill, "vemos em função do que sabemos e atribuímos sentido às coisas em função do que vemos" (Hooper--Greenhil, 1999, p.13). O projeto Olhar, Ver, Interpretar pretende alargar justamente a forma de ver e saber, desenvolvendo estratégias passíveis de serem usadas fora do museu para a interpretação do mundo que nos rodeia. As estratégias interpretativas existem previamente ao ato de leitura e desse modo determinam a forma do que é lido. Os visitantes de museu deparam com objetos com uma série de estratégias já estabelecidas de leitura que a direcionam. De acordo com o que se procura, o que se vê tem um certo sentido, reforçando a noção de que é a estratégia interpretativa que determina o significado do objeto e de certa forma como o objeto é entendido, e até mesmo o que conta como objeto (Hooper-Greenhil, 1999).

Promover uma atividade centrada nos processos de interpretação ajuda os visitantes a desenvolver um olhar informado e crítico, cujas validade e utilidade transcendem o mero "espaço" da visita. O projeto Olhar, Ver, Interpretar tem procurado ser esse lugar de introdução ao olhar e à leitura das obras de arte como suporte de ideias e conceitos culturais – um lugar de confluência, de negociação de sentidos e de participação ativa.

Talvez por isso, no final de uma visita, Beatriz, de sete anos, tenha colocado o dedo no ar e dito com ar decidido:

> – Gostava de guardar na caixa mais três ideias importantes: "para ver com atenção temos de estar entusiasmados", "as obras de arte servem para pensar" e "os olhos só não chegam".

E quando confrontada com a última questão – Será que fazemos parte das obras de arte? –, respondeu sem hesitar:

> – Claro, estivemos aqui tanto tempo a falar delas! Sem nós era como se lhes faltasse um bocado!

Referências bibliográficas

FALK, John H. & DIERKING, Lynn D. (Eds.) *Public institutions for personal learning: establishing a research agenda*. Washington: American Association of Museums, 1995.

________. *The museum experience*. Washington, D.C.: Whalesback Books, 1992.

________. *Learning from museums: visitor experiences and the making of meaning*. Lanham, New York, Oxford, Walnut Creek: Altamira Press, 2000.

FALK, John H. et al. The effect of visitor's agendas on museum learning. *Curator*, n.41/2, p.107-20, june 1998.

GABLIK, S. *The reenchantment of art*. New York: Thames and Hudson, 1991, p.2-3.

HEIN, George E. *Learning in the museum*. London e New York: Routledge, 1998.

HERNÁNDEZ, Fernando. *Educación y cultura visual*. Barcelona: Octaedro, 2000.

HOOPER-GREENHILL, Eilean. *The educational role of the museum*. 2.ed. London e New York: Routledge, 1999.

HUSBANDS, Chris. Objects, evidence and learning: some thoughts on meaning and interpretation in museum education. *Journal of Education in Museums*, n.13, p.1-3, 1992.

SANTOS, Maria de Lourdes Lima dos (Coord.) *O panorama museológico em Portugal [2000-2003]*. Lisboa: OAC/IPM/RPM, 2005.

SILVA, Susana Gomes da. Museu e escola: por uma relação privilegiada. *Revista I Fernão – Revista da Escola Secundária Fernão Mendes Pinto*, n.17, p.20-5, jan. 2003.

________. O valor educativo do museu. *Educar Hoje – Enciclopédia dos Pais*. v.IV, Lexicultural-Activ. Editoriais, Amadora, p.112-5, 2001.

SILVERMAN, L. Visitor meaning-making in museums for a new age. *Curator*, v.38, n.3, p.161-9, 1995.

8

Trocando experiências: a aventura moderna revisitada na proposta de mediação da mostra Acácio Gil Borsói e os artistas Vicente do Rego Monteiro e João Câmara[1]

Joana D'Arc de Sousa Lima

As alegorias são, no reino dos pensamentos,
o que são as ruínas no reino das coisas.
Walter Benjamin

Museu de Arte Moderna Aloísio Magalhães (MAMAM), no Recife, março de 2006. Estamos a dois dias da inauguração de uma mostra coletiva que reunia o arquiteto Acácio Gil Borsói, em uma retrospectiva de sua obra, e os artistas Vicente do Rego Monteiro e João Câmara, estes com obras que pertencem ao acervo do próprio museu. Preparar o projeto de mediação e colocar em prática o trabalho com o público visitante em tempo recorde foi um desafio tão grande que não tivemos tempo para pensar muito. Mãos à obra.

1 A autora havia acabado de assumir a coordenação do Educativo do Museu de Arte Moderna Aloísio Magalhães (Mamam), no Recife. Esse projeto de trabalho contou com a consultoria de Denise Nalini, mestre em educação, coordenadora pedagógica do Programa Educar do Instituto Companheiros das Américas e integrante da consultoria Parangolé: Cultura, Arte e Educação no Recife. Contou também com a participação da equipe de arte-educadores do Mamam: Rebeca Matos, Elaine Lins, Diogo Albuquerque, Bárbara Caroline do Nascimento, Paula Figueiroa, Mateus Simon, Luana Pinheiro, Silvia Paes Barreto, Adriana Aguiar, Neila Pontes, Gleice Kelly, Ted César e Niedja Santos (voluntários).

A equipe do educativo do museu contava com aproximadamente oito arte-educadores e alguns voluntários. Esse grupo havia realizado a pesquisa prévia sobre cada um dos integrantes da mostra e também já se reunido com os organizadores da retrospectiva de Borsói e com os curadores. Assim, preparamos um encontro que possibilitasse à equipe socializar os resultados da pesquisa, o debate e a troca de textos para que, em um segundo encontro, pudéssemos refletir sobre a construção de experiências estéticas adequadas aos diferentes públicos, e traçar estratégias de mediação que dessem conta de efetivamente cuidar do encontro entre o público, como professores, alunos de forma geral, público espontâneo, e os trabalhos selecionados para a mostra. Desse primeiro encontro, levamos para casa as seguintes questões reflexivas: qual público eu gostaria de estudar? Que tipos de mediações me proponho construir? Como tornar sensíveis os signos construídos por esses três artistas aos diferentes públicos que frequentam o Mamam?

Para essas questões se tornarem mais instigantes para todos, lançamos mão deste fragmento da Fayga Ostrower:

> É esta a dificuldade: imaginar o imaginar, imaginar as formas específicas em que se imagina. Lidamos com todo um sistema de signos que são referidos a uma matéria específica. As ordenações, físicas ou psíquicas, tornam-se simbólicas a partir de sua especificidade material. O pintor, por exemplo, não imagina em termos de imagens, ou seja, imagens concluídas, quadros. Ele pode partir de ideias a respeito de pintura ou de outras coisas, ou pode partir de emoções, das quais nem sempre tem conhecimento consciente, ou ainda, ele pode partir de temas literários, históricos, religiosos, de cenas visuais como paisagens, figuras humanas, objetos, natureza morta. Não é isso, entretanto, que corresponde à imaginação pictórica. A imaginação do pintor consiste em ordenar ou preordenar – mentalmente – certas possibilidades visuais, de concordância ou de discordância entre cores, de sequências ou contrastes entre linhas, cores, volumes, de espaços visuais com ritmos e proporção. Serão essas as propostas da materialidade específica com o que o pintor lida, as propostas de sua linguagem.

O projeto de mediação que construímos enfatizou o *trabalho de parceria com os professores*, considerando que esses profissionais, quando tocados pelo trabalho que o Educativo do Museu sugere, desenvolvem, no universo pedagógico da sala de aula, uma reverberação por meio de atividades significativas ou projetos didáticos do trabalho do artista e os inúmeros significados que ele assume para o espectador. Focamos o programa em encontros de formação de professores que pudessem provocar situações de troca entre os pares sugeridas pela exposição em pauta no museu, por algumas temáticas pré-selecionadas e pela necessidade de intercâmbios pedagógicos que orientassem os professores de modo geral a aproveitar melhor a visita ao museu e desencadear atividades de sala de aula.

Refletir sobre o material que servirá de apoio para o trabalho do professor em aula é sempre um grande desafio para o setor educativo dos museus. Com base no programa de encontros com professores, realizamos uma consulta que teve como objetivo conhecer materiais e formatos mais interessantes para a continuidade do trabalho desses profissionais. Essa escuta nos levou a pensar em dois princípios norteadores para o ciclo de 2006. O primeiro remete a materiais que garantam uma possibilidade real de utilização das imagens no contexto escolar. A apresentação em transparências foi o recurso escolhido pelas possibilidades de acesso, qualidade das imagens e resistência para serem usadas com diferentes grupos. O segundo princípio trata da autoria do professor e de sua responsabilidade pelo trabalho que acontece em sala de aula. Nesse sentido, o material busca incentivar a pesquisa e a criação de "um repertório" de obras conhecidas que funcione como um catálogo, ao qual é possível somar observações e outras informações.

O material é organizado pelo professor, na modalidade de fascículos editados a cada exposição, que compõem um livro no fim do ano. Essa é uma modalidade bastante conhecida desse público e possibilita uma apropriação desde a sua estruturação. O conjunto dos fascículos sugere uma determinada forma de organização, que pode ser recriada segundo conhecimentos, necessidades e tipo de "conexões" que cada profissional estabelece. No final de todos os blocos expositivos, é apresentada uma ficha com duas situações avaliativas. A primeira é de trabalho pessoal. Sua função é oferecer indicadores para uma autoavaliação do trabalho realizado em sala de aula. A segunda é uma ficha que poderá ser remetida ao museu, apresentando um breve relato de experiência orientada, e incluída em outras versões dos fascículos. Esse material é também instrumento de análise para o setor educativo do museu.

Um segundo aspecto do projeto de mediação foi mapear os diversos públicos visitantes e priorizá-los por meio da construção de *percursos de mediação temáticos e divididos por faixa etária.* Desses, criamos, de forma pioneira, no Recife, o projeto *Arte para pequenos* – criação de jogos, mediações, ações educativas e situações lúdicas para o público de dois a seis anos.

O projeto, *grosso modo*, justifica-se por acreditarmos que visitar museus e suas exposições permite acessar um conhecimento construído pela humanidade ao longo dos tempos, uma herança cultural que, ressignificada nos trabalhos apresentados, recontextualiza temas e formas, possibilitando reflexões significativas sobre nossa subjetividade, nossa identidade, nosso contexto e nossa produção cultural. As crianças pequenas, donas de uma linguagem e de uma lógica próprias, estão bastante próximas da natureza das produções artísticas, além de ter como fonte original de sua aprendizagem seu universo "sensível". Sabemos que, mesmo com a divulgação nos meios de comunicação de massa e com o aperfeiçoamento dos serviços educativos, as crianças pequenas não são autorizadas a frequentar museus.

Consequentemente, seu universo cultural nesse âmbito fica restrito. As crianças ficam prejudicadas, pois têm uma formação artística e estética precária, perpetuando um ciclo perverso de exclusão, sujeito a imagens "infantilizadas" e marcadas pelo consumo. Mediante a convivência com museus e com a produção dos artistas, elas podem se reconhecer e construir novas relações de pertencimento. Em especial, as produções artísticas contemporâneas constituem-se num cenário propício para as crianças, que podem e devem, desde cedo, conhecer a cultura de seu país, reconhecer seu valor e saber mais sobre o que se produz, por que e como.

Nesse projeto, a capacidade de relacionar-se com o espaço do museu e com as produções expostas é potencializada por meio de experiências lúdicas pensadas e refletidas especialmente para esse público. Consideramos ainda que a primeira infância é um período privilegiado para o desenvolvimento e a vivência de diferentes experiências estéticas. Para dar conta desse momento de laboratório poético, construímos jogos de monta e desmonta (quebra-cabeça) com as obras dos artistas em tamanho A3, sobre suporte de folha de imantado para serem manipulados pelos grupos dentro do espaço expositivo.

Para Gadamer (1985), o jogo é um impulso livre repetido continuamente, criando uma lógica própria que dá ritmo a esse movimento, o qual gera a ilusão de um "sentido prático" – a função do jogo está no próprio ato de jogar. É no jogo, ou melhor, na prática do jogo que o jogador se integra na realidade daquela ação, ampliando suas potencialidades. Ainda para Gadamer, há uma relação estreita entre jogo e arte. No processo de apreciação ou do fazer artístico, os elementos da situação de jogo são partes constituintes da experiência.

Foi considerando essa relação e a especificidade desse público – a natureza das aprendizagens das crianças pequenas – que o setor educativo do Mamam optou pela construção de jogos de quebra-cabeça como material de apoio acoplado ao percurso das visitas para o ciclo expositivo de 2006. Nossa intenção é dupla: a primeira, de convidar as crianças a vivenciar situações de fruição adequadas a suas hipóteses e seus interesses; a segunda, aprofundar o olhar dos arte-educadores sobre esse público pela elaboração e pelo uso de materiais, bem como analisar quais as melhores intervenções que potencializam as "leituras das obras".

Ao pensar a formação de público nas instituições culturais, é preciso pontuar que partimos de uma metáfora. Busca-se na imagem do *passeur* a metáfora da conceituação da mediação (Caillet & Lehalle, 1995). Essa palavra, que recentemente torna-se muito usada e adquire significado no *métier* da cultura, se revela e cria um lugar específico de atuação profissional e do trabalho dentro das instituições culturais. É a mediação como possibilidade de estabelecer essa relação de formação de público lançando mão de estratégias e procedimentos pedagógicos, recursos e materiais didáticos.

Ao tratarmos aqui de um projeto de mediação, estamos operando com um conceito que amplia a noção de mediação como passagem, um lugar constituído que permite então criar, nesse intervalo espaço-temporal, uma relação entre pessoas, obras e objetos da cultura. A mediação como passagem inaugura um espaço-tempo privilegiado para uma experiência vivencial, fenomenológica (do corpo todo) do espectador com os objetos da arte e da cultura. Na tentativa de concretizar melhor essa ideia, lançamos mão da imagem do passageiro ou, ainda, do estrangeiro como metáfora da figura do espectador que transita em territórios múltiplos e diversos e, ao entrar em contato com um determinado território expositivo, tem condições de se relacionar, de corpo todo, com essa nova e, por vezes, inusitada situação.

A figura do arte-educador cultural de museus, visto nesse caso, segundo distingue Denis Guedj,[2] como *passeur* que, precisamente, não é um professor no senso usual do termo e das práticas pedagógicas do universo da sala de aula, mas um *passeur* que procura trabalhar com habilidades do *saber:*

---

2 Denis Guedj foi responsável pela primeira formação da mediação cultural do patrimônio em 1992.

je te fais savoir, dit le mediateur; je t'apprends, dit l'enseignant. O autor alerta ainda que é importante o arte-educador do museu deixar de lado o sistema de contrato e obrigações curriculares a que estão presos os professores e trabalhar no campo do desejo e do prazer *du savoir*.

A mediação como passagem materializa-se na figura do indivíduo contemporâneo que é, segundo Nelson Brissac Peixoto (1995), em primeiro lugar, um passageiro metropolitano: em permanente movimento, cada vez para mais longe, cada vez mais rápido. Essa crescente velocidade determinaria não só o olhar, mas, sobretudo, o modo pelo qual a própria cidade e todas as outras coisas se apresentam a nós. Nunca a questão do olhar esteve tão no centro do debate da cultura e da sociedade contemporânea. Um mundo onde tudo é produzido para ser visto, onde tudo se mostra ao olhar, coloca necessariamente o ver como um problema. Vivemos no universo da sobreposição, saturados de clichês, onde a banalização e a descartabilidade das coisas e da imagem foram levadas ao extremo. É o que poderíamos reduzir ao termo "sociedade do espetáculo".

Como olhar quando tudo ficou indistinguível, quando tudo parece a mesma coisa? O olhar se coloca, assim, como sensorialidade da experiência que pode estar mais adormecida *porque vivemos em uma sociedade da imagem, da velocidade e da produção do real*.

> A cidade do movimento, ao contrário, a arquitetura, sob o impacto da velocidade, perde espessura. A construção tende a virar só fachada, painel liso onde são fixados inscrições, elementos decorativos, para serem vistos por quem passa correndo pela autoestrada. (Brissac Peixoto, 1995, p.362)

É a transformação do prédio em mural, em letreiro, em tela. Em vez de se construir a representação, representa-se a construção.

Assim, recorremos ao olhar estrangeiro como metáfora da mediação como passagem, ostensivamente tomada como metáfora pelo cinema dos anos 80, e sobretudo nos apropriamos da figura do estrangeiro anjo, criada pela cultura contemporânea. Ele aparece na narrativa, na pintura e no cinema daquela década. De nossa parte, tomamos o anjo do filme *Asas do desejo*, de Wim Wenders. Enquanto os indivíduos estão se transformando em personagens, ele é o único capaz de ter como programa tornar-se humano, escapar à pura espectralidade, sem, no entanto, perder sua transcendência. O anjo não tem história. Não viveu, não viu nada. Logo, não vê esses indivíduos/personagens e lugares/cenários como imagens banalizadas. "Ele vê o que nós não podemos mais enxergar. Contra as imagens clichês, as imagens do sublime" (ibidem, p.363).

O anjo de Win Wenders vê tudo em preto e branco, desprovido da simulação brilhante da cor, um olhar fenomenológico, em meio às coisas, mostrando-as como realmente são, o que o torna capaz de captar a banalidade do cotidiano humano e lhe dar a poesia do instantâneo e da contemporaneidade. É a figura da inocência e, portanto, é visto e percebido pelas crianças. Ele desconhece o pecado original, a queda, a separação e o exílio. Como não tem desejo, jamais experimenta a decepção e a perda. Não sendo sujeito a paixões e ilusões, não vive o sofrimento e a infelicidade. Ao optar por ficar entre os homens, o anjo perde as asas e então adquire uma história: identidade e lugar.

A busca da *primeira vez* é que vai levá-lo a viver histórias originais e ver as coisas como se fosse a primeira vez. É por essa postura – a primeira vez –, ver com o corpo todo, transitar por entre os lugares com um olhar atento, que pautamos o conceito de mediação como passagem, na procura entre o sujeito anjo de Wenders e sua humanização (possui desejo, ama, sofre, sente, experimenta, adquire história e, portanto, constrói memória), e tencionamos o trabalho de mediação como passagem. A ideia é a de um público que atue diante do que vê, mas que seja tocado para viver uma experiência de deslocamento, deixando de ser apenas espectador para "assumir-se" um sujeito que reconstrói, por seus saberes e suas referências, o próprio trabalho do artista, como coautor. Pensamos naquele que vê não mais como espectador, e sim participante e responsável pela "existência do trabalho do artista".

É, portanto, a arte contemporânea que nos convida a pensar sobre o papel do público e sua relação com as obras expostas; que expõe, de forma mais transparente, o problema da recepção do público. Para Nathalie Heinich (1985), é a arte contemporânea nascida sob a 'espectralidade' da recepção. Ambas, arte moderna e contemporânea, apresentam alguns traços característicos em comum; por exemplo, sempre foram objetos de rejeição sistemática pelo público (Heinich, 1998b). No moderno, a rejeição constituía-se como valor; no entanto, no contexto da arte contemporânea, ela se converteu num obstáculo (Bueno, 1999). Tal problema, se é que se apresenta dessa forma, é amenizado com a criação de um sistema de mediação que ajuda a decifrar o segredo, colocando a produção ao alcance do público. Nathalie Heinich (1998a) considera que esse é o triplo jogo que marca o *modus operandi* da arte contemporânea:

> sua impopularidade se constituía como um valor — reforçando o caráter elitista de seu campo —, no contexto da arte contemporânea ela se converteu num obstáculo (a transgressão das fronteiras da arte pelos artistas; as reações negativas do público; e a integração da produção a partir da intermediação de instituições e especialistas). Esse triplo jogo é um dos componentes responsáveis pelas constantes redefinições no conceito de arte corrente e também pelo movimento de ampliação dos domínios do mundo da arte. (Bueno & Ortiz, 2001, s./p.)

Considerando que "a circulação da arte contemporânea só se concretiza a partir do desvendamento da produção para o público, a construção da recepção passou a ser um elemento fundamental na organização de seu universo" (Bueno & Ortiz, 2001, s./p.). No âmbito mais restrito do mercado de arte moderna, o *marchand* e o crítico atuavam nesse campo com os diretores de museus e colecionadores. Na atualidade, com as diversas e cada vez mais proliferadas instituições culturais funcionando como tentáculos da indústria cultural, voltadas para um público ampliado, esse empreendimento revelou-se não apenas mais custoso como também mais complexo.

São, portanto, os artistas e a produção artística contemporânea, e da cultura de modo geral, que convidam e provocam as equipes dos setores educativos a refletir sobre públicos e também sobre os processos singulares de significação que cada repertório possibilita. Já não bastam informações e orientações, é preciso construir novos paradigmas de ação, que todo o tempo nos diz e nos pede "mediações". É esse estado que gera desafios. E eles se amplificam se considerarmos os diferentes ambientes de apreensão e compreensão no qual estão inseridos os setores educativos dos museus.

Percurso de mediação

A aventura moderna

O arte-educador-pesquisador lida, no decorrer da exposição, com especulações do campo do "Moderno", visto e lido como uma condição: cultural, econômica, política e social.

Podemos localizar a origem dessa condição no final do século XV, quando os processos de colonização redefiniram as relações entre os diferentes "espaços territoriais", construindo uma rede de relações tecidas por uma lógica de acumulação de riquezas. Esse embate colonialista e mercantilista sugere as primeiras contaminações culturais e econômicas, fluxos emigratórios e imigratórios que se intensificam nos séculos XVII e XVIII, este último marcado pelas mudanças políticas propostas pela Revolução Francesa. Mudanças estruturais e culturais que fragmentaram a condição do sujeito agora voltado para uma constante busca de identidade.

No século XIX, a Europa vivia um momento de efervescência e desenvolvimento; a busca das novidades e o progresso, como a religião, davam a tônica. A crença no poder da ciência e nos valores da razão era o fio condutor para se resolver os problemas emergentes da humanidade.

> A dominação imperialista era uma expressão desse sentimento, reforçada pela ideologia da superioridade racial e pelo nacionalismo. Até mesmo o princípio darwinista, bastante em voga na época, de que os mais fortes e bem adaptados sobrepõem-se aos mais fracos, era estendido às disputas entre nações. (Resende & Didier, 2001, p.450)

A "condição moderna" sofre novos deslocamentos e ampliações de suas fronteiras decorrentes da Segunda Revolução Industrial, entre outros tantos fatores. Aconteceu, na época, o *boom* das técnicas e inovações: da luz elétrica, das mudanças da estética das esferas urbanas (reforma urbana de Hausman da cidade de Paris). A vida nos espaços públicos passa a ter uma enorme dimensão para homens e mulheres.

No Brasil, os projetos arquitetônicos tomam lugar no espaço urbano das cidades. Chegam a luz elétrica, a aspirina, as bebidas gasosas, os eletrodomésticos, o cinema, a fotografia, os parques de diversão – entre tantas novidades citadas por Nicolau Sevcenko no livro *Orfeu extático na metrópole* –, alterando em grande medida a sensorialidade da vida. Os hábitos sociais se alteram, as mulheres encurtam seus vestidos, retiram os excessos e passam a usar calças compridas e a fumar nos espaços sociais. As cidades do Rio de Janeiro, de São Paulo e do Recife passam por projetos de modernização de seus centros urbanos. As duas primeiras décadas do século XX conviveram com as experiências de modernização sintonizadas no projeto europeu. O Recife não deixou por menos. Medidas disciplinadoras (1904), articulação com os trabalhadores, discursos salvacionistas, reorganização dos serviços de higiene, crescimento populacional, expansão dos limites da cidade e reforma urbana inseriam a cidade no contexto da modernização e da modernidade da época. Os hábitos se alteravam; o cinema, o teatro, a moda, as festas, entre outros, criavam um novo cotidiano na cidade.

> O flâneur de que fala Walter Benjamin não se depararia no Recife com as trilhas da modernidade parisiense, com as suas galerias, vitrines e grandes agitações culturais das vanguardas artísticas e literárias. A sua trilha seria bem outra. Mas encontraria o desfilar da moda na Rua Nova, ouviria o som do jazz-band nas casas de chá, leria sobre o impacto das invenções modernas nas páginas d'A Pilheria, encontraria os intelectuais discutindo na esquina da Lafayette, na Rua do Imperador. Os cenários urbanos recifenses registravam sinais do moderno e das suas inquietações. (Resende, 2002, p.101-2)

A arte moderna

Foi imerso no *interior* desse campo de mudanças – também de tradições – que prosperaram as novas concepções estéticas. O mundo das artes também passava por inquietações e mudanças. Os referenciais artísticos da pintura alteravam o gosto e deixavam perplexos os mais tradicionais ligados à ideia do belo e das operações acadêmicas e românticas da primeira metade do século XIX. Manet, quando de sua recusa na mostra oficial de pintura (1863), já apontava para a resistência do academicismo a uma nova concepção artística, que, apenas anos depois, iria florescer no campo das rupturas com Cézanne, Van Gogh, Gauguin e Seurat. Analisando a contribuição desses artistas, diz Gombrich:

> As várias soluções que esses três pintores tinham buscado tornaram-se os ideais de três movimentos na arte moderna. A solução de Cézanne levou ao cubismo, que se originou na França; a de Van Gogh, ao expressionismo, que encontrou sua principal resposta na Alemanha; e a de Gauguin, que culminou nas várias formas de primitivismo. (1988, p.434)

Novas ousadias e rupturas foram se adensando à arte moderna e aos modernos pintores e às suas obras. Os que sucederam aos impressionistas na busca por novos caminhos de expressão e experimentações são os que, em 1905, foram denominados por *les fauves* (os feras selvagens). Eles empregavam cores muito vivas, que semelhavam uma autonomia na composição das pinturas. Um dos artistas emblemáticos foi Matisse, que afirmou:

> a expressão não consiste na paixão espelhada num rosto humano. Todo arranjo do meu quadro é expressivo. A colocação das figuras e dos objetos, os espaços vazios à sua volta, as proporções, tudo representa um papel. (Janson, 1989)

O impacto das exposições pós-impressionistas envolveram bastantes novos artistas e, assim, novas categorias expressivas surgiam rapidamente movidas pelos acontecimentos no Velho Continente, bem como promovidas pelos intercâmbios culturais estabelecidos. O cubismo, o futurismo, o dadaísmo e o surrealismo provocam e alteram as operações artísticas e poéticas reverberando seus ecos na arte contemporânea.

É nesse ambiente fértil de criação que dialogam os artistas que interagem em exposição. Vicente do Rego Monteiro, completamente dentro desse lugar do modernismo, de um modernismo do retorno à ordem,[3] dialogando, no instante dos acontecimentos presentes dessa época; Acácio Gil Borsói, formado logo que essas escolas se acomodam, pertencendo a uma geração imediata aos modernos fundadores; e João Câmara, que, no lastro das referências modernas, rompe com algumas e mantém outras, com suas estranhas, entretanto emblemáticas, *Cenas da Vida Brasileira*.

O arte-educador deve estar atualizado com a cena contemporânea para não cair na mesmice dos discursos jogados ao vento em que a superficialidade se instaura. "Como ser um ser social sem saber sobre seu passado, presente e futuro?". Ao tratar das representações contemporâneas, falamos de um território em constante mutação, contexto no qual até mesmo as identidades individuais podem ser reconstruídas. É nesse contexto que se enquadram os artistas presentes nessa exposição. Seus questionamentos nos colocam no "olho do furacão", convidando cada um de nós a entrar no tecido do nosso tempo; rever o interior dos sistemas de representações com os quais convivemos cotidianamente.

Para Nathalie Heinich (1998a), a arte contemporânea nada mais é do que um gênero da arte atual e, como todo gênero, tem a principal finalidade de organizar a produção no mercado. O mundo da arte contemporânea é um espaço internacionalizado, gerido pelas redes de galerias e de instituições, em que a participação delas, nos últimos anos, vem se revelando cada vez mais preponderante. A partir da década de 1980, as fronteiras desse espaço têm se mostrado cada vez mais fluidas, ampliando-se consideravelmente o número de produções que circulam em seu interior (Zolberg & Cherbo, 1997).

3 Sobre o assunto, conferir a obra *Arte Internacional Brasileira*, do historiador da arte Tadeu Chiarelli. Nesse trabalho, o autor reúne diversos textos críticos escritos para periódicos brasileiros. Segundo Chiarelli, o modernismo que chega ao Brasil entre os anos 1920 e 1930 é o modernismo do retorno à ordem, ou seja, o retorno da figuração e da tentativa de apreender a realidade brasileira — vontade intrínseca aos modernistas brasileiros. Ainda no contexto do retorno a ordem previa-se além da supressão das indagações estéticas e artísticas mais radicais das vanguardas, a necessidade de retorno ao realismo e a valorização do nacionalismo.

Nessa década, torna-se inadequado falar de vanguardas ou de movimentos em artes; não existe mais uma universalização de ideias ou um agrupamento das propostas por meio de uma ideia-força. As representações precedem o real. Não podemos falar de uma única realidade. Segundo Baudrillard, os signos evoluíram, tomaram conta do mundo e hoje o dominam; operam no lugar dos objetos e progridem em representações cada vez mais complexas. O objeto é o discurso, que promove intercâmbios virtuais incontroláveis, para além do objeto.

Ao construir os roteiros de mediação, faz-se primordial questionar-se: "O que é importante saber/trocar sobre a obra dos artistas?", "De que materiais precisamos lançar mão para fazer significar os conceitos que trataremos no percurso da visita?", "Qual a forma que vai adquirir a pergunta que farei para os diversos públicos?".

Tipologias de visitas e percursos de mediação para público de escolas: aventura moderna e contemporânea na obra de Vicente do Rego Monteiro e João Câmara

De acordo com Grinder e Mccoy (1998), existem alguns tipos de visitas mediadas, e as que propiciam melhor aprendizagem e aproveitamento são as que utilizam métodos de interpretação. Os que vamos utilizar são: visita-conferência, discussão dirigida, descoberta orientada e percurso biográfico. Cada um desses métodos de interpretação foi selecionado segundo a faixa etária dos grupos agendados. Evidentemente eles podem se cruzar e não se tornam uma camisa de força para o arte-educador, e sim um orientador. Em todos os percursos, é realizado um exercício de leitura de obra.[4] No

4 Cabe ao educador do museu, na interação com o grupo que atende, perceber e investigar que caminhos são mais significativos. Hoje sabemos que as possibilidades de leitura estão relacionadas ao contexto cultural do público e, nesse caso, parece que o "desenho" é um dos elementos da linguagem que aproximou o grupo do artista. Segundo o professor Sebastião Gomes Pedrosa: "Apesar de vários estudos sobre questões metodológicas ou sistemas que possam ajudar na apreciação da obra de arte, não há um modo único e verdadeiro ou até mesmo uma maneira linear de análise". O trabalho de apreciação deve estar vinculado ao objetivo da apreciação, que é o de ajudar o aluno a ter uma visão crítica da arte e de desalienar-se por meio da comunicação participativa. Nesse contexto, as aproximações subjetivas, "o gostar de cada um", podem gerar discussões interessantes sobre a maneira visual como os elementos da obra aglutinam relações estabelecidas entre as partes e o todo, intenções comunicativas e a força para provocar emoções, e a possibilidade de tomada de consciência ou mudança de comportamento implícita nesses trabalhos.

contexto da educação, o trabalho de apreciação tem como objetivo ajudar a ver e entender, essa é uma competência que precisa ser construída com os alunos (Barbosa, 1991). Nesse sentido, ao propor que os alunos descrevam tudo o que veem, o educador está utilizando como referência uma das quatro operações de leitura de imagem sugeridas, por exemplo, por Edmund Burke Feldman: 1) descrição, 2) análise, 3) interpretação, 4) julgamento. Nessa operação, a proposta é fazer uma lista detalhada de objetos e formas que estejam contidas na imagem. Esse exercício possibilita que os alunos se detenham mais longamente sobre as obras, podendo aprofundar seu olhar e ver o que "num primeiro olhar não poderia ser visto". Em *Aprendendo a Ver Arte com Imagens de Eckhout*, Sebastião Gomes Pedrosa apresenta um texto muito interessante que aponta questões relevantes sugeridas por Feldman para pensar uma apreciação da obra de arte. O texto, apesar de referir-se à *Exposição Eckhout*, trazida para o Recife em 2002, trata de forma bastante interessante das questões da leitura de imagem que podem orientar a compreensão de uma obra.

Para o trabalho na exposição, dividimos os grupos por faixas etárias. Assim, priorizamos os grupos de dois a seis anos, de sete a doze anos, de treze a dezoito anos e o público adulto (espontâneo ou agendado). Para esse último, elaboramos uma visita-conferência – percurso realizado, sobretudo, pela interlocução do arte-educador. Ocorre aqui uma discussão dirigida. As questões importantes a serem discutidas nesse percurso foram: aspectos da vida dos três artistas (peculiaridades que possam humanizá-los e aproximá-los do público) e as questões da História e da História da Arte.

Com o público de treze a dezoito anos, o trabalho preparado pautava-se pela temática sobre a aventura moderna e contemporânea. O método da visita selecionado foi o da descoberta orientada, assim o arte-educador do museu construía seu discurso sobre o panorama político, social e cultural dos períodos-chave que a mostra trazia à tona – anos 1920, Semana de Arte Moderna, exposição modernista no Recife em 1930[5] –, a História da Arte e, portanto, do modernismo, do retorno à ordem e a discussão política que a

5 Anjos JR., Moacir dos & Morais, Jorge Ventura de. Picasso "visita" o Recife: a exposição da Escola de Paris em março de 1930. *Revista Estudos Avançados*, São Paulo, v.34, p.313-35, 1998. Esse texto é muito interessante para se pensar as questões do moderno e do modernismo no Recife e no Brasil. Os autores pesquisaram a presença dos representantes das vanguardas europeias na cidade em uma exposição onde Vicente do Rego Monteiro é uma espécie de articulador dessas vanguardas.

série da obra de João Câmara, *Cenas da vida brasileira*, diretamente abre com o governo Vargas e com o período da ditadura militar, que é efetivamente o contexto em que o artista produz a série. A atualidade foi focada como ponto de partida para o debate sobre qual ou quais seriam as cenas da vida brasileira hoje. Uma atividade prática finalizava a visita. Chamamos de *laboratório sensorial*, a proposta de um jogo dramático composto de uma caixa cênica, contendo objetos recorrentes nas imagens das pinturas de João Câmara e Vicente do Rego – por exemplo: paletó, chapéu, panela, óculos, ferro de passar roupa, baralho, máscara, pedaços de tecidos para fazer fundo (cores azul, vermelha, preta, ocre) – e que era disponibilizada para cada grupo de cinco alunos. Um grupo, por vez, escolhia os materiais e encenava uma das pinturas. Montada a cena, fotografava-se; os demais teriam de adivinhar o nome do artista e da obra encenada. Outros desdobramentos podem ser feitos com base nessa atividade.

Para as crianças de sete a doze anos, preparamos um percurso sobre a aventura moderna, por meio do método interpretativo da descoberta orientada. Nesse passeio, os alunos são conduzidos pelos arte-educadores de forma aberta e semidirigida. Na sala expositiva de Câmara, por exemplo, o arte-educador propõe um passeio de observação. As crianças visitam a exposição, sozinhas, e os combinados para essa primeira atividade podem ser: as crianças andarem em pares ou trios com a ajuda dos professores e do arte-educador do museu. Depois o arte-educador convida-os para fazer uma roda, e algumas questões são colocadas para desencadear uma conversa. Questões como: "O que gostou? Já viu alguma imagem assim, por exemplo, na televisão, nos livros, na escola, na casa de alguém (parente, tia)?". Pensamos ser importante explorar o "Não gostei", neste sentido: "Não gostou, por quê? Não gostou do que e de qual obra? Se gostou, gostou de quê? Por quê? Qual gostou mais?".

Isso dá o gancho para introduzir a biografia do artista. Esse momento é muito importante, pois o gancho ideal parte da própria fala da criança: contar a história do artista, por meio de fotografias, curiosidades e fatos instigantes para esse público. Um exemplo: "Você sabia que o artista gostava muito de desenhar e inclusive de fazer rótulos para alguns produtos?" (falamos de Vicente). Focar a formação do artista e suas principais referências. Depois é importante que as crianças se pautem pelo critério do que mais gostou e escolham uma ou duas das obras para, com o arte-educador, fazerem o exercício da leitura de obra. Ao término dessa etapa, é proposta ao grupo uma atividade de ateliê, cujo título sugere que os grupos construam a sua *Cena da vida brasileira*. Se fôssemos fazer uma pintura, colagem, um desenho da nossa sociedade atual, como seria?

O exercício parte dessa provocação, a partir daí o arte-educador divide os alunos em pequenos grupos de três a quatro integrantes e sugere que eles discutam entre si como nós poderíamos fazer um trabalho de colagem narrando como é a vida de nosso país hoje. Depois de os grupos conversarem um pouco, solicita-se que eles peguem os materiais que já estarão dispostos sobre a mesa, e aí eles partem para a produção. No fim dessa etapa, socializam-se os trabalhos e discute-se um pouco sobre a 'colagem' como um recurso de linguagem que pode ser verificado como um procedimento que os artistas modernos usavam e o qual ainda se pode notar nas pinturas de Câmara.

Nessa conversa, entra-se com a fundamentação teórica no campo da História da Arte ou com uma experiência que possibilite a ampliação do repertório e do universo cultural e artístico do grupo por meio de um Kit História da Arte, composto de reproduções de artistas modernistas. Por exemplo, falar das operações e dos procedimentos nas obras de Vicente do Rego Monteiro e resgatar as experiências dos artistas do futurismo, cubismo, surrealismo e do movimento do *novecento* italiano. Também se discute seus procedimentos e de quais Vicente do Rego de certa forma se utiliza. No caso de João Câmara, aproxima-se esse pintor de alguns artistas a que ele faz referência em entrevistas, como os flamengos do século XVII: Van Eick, Veermer e Rembrandt. Discute-se o suporte utilizado, a que Câmara se refere em uma de suas entrevistas[6] e também as possibilidades das narrativas/imagens que nos remetem à caricatura e ao cinema.

Para os grupos da educação infantil da faixa etária de dois a seis anos, inseridos no Projeto Pequenos no Museu, tratamos de construir um percurso de visita todo centrado nas questões biográficas mediante a descoberta orientada. Portanto, um *kit* de fotografias que narrem a história de vida do artista da infância à vida adulta é imprescindível durante a visita.

Ao optarmos pelo percurso biográfico dos dois artistas da mostra, ou seja, João Câmara e Vicente do Rego Monteiro, acreditamos que esse fio condutor, a biografia, é rapidamente aceito pelo grupo de visitantes. Realizado por meio do uso de fotografias desses artistas em diversas fases de

6 Entrevista de João Câmara ao crítico Frederico de Morais.

suas vidas que possam tocar as crianças ao revelar, também, determinados contextos vividos, a exemplo do familiar, escolar, afetivo e criativo.

As crianças, nessa faixa etária, vivem intensamente dois mundos sociais: o da família e o da escola. As experiências das quais as crianças podem retirar informações para interagir com as obras propostas nascem desses círculos de relações aos quais estão submetidas. Nesse sentido, é importante que o arte-educador da exposição considere que as "respostas das crianças", nem sempre inteligíveis, apontam uma experiência subjetiva e motora bastante singular.

A proposta pede que as crianças sejam convidadas a observar as obras de Vicente do Rego Monteiro e João Câmara, refletindo sobre seus saberes e suas experiências de forma lúdica e prazerosa. Cada grupo tem seu tempo; observar e considerar essa relação espaço–tempo é fundamental para as crianças e para o arte-educador.

No trabalho com o eixo biográfico, trazer para a observação elementos que permitam descrição e comparações com as vivências das crianças, principalmente nas apreciações das fotografias, é fundamental. Por exemplo: como os artistas eram fisicamente? Se parecem com alguém do grupo de crianças? Que coisas gostavam de fazer em sua infância? Quais eram suas preferências? Quais ideias ou intenções tinham? Que desejos e sonhos? Gostavam de pesquisar e saber muitas coisas? Quais? (evidenciar seu viés experimental). Quantos irmãos tinham? Essas perguntas lançadas para o público infantil com a observação das fotografias possibilitam ao arte-educador entrar com conceitos e curiosidades do processo de formação de cada um dos artistas.

A presença de animais, cenas relacionadas ao contato entre pessoas e objetos do cotidiano possibilitam reconhecimentos imediatos e tendem a desencadear brincadeiras e uma série de estruturas narrativas. Nessas situações, as crianças desejam comunicar seus saberes e nos mostram uma intimidade de experiência ou lembranças vividas.

A descoberta

1º momento

Chegando o ônibus, é hora para ir ao banheiro e tomar água. Guardar os volumes no armário. Fazer combinados: não pode tocar, correr, gritar, se separar do grupo. Escolher um modo de falar claro e com exemplos. É importante que cada criança esteja identificada pelo primeiro nome de forma visível para o arte-educador. Todos esses procedimentos são realizados nesse tempo que chamamos de *primeiro momento da visita*.

2º momento

Passeio pela sala expositiva de João Câmara. As crianças olham as pinturas do artista de mãos dadas, em pares ou trios, com a ajuda dos professores e do arte-educador do museu. O pedido do arte-educador é para que os grupos escolham uma obra de que gostaram. Depois é feito, rapidamente, um levantamento do que mais gostaram e do que não gostaram. Nesse momento, o arte-educador assume a liderança do grupo e o convida a se sentar em frente de uma obra de que gostaram. Esse momento é muito importante, pois o gancho ideal parte da própria fala da criança.

3º momento

Nesta fase, considera-se que o grupo já conheça a vida do artista e o seu trabalho. Passa-se a observar e a explorar o 'não gostei'. É importante explorar o 'não gostei' e discutir o sentido desse gosto: não gostou por quê? Dá medo? Parece um monstro? É feio? Se pudéssemos tirar algo para ficar bem legal, o que seria?

Comparar sem julgar. "Olhe, a colega gostou desta obra, e o outro colega, desta. Vamos fazer uma lista de coisas de que a gente gosta neste trabalho e neste?". Discutir as razões do "gosto" e "não gosto" e os porquês. O mais bonito e o mais feio. Que cor a gente pode botar para que isso fique mais bonito? Se tivéssemos de tirar alguma coisa para que fique bem bonito, que parte a gente tiraria? Se ele tivesse feito de vermelho, e não dessa cor, seria mais legal?

Para finalizar essa etapa, é importante colocar questões que deem condições para que o grupo se coloque mais a respeito dos sentimentos aflorados ao entrar em contato com a obra dos artistas. Por exemplo, inserindo questões como: "Se vocês pudessem trazer alguém para ver essa exposição, quem vocês convidariam e por quê?".

As orientações acima visam, sobretudo, a sensibilizar o arte-educador para esse tipo de público. Em alguns casos, 'o gostar' pode desencadear falas que conduzam primeiro à descrição da obra, e o arte-educador percebe que a biografia pode ser apresentada depois. É importante observar a movimentação do grupo. Se há um começo de dispersão, isso significa que é hora de parar e propor uma saída para outra sala expositiva. Relembrando as linhas de leitura de obra, a primeira é o *aquecimento, descrição, analisando, interpretando e fundamentando,* na qual, juntos, arte-educador e grupo vão descobrindo e construindo tudo o que está no trabalho artístico. Essa linha de leitura está sugerida nas perguntas desencadeadoras. As etapas da leitura de cada obra para essa faixa etária se arranjam de forma bastante imbricada.

Não dá para fazer apreciação de todas as obras com esse público. As obras dos artistas serão as escolhidas pelas crianças. Essa seleção nos permite ter elementos para aprofundar o trabalho da mediação e uma pesquisa em arte/educação. Ao abordar as obras de Câmara, é importante ter o mesmo tratamento, porque, como as crianças já vivenciaram o percurso na sala de Vicente do Rego Monteiro, podem responder se utilizando de mais detalhes. É importante criar *links* entre os dois espaços visitados. Um dos caminhos metodológicos é usar o método da comparação.

4º momento (Laboratório Sensorial)

Trabalhar coletivamente com os pequenos as possibilidades de construção da obra do artista por meio de quebra-cabeça em formato A3 dentro ou fora do espaço expositivo. Para trabalhar as questões do contexto do modernismo ou mesmo da modernização, uma possibilidade é construir um espaço cênico para brincar – *Cenas do Brasil* – com objetos, mobiliário e roupas de época: telefones, almofadas, liquidificador, o que permite um atendimento mais individualizado ao grupo de crianças, além da possibilidade de poder ver em pauta os assuntos tratados.

Revisitar o modernismo por meio da obra e das experiências de vida dos três autores – Borsói, Câmara e Vicente do Rego Monteiro –, antes mesmo do que um retorno ao passado, significou para o trabalho de mediação proposto no Museu de Arte Moderna Aloísio Magalhães a busca de questionamentos e inquietudes presentes no nosso fazer cotidiano. Buscar inserir os diversos públicos no espaço do museu, garantir que tenham um tempo de apreciação, de trocas e de encontros possíveis com contextos singulares e coletivos, com poéticas diversas e com o próprio fazer artístico, ou ainda com alguns procedimentos operados pelos artistas em questão e problematizados como poéticas plásticas significa um desafio para os setores educativos das instituições culturais.

O nosso desafio para além deste, nessa mostra, foi criar o projeto Pequenos no Museu, e convidar para fazer parte do universo do museu os gestores, educadores, animadores culturais da educação infantil da Secretaria de Educação da Cidade do Recife, com a consultoria da educadora Denise Nalini. E simultaneamente trabalhar na formação em serviço dos educadores do museu para que pudessem acolher, em visita agendada, as crianças de dois a seis anos e assim repensar a própria prática e rediscutir o papel atual que vem cumprindo a mediação cultural nos museus, galerias e institutos da cultura.

Referências bibliográficas

BARBOSA, A. M. *A imagem no ensino de arte*. São Paulo, Porto Alegre: Perspectiva-Jochpe, 1991.

BUENO, M. L. *Artes plásticas no século XX*. Modernidade e globalização. Campinas: Ed. da Unicamp, Fapesp, 1999.

BUENO, M. L. & ORTIZ, J. M. *Cultura audiovisual e arte contemporânea*. São Paulo: São Paulo em Perspectiva, 2001.

CHIARELLI, T & MORAIS, Frederico (Org.) Entrevista de João Câmara a Frederico Morais In: *Trilogia:* Cenas da vida brasileira 1930/1954. São Paulo: Takano, 2003. v.1

FELDMAN. E. B. *Becoming Human Through Art; Aesthetic experience in the school*. London: Prentice-Hall Internacional, Inc. 1970.

GADAMER, H.-G.. *A atualidade do belo*. A arte como jogo, símbolo e festa. Rio de Janeiro: Tempo Brasileiro, 1985.

CAILLET, E. & LEHALLE, É. À *L´approche du musée, La médiation culturelle*. Lyon: Presses Universitaires de Lyon, 1995.

GOMBRICH, E. H. *A história da arte*. Rio de Janeiro: Zahar, 1988.

HEINICH, N. *Le triple jeu de l'art contemporain*. Paris: Minuit, 1998a.

__________. *L'art contemporain exposé aux rejets*. Nîmes: Jacqueline Chambon, 1998b.

JANSON, H. W. *História da arte*. 4.ed. Lisboa: Presença, 1991.

LOPES, A. da S. *João Câmara*. Prefácio Annateresa Fabris. São Paulo: Edusp, 1995. 228 p., il. p&b color. (Artistas Brasileiros, 2).

PEDROSA, S. *Workshop de capacitação para professores da rede privada de Pernambuco*. Exposição de Albert Eckhout volta ao Brasil (1944/2002) – Recife: Instituto Ricardo Brennand, 2002.

RESENDE, A. P. & DIDIER, M. T. *Rumos da História*: História geral e do Brasil. São Paulo: Atual, 2001.

RESENDE. A. P. *O Recife*: história de uma cidade. Recife: Prefeitura da Cidade, 2002.

SEVCENKO, N. *Orfeu extático na metrópole*. São Paulo: Companhia das Letras, 1989.

ZOLBERG, V. & CHERBO, J. M. *Outsider art. contesting bounderies in contemporary culture*. Cambridge: University Press, 1997.

9
Mediação cultural no CCBNB Cariri

Fábio José Rodrigues da Costa

Introdução

Este artigo expõe experimentações da mediação cultural no Programa Escola de Cultura/Encontros com Educadores do Centro Cultural do Banco do Nordeste do Brasil (CCBNB) Cariri, em Juazeiro do Norte, Ceará.

O ponto de partida é a exposição *Entre telhas – Josely Carvalho* (outubro de 2007 a janeiro de 2008), com curadoria de Ana Mae Barbosa e Fábio José Rodrigues da Costa, que serviu de referência para elaborar a ação educativa do Programa Artes Visuais (exposições temporárias) do CCBNB Cariri.

A regularidade dos Encontros com Educadores está diretamente vinculada à agenda do centro cultural, e a ação educativa ocorre uma vez em cada exposição. Já foram realizados dois novos encontros em 2008, nas exposições *EnCena* (visualidades do teatro no Cariri, 6 de março a 30 de abril) e *3 Ideias* (gravura em metal das artistas Zeina Romcy, Maria Thereza e Cecília Castelini, 8 de maio a 21 de junho).

Referências conceituais

A proposta de mediação cultural no CCBNB Cariri tem como base a concepção de Educação formulada por John Dewey, em *Democracy and edu-*

cation (1916), que parte de dois princípios fundamentais: a continuidade e a experiência. Para Dewey:

> Tão evidente é, em efeito, a necessidade de ensinar e aprender para a existência continuada de uma sociedade, que pode parecer que estamos insistindo indevidamente sobre um lugar comum. Porém, isto tem sua justificativa no fato de que tal insistência é um meio de evitar que incidamos em uma noção escolástica e formal da educação. (2004a, p.15)

Dewey compreende que a Educação e a comunicação são essenciais para a continuidade da sociedade, porém essa continuidade encontra na experiência sua possibilidade de renovar-se.

> nós empregamos a palavra "vida" para designar toda a extensão da experiência, tanto racial como individual ... A "vida" abarca os costumes, as instituições, as crenças, as vitórias e as derrotas, os ócios e as ocupações. Nós empregamos a palavra "experiência" no mesmo sentido. Já a ela, assim como a vida em puro sentido fisiológico, se aplica o princípio da continuidade mediante a renovação. (2004a, p.14)

Para o filósofo, é a Educação, em seu sentido mais amplo, que mediatiza a continuidade da vida, uma vez que:

> Com a renovação da existência física se realiza, no caso dos seres humanos, a recriação das crenças, os ideais, as esperanças, a felicidade, as misérias e as práticas. A continuidade de toda experiência, mediante a renovação do grupo social, é um fato literal. A educação, em seu sentido mais amplo, é o meio desta continuidade da vida. Cada um dos elementos constitutivos de um grupo social, tanto em uma cidade moderna como em uma tribo selvagem, nasce imaturo, indefeso, sem linguagem, crenças, ideias, nem normas sociais. Cada indivíduo, cada unidade de portadores da experiência vital de seu grupo desaparece com o tempo. No entanto, a vida do grupo continua. (2004a, p.14)

Nesse sentido, é a Educação ou escolarização "uma constante reorganização ou reconstrução da experiência" (ibidem).

Tomando a concepção deweyana, a mediação cultural no CCBNB Cariri está pautada pela compreensão de que o professor é um sujeito epistemológico e, por isso, tem capacidade de reorganizar-se ou reconstruir-se por meio ou pela mediação da experiência.

O professor, ao participar dos Encontros com Educadores, é envolvido nas estratégias de compreensão e construção de conhecimento, prática que pode ser considerada uma iniciativa na qual a Educação tem por princípio a reconstrução contínua da experiência, como afirma Dewey:

> a diferença essencial da ideia de educação como uma reconstrução contínua ... Significa que a experiência como um processo ativo ocupa tempo e que seu último período completa sua parte anterior; traz à luz ... que a experiência como um todo cria uma inclinação ou disposição às coisas que possuem esse sentido. Toda experiência ou atividade contínua deste gênero é educativa e toda educação consiste em ter tais experiências. (2004a, p.75)

Além do pensamento de Dewey, a proposta de mediação cultural que vivenciamos encontra na Proposta Triangular uma perspectiva educativa que, dialogando com a contemporaneidade, se tem destacado por sua capacidade de "reconstrução contínua da experiência, ideia que é distinta da Educação como preparação para um remoto futuro, como desenvolvimento, como formação externa e como recapitulação do passado" (2004a, p.75).

A mediação cultural como momento de formação continuada deve ser compreendida como uma Educação pós-moderna do professor de artes e demais educadores, implicando outras referências epistemológicas, pois para Kincheloe a pós-modernidade reconceitualiza o conhecimento do professor:

> A possibilidade de conferir poder ao professorado requer a reconceptualização de seus conhecimentos, que dizer, do que professores e professoras necessitam conhecer para realizar com êxito seu trabalho. O professorado desenvolve o que poderíamos denominar 'conhecimento do praticante' de diversas formas, sendo a experiência um dos meios mais importantes de aquisição de tal conhecimento. Este conhecimento fruto da prática põe de relevo diante do professorado que a sala de aula é um lugar caótico e complexo, sujeito a variáveis periféricas e significativas. (2001, p.49)

As bases epistemológicas que estão fundamentando a proposta de mediação cultural no CCBNB Cariri encontram, no pensamento de Freedman, vínculos importantes, uma vez que:

> A educação nas artes visuais tem lugar no âmbito da cultura visual e, através desta, dentro e fora das escolas, em todos os níveis educativos, através dos objetos, as ideias, as crenças e as práticas que constituem a totalidade da expe-

> riência visual humana concebida; dá forma a nosso pensamento sobre o mundo e nos leva a criar novo conhecimento através da forma visual. A arte/educação, em seus entornos institucionais e não institucionais, se realiza em uma sala de aula de educação infantil ou em uma faculdade de arte, em uma aula de desenho ou como parte de uma unidade de ciências interdisciplinares, ajuda a desenvolver significados ricos através da experiência de vida dentro e fora da escola. Encontramos nas salas de aula, nas galerias dos museus, nos centros culturais, nas residências, na rua, nos cinemas. A arte/educação informal tem lugar ao largo de nossas vidas cada vez que nos encontramos com a cultura visual e falamos ou discutimos de forma reflexiva sobre ela. (2006, p.26)

Tais vinculações estão sendo exigidas pela própria arte/educação contemporânea e pós-moderna, percebidas com clareza no modelo educativo proposto por Kerry Freedman, que se baseia efetivamente nos aspectos educativos da cultura visual que, ademais de contribuir diretamente com a construção de identidades, se adapta às exigências de uma democracia contemporânea que:

> Tem que ver com a liberdade de informação em toda uma gama de formas de arte visual necessárias para a criação do conhecimento individual e grupal. As pessoas não só podem falar livremente; podem apropriar-se visualmente, apresentar e duplicar, manipular informaticamente, e televisar mundialmente. As imagens e os objetos da cultura visual se veem constantemente e se interpretam instantaneamente, formando um novo conhecimento e novas imagens sobre a identidade e o entorno. Media as relações sociais entre criadores, entre criadores e espectadores, e entre espectadores. A arte e a arte/educação são formas de mediação entre pessoas nas que uma série de práticas profissionais e discursivas desempenham um papel importante. (Freedman, 2006, p.27)

As mudanças que dão origem a novas produções e a novos significados têm muito a ver também com as rupturas demonstradas pela arte contemporânea no aspecto ilimitado das formas dos objetos artísticos. E isso desafia o ensino das artes visuais dentro da arte/educação pós-moderna, uma vez que:

> a arte/educação adquire uma responsabilidade cada vez mais importante enquanto os limites entre educação, alta cultura e diversão se dissolvem, e os alunos cada vez mais aprendem a partir das artes visuais. No contexto de mudança se deve estudar a cultura visual a partir dos desafios aos limites da forma, aos limites do objeto e aos limites das disciplinas escolares. (ibidem)

Tal perspectiva permite compreender que os artistas contemporâneos

> quebraram os limites do "objeto" de muitas formas e voltaram a centrar a atenção nas relações entre objetos. À medida que os limites das formas de cultura visual se dissolveram, os objetos se converteram em pedaços reciclados de outros objetos que estão unidos em uma *collage* que se copiam, se duplicam e se multiplicam. (ibidem)

Com base no pensamento de Aguirre nos atrevemos a dizer que a mediação cultural deve

> se sustentar na ideia de que as imagens são mediadoras de valores culturais e que a função da arte/educação ... é reconhecer essas metáforas e seu valor em diferentes culturas. (2005, p.311)

A proposta de mediação nos Encontros com Educadores do CCBNB Cariri busca responder

> às mudanças nas noções Arte, Cultura, Imagem, História, Educação ... produzidas nos últimos quinze anos e está vinculada à noção de "mediação" de representações, valores e identidades. (Hernández, 2000, p.141)

Para Aguirre, a arte/educação compreensiva exige estratégias de aprendizagem baseadas no método de interpretação desconstrutivista que, por sua vez, formula uma classe de docentes

> aptos para cultivar um repertório de estratégias instrucionais sensíveis a cultura, tendo em conta que os estilos de aprendizagem eleitos estão mais que geneticamente, culturalmente determinados. Por outro lado, a ênfase que a reconstrução põe no significado mais que na forma requer docentes habituados com a descodificação e a desconstrução das imagens visuais. (2005, p.315)

Segundo Aguirre, a desconstrução caracteriza-se como um método apropriado para o desenvolvimento de uma perspectiva pós-moderna que privilegia a interpretação. Assim que:

> a metodologia desconstrutivista conecta com as últimas tendências da arte/educação que deslocaram a atenção desde a produção da arte a crítica e os conhecimentos históricos. A perspectiva desconstrutiva põe de relevo, ademais, a importância dos meios tecnológicos no ensino da arte, já que estes constituem

a ferramenta adequada para a atividade de "*collage*/montagem", forma primária do discurso pós-moderno. (2005, p.317)

Essa metodologia tem orientado a proposta do Encontro com Educadores como mediação cultural e pretende com isso provocar transições entre o perfil do professor de artes modernista para o professor de artes pós-modernista. Segundo Gisbert:

> O professor de arte, moderno, obrigado pela incorporação das modas reúne ideias, conteúdos, metodologias, atitudes e comportamentos sociais de modo compulsivo, a maioria das vezes sem assumir, nem assimilar seus significados e sem previsão de consequências, porque em grande medida ter uma boa informação sobre a arte supõe estar ao dia das novidades e das últimas contribuições, e porque para este 'saber fazer' é a condição essencial para 'saber e poder ensinar', e porque se ensina aquilo que se sabe por acreditar que isto é o que devem os alunos aprender. (2006, p.7)

A leitura crítica de Gisbert sobre o perfil modernista do professor de arte lhe conduz a formular o perfil do professor pós-moderno, que "se sente um ator implicado e seu interesse centra-se em um diálogo com a realidade" (ibidem).

O Encontro com Educadores no CCBNB Cariri

As bases conceituais norteadoras do Encontro com Educadores foram expostas para justificar nossas opções, no entanto é fundamental compreender, do ponto de vista prático, como essa proposição assume materialidade.

Como já foi mencionado, nossa atuação com a mediação começou com a exposição *Entre telhas – Josely Carvalho*. Desde a construção do projeto de curadoria e do desenho expositivo, os curadores já previam um conjunto de ações que favorecessem os espectadores/leitores com elementos para interpretação dos campos conceituais e metafóricos caracterizadores da obra da artista.

Na ocasião, pretendia-se realizar um conjunto de debates sobre as temáticas presentes na obra e suas conexões com a contemporaneidade, ao mesmo tempo em que se sugeria a organização de um material educativo para professores de artes e demais educadores. Tais iniciativas já anunciavam previamente uma concepção de mediação cultural.

O que não se previa no projeto de curadoria era o engajamento da artista antes da exposição, ou seja, que ela decidisse residir brevemente na região do Cariri. Durante uma estada curta, porém intensa, a artista Josely Carvalho esteve nas cidades do Crato, Juazeiro do Norte e Santana do Cariri (Ceará), ocasião em que mergulhou na cultura local, dialogou com artistas, visitou espaços emblemáticos da tradição cultural e artística da região.

A experiência com essa exposição não pode ser consumada aqui neste texto, no entanto, por este instrumento é possível socializar alguns dos aspectos mais significativos vivenciados ao longo de todo o processo de preparação, montagem, inauguração e ação educativa que envolveu, além dos curadores, a artista, o CCBNB Cariri, a Universidade Regional do Cariri (Urca), por meio do Núcleo de Estudos e Pesquisas em Ensino da Arte (Nepea) e o Grupo de Pesquisa Ensino da Arte em Contextos Contemporâneos (GPEACC/CNPq).

Os sujeitos e instituições provocaram a realização de dois seminários envolvendo a curadoria (conferência com Ana Mae Barbosa no CCBNB Cariri para arte-educadores) e um seminário na Urca com a participação da artista e de Ana Mae Barbosa.

Tais iniciativas aproximaram, pela primeira vez, artista, curadoria e público em torno de uma exposição, o que reforçou nossa convicção sobre a importância da mediação cultural seja ela no interior dos centros culturais seja em outros lugares de formação e educação continuada no terreno da arte/educação.

A exposição *Entre telhas – Josely Carvalho* era composta por uma instalação com seis mil telhas de barro, que foram doadas pela Secretaria de Cultura do Município do Crato e escolhidas pela artista em uma das diversas olarias do distrito da Ponta da Serra. Além da videoinstalação, outros elementos compunham a exposição, como gravuras, *web-art*, videoprojeção, fotografia e uma caixa de luz.

O Programa Escola de Cultura tem por objetivo a formação de apreciadores da arte e busca oferecer aos professores de artes e demais educadores um espaço para que aprendam, conheçam e compreendam cada exposição e, com tal vivência, sejam responsáveis pela organização de visitas com seus alunos como também sejam mediadores entre a exposição e seus estudantes, eliminando assim a figura direta do monitor.

A cada exposição o setor educativo elabora um material de orientação didática para contribuir com a formação do professor, portanto não se trata de material de atividades didáticas, mas de um material de consulta para o professor sobre o artista e sua obra, ou seja, o conteúdo da exposição.

O material educativo é composto de uma pasta, um caderno de texto e um conjunto de lâminas com imagens da exposição. Tanto a pasta como o caderno são impressos em cartão e papel reciclado, convergindo com a política de responsabilidade social da instituição com o meio ambiente e a problemática ecológica. No caderno de textos não foram utilizadas fotografias coloridas em razão da qualidade da imagem. Dependendo do conteúdo de cada exposição, é possível inserir fotografias no caderno, mas sempre que sejam preto e branco.

O material distribuído aos educadores vai sofrendo modificações como, por exemplo, uma pasta que só é distribuída uma vez em cada encontro. No caso do professor que tem participado dos encontros, ele recebe o caderno de textos e as lâminas, porque a pasta é distribuída a novos professores.

A intenção é incorporar novos professores em cada encontro, de tal forma que haja uma interação dos professores envolvidos desde o início do programa com os novos que vão surgindo em cada edição.

A metodologia utilizada no Encontro com Educadores consiste em uma visita inicial a todos os espaços do Centro Cultural e, depois, à sala de exposições. O percurso entre os espaços é guiado por mediadores, porém, na sala de exposição, é realizada pelo responsável pela parte educativa. Em cada encontro é verificado o perfil dos participantes e, nesse caso, decide-se realizar uma visita geral às dependências do centro ou não. O objetivo é evitar que professores que já participaram de encontros anteriores repitam a visita.

Na sala de exposições os professores são orientados sobre os espaços expositivos que fazem parte do desenho e a concepção da exposição, como também exercitam seus olhares, leituras e interpretam seu conteúdo.

O segundo momento é reservado à conversa entre os professores e o mediador, tendo como eixo o conteúdo da exposição e suas inter-relações com os contextos local, regional, estadual, nacional e internacional.

Uma terceira etapa é reservada à apreciação e à distribuição do material educativo com demonstração das lâminas. O Encontro com Educadores encerra-se com a organização da agenda de visitas das escolas, sempre dentro de um espaço de tempo para que o professor possa organizar sua ação educativa na escola.

Quanto à exposição *Entre telhas – Josely Carvalho*, o Encontro com Educadores seguiu sua dinâmica e provocou os participantes por meio dos seguintes questionamentos: a História da Arte não é diferente da história da humanidade, pois nela a presença masculina é praticamente hegemônica, porém onde estão as mulheres artistas? Onde estão as mulheres artistas de nossa região? Um artista pode ser chamado de trabalhador? Como é tratada a identidade e as identidades pela arte? Na atualidade do fazer artístico, Arte e novas tecnologias estão intrinsecamente relacionadas. É possível experimentar essa relação com a exposição *Entre telhas*?

O grupo discutia essas questões ao mesmo tempo que vislumbrava outras sobre o que é Arte e o que não é Arte. A principal meta do programa é contribuir para que o professor de artes, o que se dedica à linguagem das artes visuais, vá pouco a pouco incorporando a seu programa de ensino o conteúdo das exposições, a fim de superar a imposição de conteúdos de ensino desconectados com a produção contemporânea em artes.

Conclusão

A mediação cultural no Centro Cultural do Banco do Nordeste do Brasil (CCBNB) Cariri ainda não terminou, está em processo. Portanto, neste momento é possível levantar apenas alguns indicativos dos resultados que já chegam pelos próprios educadores envolvidos no programa.

Em primeiro lugar destacamos a mudança de atitude dos educadores, que passaram a acompanhar as atividades do CCBNB Cariri mensalmente, por meio da agenda que é lançada e distribuída ao público.

O segundo aspecto relevante a ser observado como consequência do Programa Escola de Cultura/Encontro com Educadores é a participação nas inaugurações das exposições. Ou seja, os educadores começam a frequentar as exposições a partir de sua inauguração e, consequentemente, comparecem ao Encontro com Educadores que ocorre, na medida do possível, um dia após.

O agendamento de visitas ao CCBNB Cariri pelos professores tem demonstrado que os educadores estão respondendo às expectativas do programa, pois as exposições estão recebendo um público de aproximadamente oitenta a cem pessoas por dia, praticamente público infantojuvenil acompanhado de seus professores que passaram pelo Encontro com Educadores.

Por último, destacamos a vinculação entre a exposição e o conteúdo das aulas de artes no contexto da escola de educação básica, tomando como exemplo o trabalho do professor Charles Farias Siqueira, da Escola de Educação Infantil e Ensino Fundamental Professor José Bizerra de Britto, Crato (CE). O professor não só tem comparecido aos encontros, mas também tem desenvolvido na escola um trabalho extremamente significativo, cujo resultado é a apropriação do conteúdo das exposições por seus alunos, que também interagem com os próprios artistas contemporâneos.

Referências bibliográficas

AGUIRRE, I. *Teorías y prácticas en educación artística*. Barcelona: Octaedro, 2005.

BARBOSA, A. M. *Tópicos utópicos*. Belo Horizonte: C/Arte, 1998.

DEWEY, J. *Democracia y educación*. Madrid: Morata, 2004a.

________. *Experiencia y educación*. Madrid: Biblioteca Nueva, 2004b.

FREEDMAN, K. *Enseñar la cultura visual: currículum, estética y la vida social del arte*. Barcelona: Octaedro, 2006.

GISBERT, J. C. A. El multiforme, incierto y sempiterno perfil del profesor de educación artística. In: CONGRESO INTERNACIONAL DE EDUCACIÓN ARTÍSTICA Y VISUAL. *Actas Digitales*. Sevilla: Ilustre Colegio Oficial de Doctores y Licenciados en Bellas Artes de Andalucía, 2006.

HERNÁNDEZ, F. *Educación y cultura visual*. Barcelona: Octaedro, 2000.

KINCHELOE, J. L. *Hacia una revisión crítica del pensamiento docente*. Barcelona: Octaedro, 2001.

10
Estratégias de mediação e a abordagem triangular

Rejane Galvão Coutinho

No Brasil, a questão da mediação cultural recentemente vem sendo alvo de experimentações e pesquisas em consonância com as abordagens pós-modernas de ensino de arte. Esse interesse tem suas origens na década de 1990 e surgiu de início da preocupação de arte-educadores que passaram a atuar em instituições culturais. Hoje, pode-se dizer que a questão passou também a ser considerada relevante nas agendas de instituições, museus e centros culturais.

Diante de uma possível história da educação em museus no Brasil, que, aliás, ainda não foi devidamente pesquisada, destaco alguns aspectos relevantes para situar a perspectiva explorada neste texto. Na década de 1950, os setores de educação dos grandes museus tinham como característica marcante a oferta de atividades de ateliê para o público, que não necessariamente eram associadas às visitas guiadas nem diretamente relacionadas aos conteúdos das obras expostas. O ateliê era, e ainda é em alguns museus de São Paulo, um espaço privilegiado em que o visitante, criança ou adulto, podia ter contato com materiais e técnicas artísticas, exercitando sua expressão e sua criatividade em um ambiente que pela proximidade propiciava o contato com as obras dos acervos. O público que procurava essas atividades tinha já um interesse direcionado para a arte, ou seja, não eram leigos, eram sujeitos iniciados ou em processo de iniciação nesse universo, como são hoje.

A "mediação" tradicionalmente exercida nesses espaços por meio de visitas guiadas tem uma concepção diretiva se pautando no discurso informativo construído em torno das obras, um discurso absorvido da erudição dos historiadores, dos críticos e dos curadores. Esse modelo de mediação, se assim se pode qualificar tal ação, pressupõe um discurso unilateral e legitimador que afirma e confirma o lugar da obra e de seu autor – o artista – no mundo da arte. Paradoxalmente, exclui desse círculo fechado o sujeito que busca se aproximar, sobretudo o leigo, pois é um discurso pautado nos códigos instituídos do mundo da arte, em especial o código da tradição erudita que pressupõe uma iniciação. Esse dispositivo de comunicação unilateral é uma herança dos sistemas elitistas excludentes, que desconsideram uma possível autonomia de observação dos sujeitos que se veem diante das obras obrigados a seguir com o olhar as indicações do guia.

Nesse modelo historicamente constituído, a pessoa que conduz e orienta a visita não é ainda reconhecida como um especialista em arte, de preferência ele deve ser um iniciado em processo de especialização, alguém que absorve, reproduz ou reconstitui um discurso. Um tipo de aprendiz do mundo da arte. Dessa situação talvez tenha-se originado a infeliz designação pela qual essa pessoa tem sido reconhecida no Brasil, o "monitor" do museu ou da exposição.

Tal prática instituída de mediação vem passando por transformações em consonância com os paradigmas contemporâneos do campo da arte e da própria arte/educação, assim como de modificações nas práticas de circulação e de recepção dos objetos culturais. A partir da década de 1990, um grande fluxo de público passa a frequentar os museus e espaços culturais, impulsionando a demanda de recepção. A espetacularização da arte no Brasil, com ajuda do marketing das megaexposições, passa a trazer multidões para esses espaços, fruto de um movimento sociocultural mais amplo com sotaque globalizado que tem como bandeira a "democratização do acesso aos bens culturais" por uma parcela maior de público leigo. O capital investido nesses eventos se justifica pelo número de público que aflui. Os acervos de grandes museus internacionais e coleções particulares passaram a fazer parte do circuito das artes nas grandes capitais brasileiras. Rodin, Monet e Picasso, exposições históricas sobre arte da China, da Rússia e da África, entre outras, fazem parte desse cardápio. Toda essa efervescência cultural produz modificações nos espaços de circulação e recepção, assim como nos espaços de produção da arte. Como consequência, surge a necessidade de se educar um grande público de "fruidores".

Em contrapartida, o movimento de arte/educação no Brasil vem trabalhando em busca de diminuir o abismo entre o campo da arte e o da educação, universos conflituosos e até mesmo de difícil interpenetração. A escola tem-se mostrado refratária às transformações do campo da arte, que se mostra resistente a qualquer possibilidade de inserção na escola. Os próprios professores de Arte estão insatisfeitos com os resultados de um ensino exclusivamente focado na livre expressão que não implica uma ampliação de conhecimentos nem atinge a relação do aluno com a sua própria cultura. A Abordagem Triangular,[1] elaborada no contexto de um museu, vem responder a essas inquietações quando propõe que o currículo escolar articule as dimensões da leitura das produções do campo da arte, sua produção e contextualização. É uma proposta flexível que não envolve uma hierarquia entre as três dimensões, deixando a cargo do educador a construção de seu método de ensino. O que irá determinar a articulação e as possíveis relações entre as três dimensões é, em parte, o próprio conteúdo selecionado pelo educador e, essencialmente, suas próprias concepções de educação e de arte.

De um ensino exclusivamente voltado para o desenvolvimento de habilidades artísticas, estamos passando para um ensino articulado em que a arte como conhecimento, como expressão e cultura deve ser considerada em seu contexto de origem e de recepção com suas vinculações sociais, econômicas e políticas. Com essa perspectiva, as questões relativas às abordagens e aos métodos de leitura e interpretação de imagens e objetos do campo da arte, assim como a inter-relação dos conhecimentos de várias áreas e domínios necessários para a contextualização, passaram a fazer parte dos pré-requisitos para efetivação da Abordagem Triangular. A tarefa do arte-educador amplia-se, o que favorece tanto a ele quanto aos estudantes para maior imersão no campo da arte e da cultura. Simultaneamente, esse movimento corresponde também àquela exigência de formação do grande público de "fruidores", desejando aqui entender essa fruição como um

1 A Abordagem Triangular foi sistematizada por Ana Mae Barbosa quando esteve na direção do Museu de Arte Contemporânea da Universidade de São Paulo, entre 1987 e 1993, e foi amplamente divulgada com a publicação de seu livro *A imagem no ensino da arte:* anos oitenta e novos tempos. São Paulo: Perspectiva, 1991.

processo de aprendizagem, de apropriação de conhecimentos significativos, por meio de possíveis críticas artísticas

Nesse contexto, o espaço de mediação entre os objetos culturais e o público pode ser entendido como um espaço de educação não reprodutiva e, sendo assim, os atores envolvidos nessa prática podem ter outros papéis: de sujeitos passivos e reprodutores de informações podem passar a sujeitos ativos que interagem e se apropriam de conhecimentos. Apoiados nessa concepção construtivista de educação, os arte-educadores, mediadores de conhecimentos, têm procurado frequentar com seus alunos os museus e centros culturais. De outro lado, tais espaços buscam corresponder à demanda investindo em seus setores de educação que são instigados a desenvolver estratégias de mediação para favorecer a interação do público, em especial do público escolar.

Uma experiência de arte/educação como mediação

Foi com essa perspectiva que, em 2001, um grupo de educadores, artistas e produtores culturais se reuniu a fim de elaborar projetos de mediação para exposições de artes visuais. O Arteducação Produções é uma equipe independente que realiza projetos e consultorias para instituições culturais. Cultivando sua independência em relação às instituições que demandam seus serviços, a equipe procura preservar sua autonomia teórica e ideológica. Sendo assim, mesmo correspondendo às demandas das instituições e se inserindo em seus contextos, o Arteducação Produções não os representa. Dessa forma, vem buscando manter a qualidade de suas propostas, o senso crítico e, sobretudo, a capacidade de avaliação do trabalho que desenvolve.

Outra característica importante da atuação dessa equipe é o caráter de formação que permeia as relações entre os membros do grupo. A cada novo projeto a equipe mergulha num processo de formação e de autoformação, capacitando grupos de mediadores para desenvolver as propostas e produzindo conhecimentos. O fato de certos membros da equipe estarem inseridos no meio acadêmico reforça esse perfil de pesquisadores, sobretudo pesquisadores do próprio trabalho de mediação.

A equipe tem por desafio elaborar estratégias de mediação cultural tendo como fundamento a Abordagem Triangular. Apesar de ter sido configurada num espaço museológico, a Abordagem foi difundida e tem sido exercida em espaços escolares nos quais os processos podem ser planejados e desenvolvidos numa sequencialidade temporal. Nas estratégias pensadas para a mediação em instituições culturais, o processo é transitório e circunscrito ao período de visitação de um grupo (em geral uma hora e meia de duração).

Como garantir então a articulação das três dimensões de leitura, produção e contextualização em um espaço tão curto de tempo? Como articular essas dimensões num percurso de visita a uma exposição? Como fazer que tal percurso de visita resulte numa interação em que os sujeitos envolvidos se apropriem dos conhecimentos e, sobretudo, estabeleçam relações significativas com esses conhecimentos? Como fazer a visita, ao mesmo tempo, ser prazerosa, desenvolver nos sujeitos o hábito da frequentação e aprofundar os conhecimentos deles sobre arte? Como fazer a arte ter sentido na vida dos visitantes?

Para tentar responder a essas questões é preciso primeiro evidenciar qual a interpretação da Abordagem Triangular adotada pelo Arteducação Produções, o que entendemos por leitura, produção e contextualização, e consequentemente procurar definir e conceituar o processo de mediação desenvolvido.

Partindo do princípio freiriano de que a leitura é um ato de apropriação do conhecimento na interação do sujeito com o mundo, com seu meio social e cultural, por conseguinte a leitura e a interpretação de uma produção do campo da arte é também um processo de construção de sentidos para os sujeitos que a leem. Nesse processo, as experiências anteriores e a visão de mundo orientam e direcionam o sentido da leitura e da interpretação. Dessa ótica, acreditamos que não existe uma única interpretação de uma produção artística, mas uma pluralidade de pontos de vista que podem ser complementares ou não.

Não há interpretações certas ou erradas, mas interpretações mais pertinentes ou mais coerentes, interpretações menos convincentes ou mais personalizadas. Temos claro também que objetos ou imagens podem ser lidos com base em diferentes referenciais teóricos, que podem dar maior ênfase à obra, ao intérprete ou ao contexto, personagens do ato interpretativo.[2] O

2 A esse respeito ver o texto de Ana Mae Barbosa "Arte/educação pós-colonialista no Brasil: aprendizagem triangular", no livro *Tópicos utópicos*, 1998, p.47-51, em que a autora situa o educador diante de vários métodos de leitura e interpretação de obras de arte.

que irá determinar a escolha de uma abordagem de leitura ou a conjunção complementar de diferentes abordagens é o campo de sentidos da própria obra, assim como as concepções de arte que norteiam aquele que conduz a leitura, no caso o mediador. Portanto, conhecer diferentes instrumentos de leitura, situando-os perante as teorias que os iluminam, é recurso fundamental para o mediador criar condições que possibilitem interpretações.

Para os hermenêuticos construtivistas,[3] por exemplo, a interpretação é um processo mental utilizado pelos indivíduos para construir conhecimentos de acordo com uma experiência pessoal, ou seja, o sujeito é ele mesmo e para ele mesmo o intérprete "autônomo" da situação significativa. Desse ponto de vista, o processo de interpretação tem início com o reconhecimento do objeto pelo sujeito leitor segundo relações e analogias estabelecidas com seu conhecimento preexistente e com sua memória. Nesse primeiro movimento, o sujeito busca atribuir significados reconhecíveis ao objeto. Para que o processo tenha continuidade e se desdobre, é necessário que o sujeito tenha acesso a outras informações, em especial contextuais de diferentes áreas de conhecimento que se relacionam com o objeto. Na continuidade desse movimento, ampliam-se as relações de entendimento e estabelecem-se possíveis articulações de significados. É um processo dialógico circular que integra o todo e as partes, o presente e o passado, num movimento contínuo. Os conhecimentos que resultam dessa interação são circunstanciais, situados naquele momento, passíveis de outros movimentos, de outras relações e entendimentos, pois as interpretações nunca são completas e definitivas.

A mediação pode potencializar esse processo de interpretação, seja no momento da ampliação, quando o mediador alimenta o leitor com novas informações, seja na articulação dessas informações, quando o mediador instiga o leitor com questões que provocam reações. Tal processo pode também ser fomentado pelos recursos de comunicação e informação à disposição do público (*folders*, textos de parede e multimídias, entre outros), e pelas estratégias de mediação estabelecidas pelos mediadores. Nesse sentido, a mediação em grupo favorece ainda mais a troca e o confronto de diferentes pontos de vista por meio do diálogo, ou, como especifica Françoise

3 Referência ao grupo do Department of Museum Studies da Universidade de Leicester, em especial ao trabalho de Eilean Hooper-Greenhill, Learning in art museums: strategies of interpretation, no livro *The educational role of the museum*, 1999, p.44-52.

Julien-Casanova, por um modo conversacional que "implica uma palavra 'circulante'; o mediador situado 'entre' as obras e o público tem o papel de ativador das inter-relações" (2004, p.150). Para que a corrente se estabeleça, as questões propostas pelo mediador devem procurar fazer que os intérpretes possam testar suas hipóteses e confrontar seus pontos de vista, garantindo o espaço de expressão de suas ideias e confirmando sua capacidade e sua autonomia interpretativa.

Entendendo a leitura e a interpretação por essa abordagem, vemos que a contextualização se integra ao processo de interpretação e é quem irá tecer a trama dos significados, ao mesmo tempo que situa todos os atores da ação interpretativa que operam com seus próprios contextos de referências. Como adianta Ana Mae Barbosa: "Assim, dependendo da natureza das obras, do momento e do tempo de aproximação do fruidor, enfim, da unidade 'subjétil' (sujeito + objeto), o contexto se torna mediador e propositor" (2005, p.4). As várias camadas de referências contextuais se sobrepõem, relacionando-se e interferindo na ação, e devem ser levadas em consideração no processo de mediação; são elas: as do objeto ou obra; as dos sujeitos envolvidos, leitores e mediadores; e as do lugar em que a ação se desenrola. De todos esses contextos interatores, o da obra é o que tem sua delimitação mais facilmente situada. É por isso que nas aplicações generalistas da Abordagem Triangular ele tem sido o foco principal da contextualização. Todo o discurso produzido, ou em produção (no caso da arte contemporânea) pelos críticos e historiadores, assim como os conhecimentos das áreas correlatas ao tema, alimenta essa dimensão da ação interpretativa.

Com relação aos contextos dos sujeitos envolvidos no processo, os leitores e mediadores, pouca atenção tem sido dada, mesmo que saibamos que nossa própria posição social, cultural e histórica afeta o processo de construção de significados. Hooper-Greenhill adverte: "Conhecimentos são construídos através e na cultural. Percepções (o que vemos), memória (o que escolhemos para relacionar) e o pensamento lógico (o sentido que atribuímos às coisas) diferem culturalmente porque são construções culturais" (1999, p.49). A autora amplia ainda mais a discussão com o conceito de 'comunidades interpretantes', pois as estratégias individuais de busca de conhecimento ou de sentido das experiências com a arte tornam-se possíveis, são mediadas e delimitadas pelo nosso lugar na cultura.

Essas comunidades são compostas por aqueles que compartilham formas similares de leitura de mundo e de identificação de seus significados.

"Todas as comunidades interpretantes, definidas como tal, têm suas próprias formas de conhecimento, seus conhecimentos de base e suas estratégias de interpretação" (1999, p.49). Tal conceito de comunidade pode orientar o processo de mediação e contribuir para revelar as estratégias de interpretação utilizadas pelos leitores. Porém, é importante reconhecer que as comunidades interpretantes não são estáveis, movem-se como e com os sujeitos que a compõem, deixando-se permear por novos conhecimentos.

A mesma atenção que devemos ter com os referenciais contextuais dos sujeitos leitores se estende para os sujeitos mediadores. De acordo com Bernard Darras (2004), pensamos que a pessoa que conduz o processo de mediação realiza uma atividade que depende de suas concepções de arte e de cultura, assim como essa atividade é permeada pelas concepções intrínsecas ao cenário em que ela acontece. É por isso que na experiência que aqui apresentamos, o trabalho de formação do mediador vai além do domínio de um repertório e da articulação de um discurso. Implica um comprometimento desse sujeito com seu próprio processo de formação, na direção de uma autoformação reflexiva.

Nos projetos que desenvolvemos é dada grande ênfase à formação que se direciona não apenas para a ampliação do repertório e autonomia do discurso, mas busca estimular no mediador a autoria de métodos de condução da mediação, o exercício da flexibilidade, da crítica e da autocrítica para lidar com as situações reais. O processo de formação tem início com a pré-produção das estratégias de mediação, seguido dos cursos de formação inicial e se estende durante toda a ação educativa, envolvendo reuniões, trocas de experiências e acompanhamentos de visitas. E é com essa condição que conseguimos refletir sobre as várias questões que o cotidiano do processo de mediação envolve. As obras expostas, o espaço e seus contextos podem ser os mesmos, mas cada sujeito é um sujeito, cada grupo é único e as inter-relações entre esses agentes produzem significados diversos e específicos. A troca de experiências e a reflexão sobre tais processos são fundamentais.

Integrar a dimensão da produção foi o maior desafio da perspectiva da Abordagem Triangular na prática de mediação cultural. Primeiro porque em nossa cultura as referências sobre produção em arte são profundamente impregnadas por uma concepção de produção como algo que se configura pela manipulação de materiais com ajuda de técnicas específicas. Uma concepção calcada numa visão de arte como fabricação de obras. Vale também lembrar que tínhamos como referência aqui no Brasil, na questão da educação em museus, as atividades dos ateliês. No entanto, foi justamente o contágio com as produções do campo da arte contemporânea que nos fez refletir de maneira mais ampla sobre os processos de produção e, consequentemente, atualizar nossas concepções e indicar possíveis caminhos para resolver o desafio.

Para fundamentar e redimensionar a dimensão da produção no processo de mediação foi também essencial a retomada das reflexões de John Dewey no seu livro *Art as experience*, que introduz uma possibilidade de entendimento orgânico da experiência artística e estética. Dewey parte do princípio de que os objetos artísticos são inseparáveis das suas condições humanas de origem e das consequências que possam engendrar nas experiências de vida hoje. Se, por ventura, ocorrer essa separação, ela terá como resultado um obscurecimento dos significados do objeto. É importante ressaltar que essa relação organicamente articulada está em consonância com a essência de nossa interpretação da Abordagem Triangular. Ao discutir a experiência do receptor da obra de arte, Dewey esclarece que ele precisa criar sua própria experiência com o objeto.

> E sua criação tem de incluir conexões comparáveis àquelas que o produtor original sentiu. Não são as mesmas, em qualquer sentido literal. ... Sem um ato de recriação, o objeto não será percebido como obra de arte. O artista selecionou, simplificou, clarificou, abreviou e condensou de acordo com seu desejo. O espectador tem de percorrer tais operações de acordo com seu ponto de vista próprio e seu próprio interesse. Em ambos tem lugar um ato de abstração, isto é, de extração do que é significativo. (1980, p.54)

A dimensão da produção no processo de mediação articula-se, então, organicamente, pois é inerente ao processo de recepção. Fazer o sujeito estabelecer conexões com procedimentos artísticos semelhantes aos que o artista utilizou na elaboração daquela obra, ou do conjunto de obras, é uma maneira de garantir a sua experiência de recriação e de ampliar as possibilidades de entendimento, de leitura e interpretação dos objetos. Posto dessa forma, em vez de circunscrever o desafio se amplia, pois os procedimentos implícitos na elaboração de uma obra são variados, e também inusitados, em especial quando se tratam de obras de arte contemporânea, transpondo fronteiras entre as linguagens. Cabe aqui ilustrar a questão com alguns exemplos de estratégias de mediação desenvolvidas pela equipe.

Os percursos de visita com oficina reflexiva: alguns exemplos

Quando nos encontramos diante do desafio de elaborar estratégias de mediação para uma determinada exposição, o primeiro passo é mergulhar nesse universo procurando fazer um levantamento das principais questões implícitas no contexto. São essas questões que vão direcionar os percursos e o desenvolvimento de estratégias que favoreçam a mediação.

Como prestadores de serviço, recebemos das instituições o "cardápio pronto", ou seja, salvo raras exceções, não temos ingerência no conteúdo das exposições, na seleção das obras, nem em sua museografia. Como exemplo do teor e da variedade desses desafios, relataremos alguns casos que apresentam soluções diferenciadas. Para efeito de comparação, os casos escolhidos foram desenvolvidos na mesma instituição, o Centro Cultural Banco do Brasil de São Paulo, que se situa no antigo centro comercial da cidade. Instituição mantida por um dos mais antigos bancos do país, de economia mista, tem como propósito oferecer ao público da cidade uma programação cultural diversificada que inclui artes visuais, artes cênicas, dança, música, cinema e alguns eventos ligados a produção e difusão de ideias. O prédio de 1927 foi a primeira agência do Banco do Brasil no Estado de São Paulo. Com quatro andares, subsolo e mezanino, o prédio tem uma arquitetura eclética, típica do período. Uma das características fundamentais da arquitetura do prédio é seu vão central com cerca de 12 metros de altura, criando um elo interno entre o térreo e demais andares, finalizando com uma claraboia com vitral original. O público atendido pelo programa educativo é bastante diversificado, o maior número é de grupos escolares, seguido de grupos universitários, grupos de terceira idade e de ONGs, entre outros.

A exposição Rembrandt e a arte da gravura

A exposição do pintor e gravador Rembrandt foi realizada no CCBB de São Paulo nos meses de setembro e outubro de 2002, com curadoria de Pieter Tjabbes, e compreendia um conjunto de aproximadamente oitenta gravuras de metal em pequeno formato, realizadas por Rembrandt e alguns de seus antecessores e seguidores, vindas do Museu Casa Rembrandt de Amsterdã.

Optamos por desenvolver uma proposta de mediação com foco na questão do desenho e na reprodutibilidade de imagens. O percurso de visita à exposição compreendia a leitura das gravuras, permeada por informações sobre a técnica de gravura feita de metal e discussões sobre o contexto social, cultural, político e religioso da Holanda do século XVII, entremeadas por uma atividade de desenho de observação e impressão utilizando a técnica de transferência de imagens, que podia acontecer antes, durante ou no final da visita.

Primeiro, ponderamos que uma atividade de desenho de observação teria grandes chances de afastar as pessoas que não estão habituadas a essa prática. O que pretendíamos era levar os sujeitos a vivenciar essa experiência e refletir sobre ela, pois faz parte do universo da tradição da arte e está na base da construção daquelas imagens. Sendo assim, tendo como inspiração o contexto de Rembrandt que possuía em sua residência uma "sala de artes", onde eram guardados e expostos objetos e coleções que serviam de modelo para seus trabalhos artísticos, montamos no espaço do antigo cofre do banco, no subsolo do CCBB, uma "sala de artes" com variados objetos do cotidiano, antigos e atuais. Esses objetos receberam um tratamento de cola e pó de mármore que os deixou embranquecidos para melhor apreensão das nuanças de luz e sombra. Os objetos foram expostos nas prateleiras do cofre e cada visitante era convidado a escolher uma peça que posteriormente era colocada em situação de observação. Nas mesas encontravam-se canetas de bico-de-pena, nanquim e papéis. A atmosfera do ambiente e o contato com materiais pouco usuais do público leigo fizeram que se diluísse o receio da experiência do desenho.

Em seguida, o visitante era estimulado a observar o objeto escolhido e a fazer um desenho, tendo como suporte uma folha de papel gomado que serviria para transferir a imagem para outro suporte. O desenho feito sobre o papel previamente preparado com goma arábica era umedecido, prensado e transferido para um papel suporte. Com o resultado da impressão, partia-se então para a discussão sobre as peculiaridades da gravura. Nesse momento, estava-se diante de uma prensa de gravura de metal que foi transportada até o espaço para imprimir os trabalhos. A presença da prensa estimulava as discussões acerca do processo de impressão e sua utilidade ainda hoje como técnica artística, assim como suas possibilidades no âmbito comercial e dos meios de comunicação. No final os participantes eram convidados a levar consigo sua estampa.

Foram produzidos mais de três mil desenhos, comprovando que os visitantes (crianças, jovens e adultos) não se deixaram levar pela resistência ao ato de desenhar. Para muitos foi uma oportunidade inédita de se conectar com essa prática e, principalmente, de compreender os métodos de impressão e, por analogia, o processo da gravura de metal. Com certeza, o processo de leitura das gravuras de Rembrandt se ampliou, ganhando outros significados.

A exposição Pop Brasil: a arte popular e o popular na arte

A exposição *Pop Brasil: a arte popular e o popular na arte* foi realizada nos meses de agosto e setembro de 2002 no CCBB de São Paulo, com curadoria do crítico de arte Paulo Klein. Teve como propósito apresentar a diversidade da cultura popular brasileira e discutir as relações entre essa produção e a produção de alguns artistas contemporâneos que se inspiram nessa fonte. O popular foi abordado por três vertentes: na primeira, uma montagem cenográfica reuniu objetos e personagens (esculturas de madeira e cerâmica) do imaginário popular; na segunda, foram expostas pinturas de artistas "primitivos"; e, na terceira, algumas obras de artistas contemporâneos que dialogam com o popular. Eram 78 artistas participantes em um amplo universo com complexas relações estabelecidas pela curadoria e pela museografia da exposição. Uma exposição que atraiu um grande número de visitantes, trazidos sobretudo pela identificação com o tema e com as questões estéticas tratadas.

Em um multifacetado panorama oferecido pela exposição, elaboramos uma estratégia de mediação buscando revelar os conflitos desse amplo universo diante das referências do público. Elegemos como eixo aglutinador do processo o imaginário. Imaginário presente nas obras expostas, na memória coletiva de nossa cultura e nas experiências cotidianas de vida dos sujeitos. Como parte da preparação para a mediação, a equipe de educadores selecionou histórias da tradição oral, coletadas na memória coletiva e por pesquisadores reconhecidos, e desenvolvemos laboratórios de contação de histórias.

Durante o percurso da visita, em um momento de conveniência do grupo e de disponibilidade de espaço, o mediador convidava os visitantes a sentar em roda para ouvir uma história da herança cultural brasileira. Em seguida, no centro da roda era colocada uma grande esfera de massa de modelar (plastilina), distribuída em pedaços entre os visitantes. Eles eram convidados a modelar algo, objeto ou personagem, relativo à história, ao contexto ou às suas referências pessoais mobilizadas durante a mediação. O envolvimento na atividade de modelagem e a conversação que se estabelecia permitiam que o sujeito elaborasse suas reflexões e questões sobre a exposição, tecendo relações com a vivência compartilhada com o grupo. No final ele era convidado a desconstruir seu objeto modelado, colocando-o de volta na esfera de massa que passava a simbolizar o imaginário coletivo. Essa estratégia suscitou um duplo fascínio nos participantes: de um lado, a materialidade da plastilina e sua modelagem proporcionavam um envolvimento lúdico e prazeroso; de outro, o resgate e o reconhecimento das histórias pessoais contidas nas histórias coletivas de nosso repertório popular eram chaves de acesso aos imaginários.

A atividade poderia acontecer no início, no meio ou no final da visita, resultando em situações diferenciadas. Era parte integrante de um percurso que incluía a leitura das obras expostas alternada com informações sobre suas diversas origens e as de seus produtores. Em momentos oportunos procurava-se problematizar as possíveis definições acerca da arte popular, da cultura de massa e da hegemonia da cultura erudita, seus conceitos e limites. Contrapondo e discutindo esses conceitos procuramos situar e ampliar o repertório dos sujeitos diante de suas referências e das referências trazidas pela exposição.

Algumas considerações finais

Os exemplos descritos brevemente aqui, assim como o texto Estratégia de mediação para a exposição *Morte das casas*: Nuno Ramos, que compõe essa coletânea, mostram dispositivos diferenciados de mediação desenvolvidos pela equipe do Arteducação Produções. Para uma exposição de obras históricas e bem situadas na tradição da Arte, como a de Rembrandt e suas gravuras, a mediação tratou de questões do campo da Arte, como o desenho e a reprodução de imagens mediadas pelos contextos de referência dos atores do processo de interpretação buscando situá-las no âmbito da comunicação.

Em *Pop Brasil: a arte popular e o popular na arte,* o imaginário que atravessa o contexto da exposição e as referências dos intérpretes foi suscitado por meio de recursos básicos de aproximação com a nossa formação cultural, como as histórias de tradição oral e a modelagem. Para a exposição de arte contemporânea de Nuno Ramos, um dispositivo em forma de jogo engendrou uma mediação interativa e complexa que permitiu discussões conceituais e até mesmo filosóficas sobre arte contemporânea com um público não habituado a esse tipo de reflexão. Os três exemplos aconteceram no mesmo contexto institucional, com um público diverso, mas proveniente de igual contexto sociocultural. O diferencial em cada situação é o conteúdo das exposições, que vai determinar o desenvolvimento de dispositivos adequados a cada uma delas.

Em todos os casos procurou-se manter a integração da prática reflexiva na mediação. Todos os dispositivos buscaram também integrar as dimensões da leitura e da interpretação à contextualização. São exemplos de mediação em ação.

É importante ainda ressaltar que, para cada uma das propostas de mediação do Arteducação Produções, são concebidos materiais gráficos, em forma de folders para o público escolar que são entregues aos grupos no final da visita. Esse material pretende estimular e dar continuidade ao processo de reflexão despertado pela mediação. Contém em geral propostas interativas para serem desenvolvidas nas escolas com os professores. Para a exposição de Nuno Ramos, por exemplo, a proposta era também um jogo – *Matéria e ação* – que estimulava a experimentação de materiais diversos e inusitados no campo da Arte. Tenta-se garantir que a experiência vivida no espaço transitório da mediação tenha uma ressonância na vida das pessoas, e, no caso específico do público escolar, procura-se fazer que ela permeie o ambiente das escolas, até pouco tempo tão avesso à arte.

Referências bibliográficas

BARBOSA, Ana Mae. *A imagem no ensino da arte: anos oitenta e novos tempos*. São Paulo: Perspectiva, 1991.

__________. *Tópicos utópicos*. Belo Horizonte: C/Arte, 1998.

__________. "Arte/educação como mediação". In: *Diálogos e reflexões com educadores* São Paulo: Centro Cultural Banco do Brasil, 2005. (Encarte da exposição Mary Vieira). Material para educadores sob a coordenação de Rejane Coutinho e equipe do Arteducação Produções.

DARRAS, Bernard. "Étude des conceptions de la culture et de la médiation" . In: *MEI*. Sous la direction de Marie Thonon. Paris: L'harmattan, 2004, p.61-85 (Médiation & Médiateurs, n.19).

DEWEY, John. *Art as experience*. New York: Perigee Books, 1980.

HOOPER-GREENHILL, Eilean (Ed.) *The educational role of the museum*. London: Routledge, 1999.

JULIEN-CASANOVA, Françoise. "Comment la médiation culturelle. La pratique d'un mode-modèle et ses actualisations: les interventions de type conversationnel en présence directe" In: *MEI*. Sous la direction de Marie Thonon. Paris: L'Harmattan, 2004, p.147-61 (Médiation & Médiateurs, n.19).

11
Estratégia de mediação para a exposição Morte das Casas – Nuno Ramos

Alberto Tembo, Camila S. Lia, Christiane Coutinho
Equipe do Arteducação Produções

A primeira vez que publicamos um texto sobre a estratégia de mediação elaborada para a exposição *Morte das casas – Nuno Ramos,* ocorrida entre abril e junho de 2004, no Centro Cultural do Banco do Brasil, foi no final desse mesmo ano. O texto[1] destinava-se ao seminário que tinha como objetivo apresentar e discutir trabalhos de arte/educação como mediação desenvolvidos em todo o Brasil.

Na época, essa experiência estava fresca na memória de todos os envolvidos no processo de mediação, portanto o registro resultou em uma descrição bastante precisa e detalhada. Todavia, não tínhamos o distanciamento necessário para perceber todas as nuanças desse processo. Agora, passados dois anos, é possível percebê-las inseridas no tempo e na história das produções de nosso grupo.

O grupo Arteducação Produções, formado por educadores, artistas e produtores culturais, desenvolve projetos de arte/educação para diferentes instituições culturais. Nosso parceiro mais constante é o Centro Cultural

1 A primeira versão do texto, escrito em 2004, teve como autores Alberto Tembo, Camila Lia, Christiane Coutinho Orloski, Fábio Tremonte e Erick Orloski.

Banco do Brasil. Desde sua abertura, em 2001, elaboramos estratégias de mediação para diversas exposições lá realizadas. Tais estratégias visam a ampliar as possibilidades da visita à exposição e variam justamente de acordo com a natureza de cada mostra.

No caso da exposição *Morte das casas*, uma individual do artista paulistano Nuno Ramos, a proposta de mediação começou a ser concebida com cerca de três meses de antecedência à abertura da exposição. Como era inédita – e especialmente concebida para o prédio do Centro Cultural do Banco do Brasil de São Paulo –, as obras ainda não existiam, apenas seus projetos. Seriam materializadas a poucos dias da abertura da exposição, e iniciamos nosso processo de pesquisa aprofundando o conhecimento sobre a produção prévia de Nuno Ramos e levantando conceitos recorrentes em suas obras, como *interdependência, integração, materialidade, transmutação, apropriação.* À medida que o projeto dos novos trabalhos ia se definindo e chegando até nós, podíamos nos debruçar sobre as questões específicas a serem trabalhadas na exposição e perceber, com maior clareza, a relação das obras com as características do prédio do Centro Cultural.

Para melhor entender a exposição, vale uma breve apresentação do prédio do Centro Cultural do Banco do Brasil de São Paulo. O prédio data de 1927 e foi a primeira agência do Banco do Brasil do Estado de São Paulo – função que exerceu até 1996. Após um período de reforma e restauro, foi inaugurado como centro cultural, em 2001. Com quatro andares, mezanino e subsolo, onde inclusive permanece o cofre original, o prédio tem uma arquitetura eclética, com elementos de *art nouveau*. Uma de suas características mais marcantes é o vão central com cerca de doze metros de altura unindo o térreo – onde há um grande mosaico artístico no piso – ao quarto andar, onde se localiza uma claraboia com vitral original.

E justamente nesse vão, traço pungente da arquitetura interna do prédio, foi concebida a obra título da exposição, que provocou uma transformação profunda no espaço. Com notável ousadia, Nuno Ramos literalmente "fez chover" dentro do Centro Cultural: no vão central foi instalada uma chuva artificial que caiu constantemente durante os dois meses de exposição. Essa obra tinha seu nome emprestado de um poema de Carlos Drummond de Andrade e, além do grande volume de som da queda d´água, sua poesia era recitada por diferentes vozes e entonações, provocando uma sobreposição sonora:

Sobre o tempo, sobre a taipa, a chuva escorre.
As paredes que viram morrer os homens,
Que viram fugir o ouro,
Que viram findar-se o reino,
Que vira, reviram, viram,
Já não vêem.
Também morrem.
...

Carlos Drummond de Andrade,
Morte das casas de Ouro Preto.

Já no subsolo do prédio, a instalação *Que* consistia em uma parede de terra prensada com uma frase em relevo: *Alvorada lá no morro que*. Essa frase, alusão a um antigo samba de Cartola, não podia ser lida de uma só vez. O visitante precisava percorrer um caminho estreito para ler toda a frase, em razão do grande tamanho de suas letras e da extensão do corredor.

Alvorada
Lá no morro que beleza
Ninguém chora não há tristeza
Ninguém sente dissabor
O sol colorindo é tão lindo
É tão lindo
E a natureza sorrindo
Tingindo, tingindo

Você também me lembra a alvorada
Quando chega iluminando
Meus caminhos tão sem vida
E o que me resta é bem pouco
Quase nada
Do que ir assim vagando
Numa estrada perdida

Cartola,
Alvorada.

No cofre original do prédio, ainda no subsolo, havia o vídeo *Alvorada*. Várias cenas semelhantes eram retratadas, em que uma pessoa com um revólver na nuca gritava "alvorada"; em seguida um corte seco no vídeo juntamente com um som de tiro trazia uma nova cena com o mesmo andamento.

No segundo andar, a instalação *Casco* apresentava dois blocos em forma de barcos virados, feitos com areia preta prensada, e um terceiro casco de madeira coberto de breu, uma resina que se apresenta em estado sólido – usualmente em forma de pó –, mas torna-se líquida em temperaturas elevadas. Ao conjunto, somava-se ainda um vídeo, dirigido e escrito por Nuno Ramos, em que atores recitavam poesias enquanto barcos eram desconstruídos em uma praia.

Figura 1 – Instalação *Casco*, no segundo andar do CCBB. Foto: Camila Lia.

No terceiro andar, três objetos formados de placas de mármore e breu configuravam a obra *Choro negro*. Essas placas de mármore tinham em seu interior um sistema elétrico que aqueceu o breu sólido no primeiro dia de exposição, fazendo-o mudar de estado e derreter por sobre o piso da sala. Com o sistema desligado, o breu derretido retornou ao seu estado sólido. Novamente um samba tradicional foi escolhido como título dessa instalação.

Embora se tratassem de quatro diferentes instalações, o conjunto apresentava uma unidade, tanto temática quanto de materiais utilizados. Existia um forte teor simbólico e conceitual a unir os trabalhos, uma alusão à passagem do tempo e aos ciclos de vida e morte – a existência das coisas, dos materiais, das pessoas. Essa relação de interdependência abrangia toda a exposição, em especial na obra título. Em *Morte das casas* a água realizava um ciclo contínuo – tal qual na natureza – subindo pelo prédio com o auxílio de uma bomba e descendo na forma de chuva, intermitentemente.

Entretanto, não eram relações explícitas. Ela era uma exposição de arte contemporânea que propunha formas de representação não usuais, com a manipulação de materiais inusitados resultando em obras efêmeras, já que nenhum dos trabalhos resistiria plenamente à desmontagem. Eram desafios a serem encarados na mediação com o público visitante, que em sua maioria é composto por grupos escolares.

As visitas agendadas no Centro Cultural do Banco do Brasil duram uma hora e meia, e são realizadas em pequenos grupos, com cerca de doze integrantes por educador. Comparecem desde a educação infantil até o ensino superior, mas há predominância de quinta a oitava séries das escolas públicas do ensino fundamental. Muitas vezes o conteúdo da exposição a ser visitada é completamente desconhecido do público escolar. Embora atualmente haja muitas visitas a exposições de arte contemporânea por parte das escolas, ainda há na maioria dos casos a expectativa de se encontrar as formas mais clássicas de arte, como pintura, desenho e esculturas, feitas com materiais tradicionais. Essas preocupações orientaram a concepção de uma proposta que pudesse abordar as questões pontuadas pela exposição sem deixar de ser agradável; e ao mesmo tempo lidar com o teor denso da exposição sem perder de vista as referências do público.

O conteúdo a ser abordado na visita estava aos poucos se delineando, mas faltava saber *como* trabalhá-lo. O formato da proposta permanecia ainda indefinido. Uma possibilidade que frequentemente é adotada nas visitas agendadas são as *oficinas reflexivas* – que resultam em uma produção por parte do grupo –, procedimento que serve para ampliar as questões levantadas durante a mediação ou novos questionamentos que possam se relacionar com os trabalhos expostos. Os próprios grupos que agendam as visitas geralmente têm a expectativa de fazer *a visita com oficina.*

Partindo desse princípio, pensamos no início em uma espécie de oficina que explorasse o potencial *matérico* da exposição, que lidasse com transmutação de materiais, alquimia. No entanto, havia restrições de espaço que impediam qualquer tipo de oficina mais "suja", ou seja, que não necessitasse de uma pia para uso do público. Começamos a buscar alternativas e, por se tratar de uma equipe de educadores cuja prática de mediação em exposições era muito presente em suas experiências, as discussões sempre se voltavam para a própria mediação dos trabalhos. Como trabalhar com o conteúdo da exposição? Como tratar as relações implícitas entre artes visuais, poesia e música? Como lidar com os desafios já delineados anteriormente? Em algum momento, surgiu a ideia de contrapor a habitual seriedade, que é atribuída a trabalhos de arte contemporânea de cunho conceitual, com a leveza de uma proposta predominantemente lúdica.

Assim, foi concebido um projeto em forma de jogo, neste caso destituído de caráter competitivo, que pretendia possibilitar a reflexão com base nos conceitos levantados no universo da obra de Nuno Ramos. Tais conceitos nortearam nossa concepção da proposta.

No jogo havia vazão para diferentes linguagens artísticas – *integração* –, utilizando materiais, imagens e textos diversos para atingir esse objetivo. Os conceitos de *transmutação* e *materialidade* foram refletidos pela exploração de diversos materiais durante o percurso da visita. Outro tipo de *integração* presente, tanto no trabalho de Nuno Ramos quanto na arte contemporânea em geral, é a relação de *interdependência* existente entre os diversos profissionais que atuam na produção das obras e na montagem das exposições. Sendo assim, achamos interessante pensar num jogo que também tivesse uma interdependência entre os seus participantes, por meio de ações que eram transmitidas de um grupo para outro.

O jogo seria desenvolvido no próprio espaço expositivo, com cuidado para que não interferisse no espaço e no tempo de apreciação de cada uma das instalações. Os materiais utilizados foram escolhidos com muita cautela, pois tinham o objetivo de ampliar as possibilidades de mediação e não de concorrer com a exposição.

Figura 2 – Grupo participa da estratégia de mediação no espaço expositivo. Foto: Camila Lia.

*O jogo **Quatro por quatro***

A dinâmica do jogo acontecia ao longo da visita e a estratégia descrita a seguir foi pensada para condições normais de visita (uma hora e meia de duração, com aproximadamente 45 visitantes), podendo ser alterada, caso mudassem as condições.

O grupo de visitantes era dividido em quatro subgrupos, com cerca de onze pessoas, cada qual definido por uma letra – X, W, Y e Z –, e se dirigia com o educador a um dos andares da exposição. A dinâmica do jogo se dava, portanto, em quatro fases, que ocorriam nos quatro andares de exposição (cada subgrupo cumpria exatamente a mesma fase que os demais, apenas em andares diferentes).

Em todos os andares foi colocada uma caixa de madeira, projetada especialmente para o jogo, contendo diversos materiais que visavam ampliar as informações contextuais, aguçar a percepção formal da obra e estimular a reflexão acerca dos trabalhos que estavam sendo vistos. Nessas caixas também havia quatro chaveiros representando cada um dos subgrupos (W, X, Y e Z) e, à medida que cada grupo interagia com uma das caixas, deixava o seu respectivo chaveiro aparente, como uma marca de sua passagem. Essa ação foi pensada com o objetivo de que os subgrupos soubessem quem esteve no andar anteriormente e de que também fosse estimulada a relação com os colegas dos outros grupos.

Figura 3 – Uma das caixas com material do jogo *Quatro por quatro* no ambiente expositivo. Foto: Camila Lia.

Fases do Quatro por quatro

Primeira fase – Respostas

Após as apresentações iniciais e o acolhimento do educador, começava o diálogo em torno da exposição. Em algum momento o educador formulava uma questão escrita em um papel e a dirigia aos participantes, que tinham nela o ponto de partida para a dinâmica. A questão referia-se ao trabalho específico do andar em que se encontrava o grupo ou então a toda a exposição, tendo sido formulada por um grupo que visitara a exposição anteriormente (mas isso não era dito ao grupo que chegava).

Essa questão era um estímulo para que o grupo refletisse sobre o assunto proposto, que era conduzido e retomado pelo educador no decorrer de toda a visita.

Segunda fase – Palavras

Todos os subgrupos então trocavam de andar, dirigindo-se a um novo ambiente da exposição. Em frente de uma nova obra, continuava o processo de mediação.

Em um dado momento, o educador pedia que cada participante sintetizasse sua percepção em uma palavra que fizesse referência à obra observada. Essas palavras podiam referir-se a questões formais, contextuais ou interpretativas e pessoais, e eram registradas em pequenos cartões. A menos que houvesse alguma objeção por parte do grupo, as palavras eram lidas para todos e discutidas em conjunto, buscando-se ampliar as possibilidades de mediação com base nos diferentes referenciais. Assim, podia-se traçar uma mediação coletiva por meio de extratos individuais, com o educador fazendo a "costura" desses diferentes olhares. As palavras eram então depositadas na caixa específica daquele andar.

Vale relembrar que todos os grupos passavam pelas mesmas fases ao mesmo tempo, só que em andares diferentes, e, portanto, na presença de trabalhos diferentes também. Assim, enquanto o grupo *W* tinha suas palavras colocadas na caixa do 2º andar, o *X* as tinha no térreo, o *Z* no 3º, e o *Y* no subsolo, por exemplo.

O ponto principal dessa fase era justamente o da síntese de cada participante ao buscar estabelecer uma relação pessoal com aquele trabalho, no caso, por uma palavra. Entretanto, no decorrer da exposição, surgiu a alternativa de, em vez de palavras, serem feitos desenhos nos mesmos cartões, em especial para grupos de crianças menores.

Terceira fase – Frases

Novamente, o grupo trocava de andar. Após a leitura das obras presentes, o educador mostrava as palavras deixadas pelo grupo anterior dentro da caixa (grupo indicado pela letra do chaveiro deixado na caixa). Havia a oportunidade então de conhecer um pouco da relação que fora estabelecida pelo subgrupo que acabara de visitar esse andar com as obras apresentadas.

O grupo (agora dividido em dois ou três grupos menores) tinha como tarefa compor, elaborar ou criar, com as palavras "herdadas", frases, poesias, músicas e encenações, entre outras possibilidades de expressão, relacionadas à obra do andar ou a toda a exposição.

Após serem produzidas pelo grupo, as criações eram apresentadas e discutidas entre todos os participantes e o educador. Embora a leitura das obras, a contextualização e a produção se intermediassem o tempo todo no jogo, era nessa fase que o fazer ou criar ganhava uma dimensão mais concreta. Depois do momento de reflexão mais individual da fase anterior, este era o momento fundamentalmente coletivo, em que, mais do que um diálogo com o educador, se buscava uma troca entre os próprios participantes.

Quarta fase – Questão

Na presença do último trabalho a ser visto pelo grupo, já na parte final da visita, era aberta uma discussão sobre a obra e também sobre a exposição inteira. Nesse momento, era pedido ao grupo que formulasse uma questão que seria então deixada para um próximo grupo que visitasse a exposição, na primeira fase do jogo. Era salientado que a natureza dessas questões deveria ser, na medida do possível, reflexiva.

Agora se tornava explícito que a questão colocada para o grupo na primeira fase também havia sido formulada por um grupo que visitara a exposição anteriormente. Era o momento de se compreender o todo do jogo, cíclico e interdependente. Havia também a possibilidade de a questão apresentada no início da visita ter sua resposta revista, reconsiderada ou confirmada.

As "peças" do jogo

Em todo andar, em locais que não interferissem visualmente no ambiente da exposição, existia uma caixa com vários compartimentos, contendo todos os componentes que eram utilizados no jogo, as palavras e perguntas deixadas pelos grupos e, para registrá-las, os materiais necessários, como papéis e lápis. Dependia da dinâmica do jogo a escolha de quais materiais da caixa seriam usados.

Cada caixa continha quatro conjuntos de materiais diferentes, com o objetivo de enriquecer e ampliar as reflexões sobre as obras, sobre o artista ou sobre arte. Tais conjuntos eram representados por quatro cartões coloridos, cada cor representando uma categoria diferente. Em cada fase do jogo *Quatro por quatro* o grupo tinha direito a escolher um dos cartões, ou seja, podia contar com um conjunto diferente. Por se tratar de um processo eliminatório, o grupo nunca repetia uma mesma categoria, pois cada uma possuía um conjunto de materiais específicos.

Todas as quatro caixas do jogo, cada uma num dos quatro ambientes da exposição, tinham quatro conjuntos de materiais.

O conjunto *Imagens* era formado por três imagens impressas em papel tamanho A4, coloridas e plastificadas, que buscavam estabelecer relações entre as obras de Nuno Ramos e a produção de outros artistas. Essas relações podiam ser de proximidade ou de antagonismo, e buscavam tornar mais claros, por comparação, alguns conceitos marcantes das obras expostas.

O conjunto *Materiais* tridimensionais era constituído por componentes que podiam ser manuseados e tinham o objetivo de levantar informações relevantes sobre os materiais utilizados nas obras expostas, estabelecer relações poéticas com objetos e aguçar a percepção sensorial.

O conjunto *Textos* continha material escrito, como verbetes que se referiam à obra, trechos de poesias, textos filosóficos abordando aspectos relacionados à obra ou trechos das letras de música que tinham relação com o título dos trabalhos.

O conjunto *Contexto do artista* continha informações contextuais mais gerais a respeito do artista e abordavam sua trajetória artística por meio das imagens de alguns trabalhos anteriores. Também havia imagens fotografadas do processo de criação e montagem das obras para a exposição, o que era muito valioso por registrar a materialização dos trabalhos e ampliar a compreensão de procedimentos inerentes à arte contemporânea.

A exploração do jogo

A proposta do *Quatro por quatro*, desde sua concepção, mostrou ser um desafio para o educador, pois sua aplicação ocorria no espaço expositivo, concomitantemente à habitual mediação das obras. Na verdade, o jogo *era* a mediação. Para o educador, em toda escolha de material diferente em cada um dos ambientes da exposição novas reflexões poderiam surgir, resultando em uma multiplicidade de percursos e abordagens. Os focos mudavam de acordo com a dinâmica do jogo, o que de certa forma impedia uma "mecanização" do processo de mediação.

À medida que a proposta começava a ser utilizada, várias questões surgiam gerando algumas adaptações da ideia inicial. Um dos aspectos que mais chamaram a atenção dos educadores, e não era esperado com a intensidade com que se deu, foi a dificuldade com a escrita e a leitura por parte dos visitantes. Isso fez os textos escolhidos serem reescritos para facilitar o entendimento e consequentemente a comunicação. Os materiais e as imagens escolhidas também foram sendo modificados com o passar dos dias, a fim de aumentar as alternativas de relacionar as obras de Nuno Ramos com outras linguagens ou outros artistas, segundo as percepções dos educadores.

Em cada uma das fases do jogo *Quatro por quatro* obtivemos resultados diferentes que podem servir de referência para diagnosticar as dificuldades dos grupos atendidos.

Na primeira fase, das Respostas, os resultados foram os esperados, principalmente por ela não exigir uma resposta imediata dos grupos. A questão apresentada servia como estímulo desencadeador para discussões que ocorriam durante toda a visita e o educador também tinha autonomia para escolher, entre as muitas questões deixadas por vários grupos, a que mais se adequava ao seu grupo. Para um grupo de ensino fundamental era selecionada uma questão menos complexa do que a apresentada a universitários, por exemplo. Nessa fase, o objetivo inicial normalmente era atingido.

A escolha e o poder de síntese das ideias eram explorados na segunda fase do jogo, das Palavras, com a escolha individual de apenas uma palavra que representasse a instalação que estava sendo vista. As palavras grafadas tornaram-se valiosos registros para verificar como os grupos de visitantes estabeleciam relações com os trabalhos da exposição.

No início do período da exposição *Morte das casas*, nas primeiras visitas, notamos uma predominância de palavras relacionadas com a descrição visual das obras, como: mel (o breu derretido assemelhava-se a esse material), areia, alvorada, barcos, água. Para explorar uma relação mais subjetiva e interpretativa, os educadores passaram a propor que as palavras se voltassem às sensações e percepções que as obras despertavam. Surgiu uma variedade grande de palavras, com predomínio da palavra "tristeza".

Sentimentos positivos como paz em virtude da forte presença da água nesse trabalho. Outras palavras muito presentes foram: morte, vida, destruição, alegria, felicidade, saudade, natureza.

Na terceira fase do jogo, a das Frases, os grupos mostraram um maior grau de dificuldade. Foram poucas as manifestações contrárias ou de recusa à atividade, mas as produções mostraram a fragilidade dos grupos com a escrita e com a criação literária. Naturalmente, também houve grupos que apresentaram uma boa produção, com textos reflexivos ou com a criação de *raps* e encenações baseados nas frases e nos textos elaborados.

Os casos de dificuldade com a leitura eram graves em alguns grupos, escolas cujos alunos da quarta série do ensino fundamental não eram totalmente alfabetizados, por exemplo. Isso gerou uma adaptação da proposta: a fase da criação era desenvolvida por meio da linguagem do desenho, havendo também a possibilidade de se contar uma história com base nos desenhos produzidos.

A última fase, das Questões, pressupunha a elaboração de uma questão a ser apresentada ao grupo seguinte, fechando o ciclo do jogo. As questões mais comuns referiam-se à construção das obras ou a questionamentos mais simples que faziam referência à obra do andar, por exemplo: "O que significa Alvorada?" ou "Quais materiais o artista usou para fazer a obra?", "Por que o artista usa esses materiais?". Nesses casos, cabia ao educador lembrá-los de que a questão seria ponto de partida para outro grupo no início de outra visita. Algumas questões eram generalizadas, como "O que vocês acharam do trabalho de Nuno Ramos?" ou "Para que serve a arte?". Outras vezes surgiam questionamentos mais abrangentes, mais passíveis de reflexões, como "Existem contradições no trabalho de Nuno Ramos?". As questões existenciais estavam muito presentes na exposição: "O que é a vida para vocês? E a morte?".

Importante ressaltar que o bom andamento do jogo dependeu de uma grande sincronia entre os educadores da exposição, o que foi sendo aprimorado ao longo do processo. Como havia uma interligação entre as ações dos grupos, era necessário um controle do tempo de cada fase, para que um grupo não atrapalhasse o outro na visita. Naturalmente, essa noção de tempo, assim como os deslocamentos pelo espaço da exposição, foi se tornando mais orgânico e ajustado.

Além da dinâmica do *Quatro por quatro*, no final da visita era distribuído um material gráfico impresso que estimulava alunos e professores a um novo jogo – ou novos jogos – em sala de aula ou até mesmo em casa. A expectativa, somada à experiência única da visita, era que o processo reflexivo desencadeado se prolongasse para além daquele momento.

Conclusões

O jogo *Quatro por quatro* representou um desafio para os educadores e para os visitantes, por estimular uma postura diferenciada nos interatores. O educador tinha de estar aberto às escolhas de materiais de apoio por parte do grupo; muitas vezes essas escolhas não eram as que o educador tinha em mente, o que tornava necessária uma grande agilidade nas relações possíveis e impedia, ao mesmo tempo, que fórmulas únicas e fixas fossem repetidas na mediação. Apesar de ser um processo mais trabalhoso, porque diverso, era também uma forma de se garantir o direito de escolha por parte dos grupos atendidos.

Em relação às palavras grafadas na segunda fase, também não havia como prevê-las ou controlá-las, uma vez que eram majoritariamente de cunho pessoal e aproveitadas na terceira fase do jogo. Ou seja, eram duas etapas que dependiam de palavras oriundas dos integrantes dos grupos, de leituras primordialmente individuais, por vezes extremamente subjetivas. Ao educador cabia costurar esses conteúdos a fim de dar uma sequência às visitas e construir um processo de conhecimento coerente.

Para os grupos, o jogo era um estímulo para uma postura mais ativa e não meramente receptiva ao longo da visita. A autonomia do grupo era reforçada por estratégias já descritas, que estimulavam escolhas e percepções na relação com as obras. Certamente não representou uma mediação clássica, tradicional; por isso também a resposta dos grupos foi diferente de uma mediação tradicional. Essa busca pelo envolvimento dos visitantes resultou numa participação mais lúdica e reflexiva, aproximando-os, naturalmente, de trabalhos que talvez parecessem inatingíveis à primeira vista. Por vezes tínhamos claro esse envolvimento quando as visitas terminavam sem que os grupos vissem o tempo passar.

Mais do que uma ferramenta no auxílio ao trabalho do educador na mediação entre obra e público, o jogo evidenciou seus participantes como agentes desse processo, num diálogo e numa interação constantes por toda a visita, de maneira bastante dinâmica. A multiplicidade de escolhas e caminhos possíveis fez que os resultados obtidos pelos grupos tenham sido bastante diversos, permitindo descobrir questões próprias deles.

Hoje podemos perceber quanto essa experiência nos fez refletir sobre o próprio conceito de jogo e, mais profundamente, sobre o conceito de oficina dentro do percurso de mediação. Muitas vezes recorremos a essa experiência para conceber uma nova proposta. O jogo *Quatro por quatro* estabeleceu para nós uma marca importante na busca para integrar os conceitos de mediação e de oficina. Foi uma proposta prático-reflexiva em que as dimensões da leitura da obra, da contextualização e da produção – plástica ou conceitual – ocorreram indissociáveis.

Parte 3

A Mediação e o Contexto Educacional

12
Diálogos e reflexões com educadores: a instituição cultural como potencialidade na formação docente

Erick Orloski

Este artigo busca analisar as possibilidades e as potencialidades da formação docente no âmbito de uma instituição cultural, com base no estudo de caso do programa "Diálogos e reflexões com educadores",[1] realizado pela equipe do Arteducação Produções, no Centro Cultural Banco do Brasil de São Paulo (CCBB-SP), centrado no primeiro ano do programa (2003).

O programa constitui-se de encontros gratuitos e abertos a educadores e interessados em geral, não apenas a professores de arte. Tem como conteúdo as exposições de artes visuais que ocorrem na instituição e os participantes têm a oportunidade de visitar, além de se aprofundar em questões mais específicas do universo da arte e do seu ensino, tendo em vista um possível trabalho em sala de aula. Em cada exposição, é oferecido um encontro específico – em diversas datas – incluindo um material gráfico impresso, em especial desenvolvido para o projeto, com imagens de obras da exposição e um texto contendo informações sobre o assunto abordado, com caráter reflexivo e provocativo, convidando o educador a desenvolver possíveis projetos pedagógicos.

1 O programa "Diálogos e reflexões com educadores" teve cinco edições, entre 2003 e 2007, no Centro Cultural Banco do Brasil de São Paulo, sendo idealizado e produzido pela equipe do Arteducação Produções, coordenação de Rejane Coutinho e Ana Amália, e consultoria de Ana Mae Barbosa.

O intuito inicial do programa era preparar melhor ou estimular o trabalho do educador que pretende levar seu grupo de alunos para visitar uma exposição e desenvolver um planejamento que compreenda também um trabalho anterior e posterior a essa visita. No entanto, embora não tenha sido formalmente um curso e, sim, encontros diferenciados, um público crescente de professores passou a procurar regularmente o programa como um espaço de formação contínua em arte, entre 2003 e 2007. Além de um ambiente para discussão e troca de ideias entre profissionais do ensino de arte e educação em geral, os participantes buscavam novos conhecimentos, em especial em relação à arte contemporânea brasileira e internacional.

Em 2004, outra pesquisa foi desenvolvida por encomenda do próprio CCBB-SP para verificar o alcance do material e dos encontros no ambiente escolar. Setenta professores das redes pública e privada da cidade de São Paulo foram acompanhados ao longo do ano e seus projetos de aula foram analisados mediante os trabalhos de seus alunos. O resultado evidenciou que o material do programa era utilizado pelos professores nas aulas, e revelou também maior diversificação de instrumentos e repertório na sala de aula, propostas mais inclusivas e voltadas para o contexto de vida dos alunos, e uma discussão sobre arte, sobretudo sobre arte contemporânea, bem como de questões estéticas e filosóficas. Como efeito multiplicador dessa pesquisa, em 2005, foi publicado o livro *Artes visuais*: da exposição à sala de aula (Barbosa; Coutinho; Sales, 2005).

A pesquisa

Na pesquisa, obtivemos os principais referenciais teóricos, como conceitos de experiência estética e pensamento reflexivo, segundo John Dewey (1959; 1994), e o conceito de professor reflexivo, segundo Donald Schön (1992) e Selma Garrido Pimenta (2001). À luz desses e outros autores, foi desenvolvida uma análise do programa com base nas entrevistas com cinco educadores, selecionados por critérios múltiplos, para buscar um grupo representativo de participantes dos "Diálogos", que compreendesse educadores ligados ao ensino formal e não formal de diversos segmentos, níveis e disciplinas. Vale a pena reiterar que não se tratou de uma amostragem, mas uma escolha que resultou em uma professora universitária (arte), da rede particular; dois professores de arte dos Ensinos Fundamental e Médio, das redes estadual e municipal; um professor de História do Ensino Fundamental, da rede estadual; e uma professora de primeira série do Ensino Fundamental, da rede municipal.

Em 2003, foram realizadas cinco diferentes exposições de artes visuais no CCBB-SP que o programa acompanhou. Para atingir uma unidade estético-conceitual neste trabalho, ele foi dividido em cinco capítulos – introdução e outros quatro –, em que se procurou estabelecer uma relação de cada capítulo com uma das exposições, e foi escolhido o número de cinco educadores.

Pele, alma: depoimentos de educadores participantes do programa

Do ponto de vista fisiológico, a pele é uma membrana, um órgão, na realidade o maior que envolve a espécie humana, sendo a nossa camada mais externa. Mas se pensarmos para além desse aspecto, quantas outras camadas nos revestem, pensando nas esferas social, cultural, emocional e intelectual, entre muitas outras? Até onde se estendem os meus limites e começam os limites do outro? Há separação entre a pele/corpo e a alma/espírito?

Esses foram alguns dos questionamentos suscitados pela exposição *Pele, alma*, com curadoria de Kátia Canton, em que foram reunidas obras de artistas brasileiros contemporâneos com foco em produção e geração dos anos 1990. Foi considerada a mais importante característica dessa geração a retomada do caráter sensível na arte, o que a curadoria denominou *nova espiritualidade*, indicando a aproximação do *espírito* ao *corpo*, não à religião, como poderia parecer no início. Estavam entre os principais artistas participantes da exposição: Rosangela Renó, Dora Longo Bahia, Sandra Cinto, Adriana Varejão e Ernesto Neto.

Nas relações estético-conceituais estabelecidas na pesquisa, o indivíduo, no caso, é o professor que vive *na pele* os efeitos de seu ofício, adquirindo *marcas* e *cicatrizes* da experiência cotidiana. Cada professor ao chegar a um dos encontros está recoberto por sua *pele*, no caso, uma metáfora de um sistema de defesa, uma verdadeira *casca*, endurecida pela realidade. A nosso ver, qualquer ação de formação contínua de educadores busca, de alguma maneira, penetrar por essa *casca* e atingir o interno (a alma?).

Nessa metáfora, a *pele* é tratada como algo imaterial e possivelmente esteja mais próxima do que a curadoria considera *alma*. Mas de qualquer maneira, quando estamos trabalhando com a formação de educadores, lidamos com algo imaterial, de difícil mensuração, embora tenha consequência direta na prática. As entrevistas coletadas são como mostras das *peles* desses educadores, onde estão presentes seus *poros* e *cicatrizes*, onde procuramos fazer a leitura desses verdadeiros mapas de seus processos de formação e atuação como docentes.

Trata-se de uma leitura dos depoimentos desses educadores e não de suas práticas em sala de aula propriamente ditas, o que demandaria outra pesquisa de campo específica. Embora pareça claro que aquilo que está presente num discurso não necessariamente corresponde à sua prática, também é certo que uma mudança de conduta do educador na sala de aula não pode ocorrer sem uma reflexão prévia.

A palavra diálogo, além de ser a melhor e mais ampla síntese dos objetivos deste trabalho, classifica a ação perante esses educadores. Por seus *poros* são absorvidas as perguntas e devolvidas as suas respostas. A análise é, então, feita *ao microscópio* das *mostras* generosamente *doadas* por eles.

A professora universitária

Andrea Alexandra do Amaral Silva e Biella, na ocasião professora de Prática de Ensino para o curso de Licenciatura em Artes Visuais das Faculdades Integradas de Guarulhos (FIG), apresentou, entre muitas outras, duas características de grande importância para a pesquisa: vinha trabalhando com formação de educadores em arte e atuou em um programa educativo de uma instituição cultural, inclusive com encontros para professores. A entrevista, de certa forma, constatou que a seleção foi benfeita, porque a professora tinha um olhar mais crítico em relação ao programa, analisando de maneira mais objetiva diversos aspectos, inclusive fazendo sugestões sobre pontos a serem trabalhados para uma melhoria.

Andrea é licenciada em artes visuais e, até a ocasião, com especialização em arte/educação e museologia. Participou de vários cursos, incluindo encontros para professores em instituições culturais. Tem experiência profissional tanto no âmbito do ensino formal, passando pelas redes pública e privada, quanto na educação não formal, em especial com mediação de exposições de artes visuais em importantes instituições culturais de São Paulo, com destaque para o Instituto Itaú Cultural e atualmente no Museu de Arte Contemporânea da USP (MAC-USP), onde desempenha função de coordenação.

Se pensarmos num perfil geral do professorado que faz parte dos encontros, ainda que seja muito diverso, Andréa distanciava-se bastante das condições gerais desse público. Primeiro, por ser uma professora universitária, absoluta minoria entre os educadores participantes do projeto, embora tenha começado a frequentar os encontros antes de seu ingresso no magistério superior. Outra questão é que, mesmo Andréa não sendo a única pessoa que trabalhou ou trabalha com arte/educação em museus e instituições culturais, também é um perfil minoritário. A maioria dos participantes, em geral, estava inserida em escolas do ensino formal, na educação básica.

Os principais motivos que pesaram na escolha de Andréa como uma educadora a ser entrevistada eram, justamente, as características que não se enquadravam no perfil da maioria dos participantes do projeto. Como já mencionado, a ideia era obter o depoimento de uma educadora que poderia lançar um olhar mais crítico e abrangente em relação ao próprio projeto. A questão mais instigante, entretanto, é: por que uma educadora tão qualificada procura um projeto que visa a atender a um público tão amplo?

Ainda no Instituto Itaú Cultural, onde também trabalhou por cerca de três anos e tomou contato com todas as instâncias que compõem um programa educativo, ao participar da concepção e da realização de encontros para professores na instituição, junto com os colegas de equipe, começou também a frequentar encontros em outros locais, a fim de ampliar o repertório e os critérios de comparação e avaliação. Pareceu claro em seu discurso que essa procura inicial dos encontros tinha razões bastante instrumentais. Certamente havia um aproveitamento dos conteúdos trabalhados e das dinâmicas vivenciadas, mas o foco de interesse estava na estrutura, para conhecer programas similares ao desenvolvido por sua equipe.

Não podemos deixar de considerar que, na qualidade de formadora de educadores no ensino superior, seu interesse continuou sendo também instrumental, mas a razão de participar de encontros para educadores é similar à dos professores participantes em geral: a necessidade de atualização constante de conteúdos, sobrtetudo em relação à arte contemporânea. Em suas palavras:

> eu procuro fazer, na medida do possível, todos os encontros que eu posso, porque eu acredito que a gente tem grandes oportunidades de conhecer possibilidades de trabalhos novos, artistas novos, então eu acredito que ir a exposições

> e participar das ações educativas seja algo assim, para sempre, a gente tem sempre que buscar essa formação.

Ela de fato aponta a participação em encontros para professores como elemento fundamental na sua formação contínua, subsidiando seu trabalho de professora universitária. Além de apresentar uma posição que se encaixa no conceito de *professor reflexivo*, como uma formadora de educadores, Andréa parece estimular a mesma posição em seus alunos. Olha reflexivamente para seu próprio processo, articula a teoria e sua prática em sala de aula, demonstrando uma preocupação com a emancipação e a autonomia desses futuros educadores.

Outro aspecto que ela ressalta, até mesmo como um diferencial do trabalho da equipe e da instituição, são as oficinas reflexivas. É um ponto curioso, pois esbarra numa questão maior do programa educativo da instituição, unindo dois projetos diferenciados, mas integrados: o projeto *Diálogos e reflexões com educadores* (encontros para professores) e a *Ação educativa* (visitas conduzidas por educadores-mediadores).

Ela reconhece, nesse fazer artístico, uma possibilidade de aproximação e reflexão em relação ao universo do artista e da exposição. O que Andréa ressalta é a flexibilidade das atividades propostas e vivenciadas por ela nos encontros. Esse é o ponto que ela elege como resposta para a pergunta que julguei a principal da entrevista: *tendo em vista o próprio nome do projeto, que diálogos e reflexões os encontros provocaram, ampliaram ou potencializaram em você?*

> foram as ações desenvolvidas nas oficinas, porque eu acho que tenho uma dificuldade muito grande em não ser cartesiana. Eu vejo as possibilidades de trabalho, embora já tenha criado atividades para várias situações, ... me considero um pouco... quadrada, se eu posso dizer assim, quanto aos procedimentos envolvidos nas atividades práticas. E eu acho que a experiência por que passei aqui no CCBB, em 2003, pelas atividades desenvolvidas pelo *Arteducação*, foram fundamentais para eu começar a ver outras possibilidades de trabalho a partir das obras, que não é sempre o fazer prático, mas é o fazer reflexivo, e isso me marcou muito. Então *Ordenação e vertigem*, por exemplo, eu fiquei encantada com a atividade do atelier, daquela questão das malas, do que teria dentro, então você permitia a compreensão do processo de trabalho do artista não através de um produto, mas de uma ação que o aproxime do próprio processo do artista. Então, a prática nem sempre precisa ser... plástica, mas sim reflexiva, envolvendo procedimentos até materiais ou não, isso eu achei fundamental na minha formação.

É interessante a leitura que ela faz de seu próprio trabalho, assumindo ter uma tendência à utilização de atividades mais tradicionais. A vivência nos encontros estaria contribuindo para que ela seja menos *quadrada* em relação a tal. Novamente a posição reflexiva em relação ao próprio trabalho, na busca de um aprimoramento do ser educador.

Mas o ponto fundamental dessa afirmação é a questão do fazer reflexivo, no qual ela identifica a própria leitura que o Arteducação Produções faz da Proposta Triangular para o ensino de arte, em que as três esferas – leitura, contextualização e produção – acontecem concomitantemente, ainda que possam cada uma ter momentos de ênfase. Ou seja, essa produção ou fazer artístico não ocorre exclusivamente em um momento de ateliê, mas em um fazer reflexivo que permeia todo o processo de mediação.

As reflexões de Andréa remontam às minhas, segundo o conceito de experiência estética de Dewey. Para o autor, o exercício de quem percebe a obra de arte é distinto, mas próximo do exercício de quem produz, pois, na experiência que realmente pode ser considerada estética, quem percebe reconstrói conceitualmente a obra para si. Ao estudar em mais profundidade tal conceito, a relação entre as questões da leitura da obra de arte e da produção ou fazer artístico começa a fazer mais sentido.

Isso ficou mais evidente para Andréa ao participar da oficina reflexiva da exposição "Ordenação e vertigem", que consistia em uma produção visual, basicamente montar *assemblages* com objetos, mas, em virtude da própria exposição, carregada de temas conceituais e simbólicos. Vale a pena contextualizar que a exposição tinha como eixo a produção de Arthur Bispo do Rosário (1911-1989), na qual um grupo de artistas contemporâneos – entre os quais Nelson Leirner e Sandra Cinto – foi convidado a realizar obras em diálogo com o primeiro, sob a temática de ordenação e vertigem.

Retomando a questão de criar sua própria experiência ou recriar uma obra de arte, vale a pena reiterar que as oficinas reflexivas visam a estimular e potencializar esses processos, que podem ocorrer pela simples interação da pessoa com a obra. Mesmo numa visita que não contemple formalmente a prática reflexiva, mas que seja pautada pelo diálogo e busque de fato uma mediação entre obra e público, também é possível vivenciar a experiência estética. A equipe do Arteducação Produções acredita que as práticas reflexivas podem tornar esse processo mais rico e prazeroso, como aconteceu com Andréa.

O professor de História

Com uma formação que transita entre o acadêmico e uma inserção mais comercial no mercado de trabalho, Oriovaldo Campos Mello Martins Pinto era, na ocasião, um ativo participante do programa "Diálogos e reflexões com educadores". Sua característica marcante, que despertou o interesse em entrevistá-lo, era sua visão e postura bastante críticas, em especial por sua manifestação de questionamentos e opiniões nos encontros.

De forma diferente de Andréa, foi importante entrevistar Oriovaldo tendo em vista esse possível distanciamento crítico e, no caso, por ser um professor de outra área, ainda que muito ligada a arte. Como em relação a todos os outros professores, não se buscava nenhuma apologia aos "Diálogos" e nossa posição era de pesquisador e não de organizador do programa, embora seja impossível uma total distinção entre ambas. Mas o discurso de Oriovaldo também deixa claro que ele não estaria preocupado em apenas fazer elogios, caso não estivesse mesmo satisfeito com os encontros.

Quanto à sua formação, além de ter cursado bacharelado e licenciatura em História, por já trabalhar como professor na rede municipal, cursou também Pedagogia para complementar sua formação. Ele revela duas experiências muito interessantes, anterior e paralelamente à sua graduação: o trabalho em uma gráfica e como monitor na Fundação Maria Luiza e Oscar Americano.

Entre seus temas de interesse em cursos para uma formação contínua, menciona procurar ampliar conhecimentos em História da Arte e da Música. Mas tendo em vista ainda a questão da História, menciona em mais de um momento a importância dos conhecimentos estarem situados historicamente, incluindo obras e biografias dos artistas, o que identifica que ocorreu tanto nos encontros como no material gráfico dos "Diálogos".

Em 2003, Oriovaldo estava afastado da sala de aula, mas trabalhando na sala de leitura de sua escola, e alega ser um trabalho muito interessante, que possibilita ampliar o espaço da sala de aula. Ao responder sobre projetos realizados com base nos encontros, mencionou a criação de um "Varal Cultural", que abrange História, História da Arte e da Música, entre outros. Comentou que nesse varal estão presentes os materiais recebidos nos encontros.

Em sua análise do programa, levanta dois pontos que julga importantes: a variedade dos educadores participantes e a dinâmica dos encontros.

O primeiro, vimos como um dos elementos-chave do programa e o que influenciou o processo de escolha dos entrevistados. Mas achamos mais interessante essa observação de convivência bastante saudável vir de um dos educadores:

> Era sempre um convite a voltar, pela qualidade das exposições, pelo nível dos colegas, também isso é importante, você vai a um curso em que o nível é muito fraco, não há muito debate, não há muita interação, você acaba se aquietando e se desestimulando.
>
> ...
>
> E eu tenho observado também que o número de pessoas, por exemplo, de arte/educação... de educação infantil, professores de... já vi até professor de Educação Física, professores de Português, professores de História, quer dizer, é o ideal você participar de um encontro com educadores em que haja as várias opiniões. É importantíssimo você participar de um encontro de arte, em que haja um professor de educação infantil, porque arte você tem que trabalhar desde a mais tenra idade. Também é interessante que você trabalhe num curso com professor de Português, porque a arte, embora seja uma mídia visual, ela tem que ser decodificada, ela tem que ser... sobre ela, tem que se falar tendo como suporte, como base a língua.

Fica evidente para Orivaldo que, mais do que absorver informações transmitidas pelos educadores-mediadores, a troca e o diálogo com outros educadores foi um aspecto fundamental. Nesse sentido, com base nas ideias de Zeichner, apontadas por Pimenta (2002), ele reconhece no projeto uma comunidade de aprendizagem, na qual é possível estabelecer uma reflexão coletiva com outros professores, em especial de diferentes áreas e níveis de ensino.

Ao responder sobre a dinâmica dos encontros, Oriovaldo revelou o que, acreditamos, foi o ápice de seu depoimento: uma transformação em sua casa baseada na oficina vivenciada também no encontro de "Ordenação e vertigem".

> os encontros de uma maneira geral foram tão interessantes, mexeram tanto comigo, que eles conseguiram mexer ... na minha formação intelectual e... até na decoração da minha casa. Eu tenho uma pequena coleção de arte sacra, do século XVII ao século XIX, com ênfase em Imaculada Conceição e Cristo Crucificado. E eu tenho também uma máquina de costura, do final do século XIX, que pertenceu a minha bisavó. E eu participei de um encontro aqui, que foi *Ordenação e vertigem*, e uma das atividades, no caso, atividade do educativo,

> foi preencher gavetas, aleatoriamente, depois fazer... à luz da exposição, evidentemente, mas com vários materiais, e depois fazer uma leitura. E eu tive um *insight*, nunca tinha pensado nisso, as gavetas da máquina de costura que eu tenho, que são riquíssimas, trabalhadas, do final do XIX, um certo maneirismo... as gavetas da máquina de costura são muito trabalhadas, são pequenas, a primeira coisa que eu fiz quando cheguei em casa foi tirar as gavetas do lugar e ver a possibilidade de transformá-las em nichos religiosos. Coloquei algumas, nem todas couberam, mas algumas imagens dos séculos XVII, XVIII e XIX, e estão lá até hoje em casa, quer dizer, um curso que eu fiz mexeu tanto comigo que mexeu até com a decoração da minha casa, uma coisa que eu nunca tinha pensado. Eu tinha gaveta lá, eu tinha a arte sacra lá, mas eu não tinha percebido uma coisa que eu só fui enxergar aqui, uma coisa simples, mas ao mesmo tempo complexa, como eu acho que é o interessante da vida, não é?! As coisas mais simples são as mais complexas, quando você não consegue visualizá-las. Então eu costumo dizer que o curso mexeu tanto comigo que mexeu até com a decoração da minha casa.

A transformação foi tão impactante e presente em seu depoimento, que, ao responder quais os diálogos e reflexões foram provocados pelo projeto, ele retoma e complementa a questão:

> eu dei o exemplo de eu dialogar com a decoração da minha casa e a decoração da minha casa não é pouco, porque a minha casa não é... eu não coloco um quadro para combinar com o sofá. A minha casa é o meu lar, a minha casa é o segundo útero meu, quer dizer, não é pouca coisa, decorar a minha casa é uma coisa muito importante. Até porque eu gosto muito de arte, eu prezo muito o que eu coloco na minha parede, eu decoro a minha parede com a minha história de vida, as minhas relações, aquilo que eu produzo ao longo da vida. Não sou artista, mas eu vou colocando as coisas na parede conforme ... um diálogo até com minha forma de viver.

Não há dúvida que Oriovaldo vivenciou em "Ordenação e vertigem" uma genuína experiência estética. Na oficina realizada, além do fazer conceitual – muito enfatizado na entrevista com Andrea Amaral – que acontecia no diálogo com os arte-educadores junto das obras, conforme já descrito, havia uma produção visual de *assemblages*. Entretanto, o que não tinha sido mencionado ainda era a ambientação da sala da prática reflexiva: gavetas foram fixadas nas paredes, algumas com divisórias internas, constituindo nichos para objetos, isso tudo em diálogo com o universo de Arthur Bispo do Rosário.

Embora Oriovaldo utilize o termo decoração, ele mesmo evidencia que o que ele faz em sua casa é muito mais do que isso. Numa visão mais simplista, poderíamos dizer que, ao gostar da ambientação da sala, utilizou a mesma ideia para a decoração de sua casa. Mas ao desconstruir uma relíquia de família, bem como sua coleção de arte sacra, ambas de séculos passados, para reconstruir o que poderíamos até chamar de objetos de arte, ele de fato ultrapassa as barreiras da decoração.

O mais importante foi a consciência de todo esse processo e de suas transformações internas, de certa forma externalizadas nos nichos para as esculturas sacras. Tal procedimento já é suficientemente reflexivo para se justificar em si, mas é necessário fazer uma transposição dessa experiência para a questão da postura do educador.

Não temos evidências para afirmar que essa experiência teve o mesmo caráter transformador em Oriovaldo tanto como indivíduo quanto em sua prática docente, embora ele mencione significativos indícios a esse respeito, como o fato de socializar o conhecimento adquirido nos encontros com seus colegas de trabalho. Mas será que é possível provocar tamanha mudança no educador em sua prática em sala de aula? Bem, essa é a aspiração, mas sabemos que também depende de um processo individual, potencializado pelas questões contextuais.

O professor de Arte

Dos cinco entrevistados, todos são de fato educadores, e cada um à sua maneira demonstra seu compromisso com o exercício da docência. Dos três professores efetivamente de Arte, Pio de Souza Santana é o que deu mais ênfase ao seu trabalho de artista plástico que o teria levado ao ensino de Arte, trabalho pelo qual demonstra ter muito prazer em exercer.

Sua atuação é certamente o aspecto mais forte do depoimento, mas sua formação também é muito interessante. Pio foi bancário, por cerca de vinte anos, e na instituição trabalhou com serviços ligados à ilustração gráfica, design e publicidade, além da produção de eventos. Paralelamente, formou-se em educação artística, com habilitação em artes plásticas, desenvolvendo uma produção como artista, segundo ele, estimulado por seus professores.

Fica claro que, até então, não havia um interesse específico pela docência e sua intenção era se desenvolver como artista, tendo participado de salões e exposições, algumas ligadas ao banco em que trabalhava. Em uma exposição em especial, consegue levantar uma boa quantidade de dinheiro com a venda de suas obras e resolve então deixar o banco, onde apesar de ter um trabalho relacionado à arte, não se sentia satisfeito pessoalmente.

Permanece algum tempo apenas desenvolvendo seu trabalho como artista plástico e chega a dar aulas de Pintura na Fundação Mokiti Okada. Menciona então que, em especial a partir da crise econômica de 1999, fica inviável a sobrevivência como artista – segundo ele mesmo, "viver de arte, só grandes artistas" – e, apesar de sua esposa continuar trabalhando no mesmo banco em que ele trabalhava, faz-se necessária outra forma de sustento financeiro. Surge então a ideia de lecionar Arte, em que era formado, e tendo em vista justamente a escola pública, pela qual diz ter-se fascinado desde o primeiro contato. Segue seu relato quase cinematográfico:

> Eu costumo brincar com meus amigos, eu falo "A minha vida é poética, é pura poesia", porque o percurso que eu faço todo dia é como se eu tivesse participando de uma cena de cinema, eu observo o mundo ao meu redor como se eu realmente estivesse inserido numa cena, porque o que acontece dentro desse trem é impressionante, pra quem nunca pegou esse trem e tem um olhar mais sensível, se embeleza, porque tem aquela coisa: o que está dentro e que está fora, então acontecem muitas coisas interessantes. Eu costumo dizer que é um micro Brasil. Você olha pela janela e vê aquela paisagem urbana, decadente, pobre, misturada com um prédio supermoderno. Então eu fico encantado com meu percurso.
>
> ...
>
> Então, quando eu fui pela primeira vez trabalhar nessa periferia, logo em seguida estreou o filme *Central do Brasil* e coincidentemente a diretora, na primeira reunião, que é no início do ano e a gente chama de reunião pedagógica, ela pôs o filme para a gente fazer uma reflexão e eu me identifiquei muito com aquele filme, com aquele meu momento. Porque quando eu desembarco na estação do trem, em Francisco Morato, eu pego outro ônibus pra chegar até a escola e é um percurso de uns vinte minutos, e naquele momento passava por uma estrada que não era asfaltada e aquela poeirinha que o ônibus fazia, para mim era de uma beleza impressionante. E tem momentos, no *Central do Brasil,* que eu me via e eu pensava "gente, isso aí sou eu". Hoje esse lugar já é asfaltado. Eu me lembro que uma vez choveu bastante e eu cheguei na escola com os pés todos enlameados e aquilo ali para mim era o máximo da boa vontade, do prazer de estar ali, junto com aquelas pessoas: alunos que vão para a escola, não para estudar, mas por causa da merenda, porque em casa eles não têm o que comer, pessoas muito carentes.

Pio pinta sua história com cores fortes e busca fazer de sua narrativa uma verdadeira obra de arte. A grande ênfase de seu discurso deu-se em longos depoimentos sobre essas experiências na periferia, nas primeiras perguntas da entrevista, em que de certa forma já estavam presentes respostas de questões posteriores. Acredito que ser artista plástico está tão presente e intrínseco à sua conduta como arte-educador que sua própria história passa a ter uma importância diferenciada em relação aos demais entrevistados.

O depoimento anterior é de certa forma uma síntese poética da situação de trabalho que ele enfrenta na escola pública e, em seguida, Pio revela o significado que ele identifica em sua atuação nessa comunidade:

> Eu percebo que quando eu chego na escola eu ajudo muito as pessoas, a minha presença, uma conversa que eu tenho às vezes com um aluno, eu tenho retorno depois que ajuda muito. Eu tenho histórias lindas de alunos que eram considerados marginais, daqueles que realmente "não valiam nada", que conforme o contato que eles tinham comigo, eles perceberam que eles tinham potencial e acabaram se encaminhando para a vida escolar deles e tem casos, hoje até casados, com filhos também e trabalham. Então essas coisas dão muito prazer, fora a relação pessoal, o que eles aprendem.

A posição de Pio é sem dúvida louvável e o educador tem inerentemente uma função social a desempenhar. Reflexões de Zeichner e Pimenta em relação ao pensamento de Schön apontam a necessidade de uma consciência política dos professores quanto a seu papel, ao aproveitamento que governos oportunistas fazem de discursos como o de Pio, atribuindo só ao professor toda a responsabilidade de lidar com as situações totalmente desfavoráveis, sem que elas sejam resolvidas pelas políticas públicas.

Geralmente no mês de outubro, em razão do Dia dos Professores, reportagens especiais sobre eles no Brasil costumam ser transmitidas por diversas emissoras de televisão, e o tom geral de boa parte delas enfoca a *beleza* dessa profissão tão importante e *injustamente* desvalorizada. O maior problema é que o caráter emocional utilizado reforça a ideia de *fazer por amor e não por dinheiro*, ou seja, aceitando e contribuindo para a manutenção da desvalorização da classe profissional.

Pio parece se dar conta de todas as etapas da chamada epistemologia da prática proposta por Schön ao professor reflexivo, lidando exatamente com situações incertas e que envolvem juízos de valores tal qual menciona o autor. Não apenas por seu depoimento, mas também pela quantidade de alunos em situação de carência que ele consegue levar às exposições, muitas vezes bancando por conta própria os ônibus para as visitas. Isso demonstra que Pio vem fazendo um trabalho realmente importante nessas escolas e, por consequência, nessas comunidades.

Mas a questão, por todas as razões citadas e concordando com as afirmações de Pimenta e outros autores, é que Pio – assim como todo professor – deveria receber a digna remuneração por seu trabalho, além de usufruir ao menos de uma infraestrutura mínima para tal. Todo educador, ou todo profissional, deve exercer seu ofício com prazer, mas não podemos aceitar que seja apenas por prazer. Essa é uma discussão antiga e, certamente, ainda um dos pontos centrais a serem tratados por políticas públicas na educação brasileira.

Ao que parece, o maior desafio não é apenas formar professores reflexivos, mas possibilitar que exerçam uma prática reflexiva. Entretanto, enquanto lutamos por melhorias, continuamos enfrentando situações cada vez mais adversas na busca de uma zona de convergência entre o ideal e o real.

A formação contínua, que deveria ser um exercício inerente à pesquisa e à docência, acaba funcionando como lastro aos problemas de graduação dos professores. O próprio Pio enxerga as carências de sua formação inicial ao comentar sua procura pelos encontros de professores:

> Quando eu saí da faculdade eu me senti muito sozinho, porque, agora não, mas nos anos 1980, naquele período a gente não encontrava muitas pessoas para falar de arte. Eu tinha muita necessidade disso. Você tinha que ir na casa de alguém, não tinha esses encontros que hoje tem não é? Então eu entrei para a escola, só o contato com os meus alunos e eu revendo minhas coisas para dar aula, exercitar isso para mim já foi muito bacana. E foi aí que eu senti necessidade de passar para os meus alunos informações adequadas, para eles aprenderem, e indo ao MAM e a essas exposições que eu costumo ir sempre, eu cheguei ao setor educativo, fiquei sabendo desses cursos. Foi lá que eu comecei a fazer esses primeiros encontros que já deve fazer cinco anos e de lá para cá quase todos os sábados da minha vida eu estou nessa. E é um veneno, porque eu me envenenei com isso e nunca mais. Eu acho que cada vez mais eu procuro me encontrar nesses lugares, porque como eu não fiz especialização depois da graduação, na verdade eu não tive uma boa formação, eu venho do Nordeste, cheguei aqui nos anos 70 (1970), estudei em escola pública, família pobre e na verdade eu queria fazer música, porque quando eu era adolescente eu sonhava com aquilo tudo. Tentei até algumas coisas, mas não foi possível. Hoje eu

> percebo que eu não tive uma formação realmente numa escola bem preparada de forma que, depois da graduação, eu deveria ter feito, na sequência, uma pós-graduação, enfim, continuar a vida acadêmica, porque eu adoro pesquisar, eu vivo em busca de conhecimento e informação.

Pio sempre procura alternativas mais poéticas para expressar sua opinião. Com grande beleza ele fala em "se encontrar" nesses projetos, pois traz tanto a ideia de olhar para si – tal qual pressupõe a prática de um professor reflexivo – quanto a de encontrar parceiros, como outros professores, outros conhecimentos e muito mais. Por frequentar grande parte dos programas oferecidos por museus e instituições culturais de São Paulo, não foi no projeto "Diálogos e reflexões com educadores" que Pio adquiriu esse hábito para sua formação contínua. Mas quais foram os diálogos e reflexões provocados, ampliados ou potencializados pelo projeto nele?

> Eu acho que ampliaram bastante, potencializaram mesmo, me deram muita segurança ... eu achei que o nome que vocês escolheram é bem pertinente, eu acho que são diálogos mesmo, são reflexões que a gente faz enquanto está nesse encontro. E para mim... muita coisa se confirma... e essas confirmações me dão muita segurança na sala de aula, quando você fala de arte de uma forma mais segura. Segura no sentido de estar aberto às reflexões, nesse sentido de estar flexível, então, não sei se estou sendo claro, mas as provocações é que são interessantes. Eu aprendi muito aqui com vocês a provocar o aluno. Eu faço perguntas que às vezes eu nem quero resposta, eu só quero saber como é que eles estão pensando, então eu acho isso muito interessante e eu aprendi aqui.

Essa ideia de trabalhar com questionamentos e provocações é intrínseca à metodologia da equipe do Arteducação Produções, remontando à valorização e à sustentação do estado de dúvida, tal qual prescrevem Dewey e Schön. A mesma flexibilidade também foi descrita por Andréa e é interessante que Pio faça essa associação entre segurança e flexibilidade, trazendo à tona uma outra discussão proposta por Dewey em *Como pensamos* (1959), sobre disciplina e liberdade.

Para o autor são conceitos próximos e inter-relacionados, pois a disciplina, associada erroneamente à rigidez, é na realidade positiva e construtiva, constituindo o poder de controle dos meios necessários para atingir os fins e, ao mesmo tempo, poder para avaliar e verificar os fins. A liberdade, por sua vez, é vista como impulsividade e/ou livre expressão, no entanto a verdadeira liberdade para o autor é justamente o domínio, a emancipação, a independência, a capacidade de superar obstáculos. Dewey encerra o quinto capítulo do livro em questão colocando justamente que a "verdadeira liberdade, em suma, é intelectual; reside no poder do pensamento exercitado, na capacidade de 'virar as coisas ao avesso'..." (1959, p.96). É muito interessante examinar esse posicionamento do autor no início do século XX e quanto teria sido interpretado de outras formas, pois muitas propostas associadas à livre expressão, inclusive no Brasil, foram de assumida influência das ideias de Dewey.

Na ocasião, Pio menciona não estar seguindo uma carreira acadêmica, embora goste de pesquisar, mas promove sua formação contínua por meio desses encontros. Entretanto, atualmente Pio cursa mestrado em Artes Visuais no Instituto de Artes/UNESP e está lecionando em universidade privada com formação de professores.

A professora de crianças

De todos os entrevistados, Maria Lúcia Lopes do Prado é a que apresenta mais tempo de experiência na área, com cerca de quatro décadas de magistério. Formada no antigo curso de magistério ou normal em 1966, já lecionava em aulas particulares desde seu Ensino Fundamental ou "ginásio", como ela se refere ao período. Graduou-se em Ciências Sociais e Pedagogia, inclusive chega a completar todos os créditos do curso de mestrado em Distúrbios da Comunicação, embora não tenha defendido tese e, portanto, não obteve o título. Menciona ter feito e ainda fazer muitos cursos de atualização, dando destaque a uma experiência que julgou de grande importância: a realização de um curso sobre crianças com distúrbios, e a oportunidade de fazer um estágio em uma escola experimental na França.

Grande parte de sua experiência profissional está centrada na educação especial, em escola voltada a esse atendimento, fundada e dirigida por ela de 1972 a 2001, quando encerrou suas atividades. Nesse período teve incursões pela rede estadual, justamente com classes especiais e, ao fechamento da escola, retorna ao ensino público estadual e também municipal, tendo em ambos os casos se direcionado à educação especial.

Em relação a ter tomado conhecimento do projeto, ela diz sempre ter tido um interesse pela arte, mas até então nunca tinha buscado uma formação na área. A responsável por seu conhecimento dos encontros é sua filha, pedagoga com um interesse especial por arte, que frequentou os encontros com ela. Os demais entrevistados mencionaram participar dos encontros junto com colegas, mas apenas ela *foi trazida* por uma colega, no caso, também sua filha.

Seu interesse pela arte não é apenas pessoal, pois sua experiência com educação especial revelou a arte como uma eficiente ferramenta de socialização, entre outras. No decorrer de seu depoimento, transparece um pensamento mais voltado à educação por meio da arte, embora na descrição dos projetos realizados tenha demonstrado também buscar o ensino de arte propriamente dito, à luz dos conhecimentos adquiridos nos encontros. Estamos nos referindo à educação por meio da arte como a linha de pensamento originada pelas ideias de Herbert Read (2001), que, diferentemente do atual movimento de arte/educação, reconhece a arte como um elemento – ainda que privilegiado – para a educação por inteiro e não necessariamente como um conteúdo específico ou área do conhecimento.

No entanto, ao descrever o projeto realizado com base na exposição “Claraluz”, de Regina Silveira, Maria Lúcia demonstra uma apreensão em relação aos conteúdos específicos da arte:

> Eu trabalhava com crianças de primeiro ano, então, com crianças de primeiro ano a gente trabalha alfabetização. A maioria dos alunos é de periferia, de um lugar muito pobre e... a maioria dos alunos não tem um vocabulário para que eu pudesse usar o conteúdo da forma que ele é proposto. Mas aí eu fiz adaptação. Então, o que eu fiz... por exemplo, quando eu trabalhei com a exposição da sombra e luz, eu contava a história da artista com o texto, a história para os alunos de que os artistas podem estar mortos ou podem estar vivos, e aí eu fazia uma ficha de identificação do artista e uma lista de palavras para a gente poder trabalhar o processo de alfabetização. E os diferentes tipos de texto, tanto os que são de imagem quanto os que são de escrita, então, por exemplo, o que é uma biografia, o que é uma ficha de identificação ... é diferente de você trabalhar uma Tarsila do Amaral, que você pode ir até uma biblioteca buscar. E foi muito interessante, porque, quando os meus alunos visitaram a exposição, eles queriam ver a Regina. Só eu ter dito que ela estava viva, que era professora, que ela ainda fazia aqueles trabalhos que a gente estava vendo ali, eles, como crianças novas, na faixa de sete anos de idade, queriam que ela estivesse lá, para serem recepcionados, eles estavam exigentes (risos). Mas eu acho que foi interessante, muito interessante, porque eu fiz uma adaptação do conteúdo de acordo com a faixa etária que eu atendia.

De maneira geral, toda sua apreensão do processo dos encontros, bem como seu depoimento, parece estar voltada à sala de aula. Em parte significativa de suas respostas, ela estabelecia uma ponte direta ou indireta com sua atuação em sala de aula, tanto que o comentário acima vem em resposta à questão sobre o material gráfico, em especial sobre o conteúdo. Sua colocação leva ao entendimento de que ela viu o material oferecido como direcionado diretamente ao aluno e não ao professor, portanto inadequado. É importante explicar que o material foi desenvolvido para o educador, que dele poderia tirar indícios e questionamentos para o desenvolvimento de seu trabalho, ou seja, justamente o que Maria Lúcia fez com a "adaptação do conteúdo" do material.

A tônica geral de seu discurso está muito atrelada à atuação mais direta na sala de aula, mesmo ao falar do projeto inteiro:

> Eu acredito que o projeto possibilite uma troca grande de experiências entre todos os professores e se eu posso incluir dentro do projeto a possibilidade da gente levar os alunos para visitar as exposições, eu acredito que é uma questão muito importante, a abertura de eu poder levar os alunos para as exposições. Porque aí, além da gente ter a aprendizagem, ter a possibilidade de dialogar a respeito, de refletir, ainda a gente tem a possibilidade de trabalhar com os alunos e propor a eles também. Não fica uma formação exclusiva para o professor, há a possibilidade de uma prática imediata.

No decorrer de toda a entrevista, Maria Lúcia demonstra uma posição reflexiva, olhando para o próprio processo, e traz, desde a adolescência, não apenas a consciência da necessidade de formação contínua – que ela mesma estrutura –, mas também o gosto pelo ato de estudar. Ao avaliar a dinâmica dos encontros, menciona que existe uma tendência do professorado à acomodação e a variação no formato dos encontros propiciava uma quebra nessa postura.

A professora de Arte

Um aspecto que parece ter tido influência no depoimento de Edna Maria Lima de Jesus foi o fato de ela ter se sentido bastante lisonjeada com o convite para a entrevista. Curiosamente, algumas aproximações foram encontradas entre Edna e Pio. Estudaram na mesma faculdade, embora não tenham sido colegas, e parecem trabalhar com o mesmo público, tanto em amplitude de faixa etária – da primeira série do Ensino Fundamental ao Ensino Médio – quanto em situação social. Nesse último aspecto, Maria Lúcia também compartilha o mesmo público, no entanto com necessidades especiais. Edna e Pio também lecionaram no Instituto Mokiti Okada.

Assim como Pio e Oriovaldo, Edna não iniciou sua formação e atuação profissional para ser professora. Antes de cursar Artes Plásticas, trabalhou com a técnica japonesa de ikebana, confecção de arranjos florais, e sobre ela chegou a ministrar aulas particulares e em instituições, como o Instituto Mokiti Okada. Ela deixa bem clara, em seu discurso, a importância da ikebana em sua iniciação artística e educacional, o que possivelmente a tenha estimulado a fazer um curso na área de artes visuais, que disse ter feito primeiro por realização pessoal.

A perguntar sobre seu histórico na rede, ela responde com sua formação e os caminhos que a levaram à sala de aula:

> Meu histórico profissional na rede é uma outra realização. Porque ... eu não estudei para ser professora. Eu estudei porque eu queria uma formação universitária, porque eu já trabalhava na empresa, numa instituição privada, e aí eu quis estudar para ter o meu diploma de universitária. E eu consegui este diploma, mas não com o intuito de dar aula. Quando eu me formei, eu fiz o estágio e aí os meus colegas disseram "vai para sala de aula que você vai gostar", logo no primeiro ano. Aí eu, "imagine, eu não estudei para ser professor, porque eu não tenho esse perfil". E aí eu pensando nesse histórico de querer ser professora: "Como? Eu não tenho capacidade. Eu só trabalhei em empresa, como eu vou lidar com a criança numa sala de aula?". E a situação foi me empurrando para que chegasse a ser professora. A primeira vez que eu senti que eu ia para dentro de uma sala de aula, eu fui para uma sétima série e eu tremi nas minhas bases. Eu até comentei com um professor meu, que era de folclore da faculdade: "eu estou indo para a sala de aula". Ele falou assim: "observe, que lá você vai encontrar os seus métodos". Então isso foi uma fala que eu guardo para a vida toda.

A frase de apoio dada pelo professor na faculdade é interessante, mas não há como saber qual abordagem exatamente ele estaria utilizando. Pode remeter à ideia do professor reflexivo e a epistemologia da prática, segundo Schön, sobretudo tendo em vista a reflexão-na-ação, mediante uma situação incerta, em que apenas a racionalidade técnica não dá conta. Em contrapartida, será que esse professor, ao dizer que na sala de aula encontraria seus métodos, estava pensando em uma prática amparada pela teoria?

Possivelmente, essa pequena menção à fala de seu professor seja apenas um detalhe em seu discurso, mas ela revela não ter mais se esquecido dela, então há uma relação de proximidade com a questão do professor reflexivo, da teoria que fundamenta a prática.

Pelo depoimento, pode-se notar que Edna foi se envolvendo com o ensino e há um bom tempo, após lecionar para diversas faixas etárias, é Assistente Técnico Pedagógico (ATP) de Arte, ou seja, coordena um grupo de professores de Arte em sua região, na rede municipal. Ela afirma, de maneira bastante clara, que seu desenvolvimento profissional na área educacional representa importante conquista pessoal, possibilitando maior autoafirmação, e a formação contínua por meio dos museus e instituições culturais vem contribuindo em muito nesse processo.

Em mais de um momento, ao falar de sua formação, refere-se ao trabalho com os professores que coordena, o que chamou bastante a atenção. Outro aspecto de destaque foram suas várias menções ao material educativo, que, inclusive, foi o elo de Edna com o programa "Diálogos e reflexões com educadores". Na realidade, Edna recebeu, do educador Paulo Portela, um material do programa educativo do CCBB do Rio de Janeiro, onde existem outros programas, e veio procurar posteriormente o CCBB-SP. Mas Edna retorna à questão do material educativo outras vezes, e responde à pergunta específica sobre ele:

> a importância do material que vocês têm em relação às exposições, porque é um material ... bem favorável, não sei se favorável é a palavra, mas assim, a facilidade que tem de compreensão para você passar para o aluno. Você vem buscar um aprendizado nesta instituição, que é o Banco do Brasil, e você leva para o aluno para a multiplicação, que é o meu caso. ... então eu passava da minha maneira para os adolescentes, porque aí eu trabalhava com ensino médio e eu passava para eles da forma com que eu tinha... mostrava os cartões, que eram as reproduções das obras de arte e fazia a intermediação para o diálogo, a reflexão do diálogo com as obras.

No primeiro momento, ao dizer que havia frequentado todos os encontros de 2003, já fala da importância do material e sua possível transposição direta ao universo do aluno. Ela menciona o caráter multiplicador do material, até mesmo em relação a outros professores, e quanto o conhecimento adquirido nos encontros pode influenciar o trabalho realizado com os alunos.

Todos os entrevistados ressaltaram a importância do material educativo, fazendo diferentes leituras e sugestões, alguns focalizando mais questões conceituais, como Andréa e Maria Lúcia; outros, mais formais, como Pio e a própria Edna. Entendemos que o maior destaque dado por Edna ao material foi por reconhecer nele um instrumento de registro da experiência vivenciada no encontro.

Sobre a coordenação do grupo de professores, ela procura estabelecer uma relação entre seu processo de formação e o dos colegas:

> E agora como estou como ATP dentro de uma diretoria, então meu percurso foi bem longo e rápido, pois eu vejo com dez anos de experiência, eu já estou dirigindo dentro de uma diretoria um grupo de arte muito grande e eu vejo que é muito difícil, porque a linguagem do professor ainda é muito primária em relação ao que a gente precisa aprender para ter uma linguagem efetiva para chegar ao aluno. ... eu fui buscando conhecimento para melhorar minha linguagem para fazer o aluno entender a arte como vida, como expressão, como conhecimento, então quando eu vi a minha dificuldade, eu vejo a dificuldade dos professores que estão na minha frente.
>
> ...
>
> Eu lembro assim, que a exposição da pele, *Pele, alma* ... Ali, eu percebi o quanto que ampliou o meu repertório de diálogo, por conta de ter um grupo grande, participando do encontro que eu estava e como deu para refletir, no diálogo do material, das reflexões, para eu ampliar o meu repertório de conversa, com a obra e com os colegas, e comigo mesma. Porque eu estou sempre assim, buscando conhecimento para melhorar o meu repertório na sala de aula e mesmo agora, com os professores.

Quando Edna comenta a melhoria da linguagem e a ampliação de repertório, lembra a complementaridade entre os pensamentos de Schön e Pimenta, em que, de um lado, há uma crítica à teoria distanciada das questões práticas do cotidiano e, de outro, a crítica à prática não alimentada por teorias, portanto fechada em si mesma. O próprio conceito de experiência estética de Dewey potencializa essa discussão, mostrando que a ampliação de repertório demanda uma relação para além da teoria e da prática.

Breves considerações

Em virtude das necessárias limitações de espaço para este texto, que compõe uma publicação conjunta, não há a pretensão de sintetizar todo o trabalho de pesquisa. Buscou-se aqui contextualizar aspectos essenciais de toda a pesquisa, mas com considerações específicas das entrevistas, não de todo o trabalho.

Tendo em vista esse microuniverso de educadores escolhido para a representação do macrouniverso dos participantes dos "Diálogos e reflexões com educadores", após todo o processo de análise dos depoimentos é necessário um devido reconhecimento: trata-se de um grupo bastante qualificado de educadores que, mesmo relatando importantes transformações pela participação no programa, já tinha o hábito de frequentar projetos de formação contínua. Nenhum dos entrevistados iniciou o seu processo de formação contínua pelo "Diálogos", embora Maria Lúcia estivesse participando pela primeira vez de um programa relacionado a Arte.

Um aspecto a ser observado nessa escolha é não termos o depoimento de professores iniciantes em seu processo de formação contínua, incluindo estudantes. Esse poderia ser outro direcionamento para ampliar a pesquisa, que demandaria um trabalho mais complexo.

Vale a pena colocar um aspecto fundamental, tal qual é proposto por Dewey, da dimensão estética da experiência ser justamente o olhar para ela mesma, ou seja, um processo de leitura ou fruição da própria experiência, no decorrer e após seu acontecimento, com ênfase no processo ativo e consciente dessa vivência.

O programa "Diálogos e reflexões com educadores", em um contexto com uma série de limitações – principalmente de tempo –, teve como objetivo propiciar a seus participantes esse olhar para a própria experiência, uma reflexão à luz de um conhecimento teórico, ou seja, uma práxis reflexiva, como propõe Selma Garrido Pimenta em diálogo com outros autores. O processo de entrevistas realizado com esses educadores possibilitou a eles um mergulho ainda mais profundo em suas próprias experiências estéticas.

Esperamos que a análise das experiências e reflexões desses educadores, repletas de descobertas e problematizações, possa beneficiar qualquer educador que queira ler e se apropriar deste estudo, uma reflexão de sua própria prática docente, podendo tornar suas experiências cada vez mais estéticas. Na verdade, esse é o compromisso do pesquisador e, em especial, também, idealmente, de todo educador.

Acreditando nesse caráter transformador da experiência que pode realmente se intitular estética, seria pertinente encerrar este texto com palavras do próprio Dewey. Uma frase pequena, de significado profundo, que muito se relaciona com tudo o que foi abordado e com todo o processo de pesquisa: "Em suma, o verdadeiro pensar termina por uma apreciação de novos valores" (Dewey,1959, p.106).

Referências bibliográficas

BARBOSA, Ana Mae. *Tópicos utópicos*. Belo Horizonte: C/Arte, 1998.

__________. ; COUTINHO, Rejane Galvão; SALES, Heloisa Margarido. *Artes visuais*: da exposição à sala de aula. São Paulo: Edusp, 2005.

__________. *John Dewey e o ensino de arte no Brasil*. São Paulo: Cortez, 2002.

DEWEY, John. *Tendo uma experiência*. São Paulo: Abril Cultural, 1994, p.245-63. (Col. Os Pensadores, v.XL).

__________. *Como pensamos*. São Paulo: Nacional, 1959.

MARTINS, Mirian Celeste F. D. "Arte, o seu encantamento e o seu trabalho na educação de educadores:" a celebração de metamorfoses da cigarra e da formiga. São Paulo. Tese (Doutorado) – FE-USP, 1999.

PIMENTA, Selma G. "Professor reflexivo: construindo uma crítica". In: PIMENTA & GHEDIN. *Professor reflexivo no Brasil*: gênese e crítica do conceito. São Paulo: Cortez, 2002, p.17-52.

SCHÖN, Donald. *Educando o profissional reflexivo*. Porto Alegre: Artes Médicas, 2000.

__________. "Formar professores como profissionais reflexivos". In: NÓVOA, António (Org.) *Os professores e sua formação*. Lisboa: Dom Quixote, 1992, p.51-76.

13
Traços e passos: visitas ao Museu Lasar Segall

Anny Christina Lima

A arte de compreender está internamente
conectada com a arte de falar e a arte de pensar.
Friedrich Scheiermacher

A Área de Ação Educativa (AAE) do Museu Lasar Segall – IPHAN/MinC desenvolve o projeto "Traços e passos: visitas ao Museu Lasar Segall", desde 2005, com a Secretaria de Estado da Educação de São Paulo.

Desde 1985, a AAS do Museu Lasar Segall (MLS) vem realizando vários programas de atendimento ao público, com métodos e procedimentos estruturados e reflexões sobre sua prática por meio de produção acadêmica, participação em seminários e avaliação qualitativa. Esta área desempenha relevante papel de difusão da produção artística de Lasar Segall no tempo presente, constituindo-se como agente fundamental para sua plena consecução como instrumento de formação da individualidade sensível e da cidadania crítica e consciente.

Baseado nos princípios de educação patrimonial, o trabalho desenvolve-se em torno da obra do artista, tendo como cenário especial a exposição de longa duração "Lasar Segall: construção e poética de uma obra".

Entre os programas sistematicamente realizados, destaca-se o "Sábado no Museu Lasar Segall" com as ações "Arte em família" e "Histórias no jardim", que ocorrem aos sábados, e o programa "Museu-escola", em cujo âmbito foi elaborado o projeto "Traços e passos: visitas ao Museu Lasar Segall" com a Secretaria de Estado da Educação.

Projeto "Traços e Passos: visitas ao Museu Lasar Segall"

O projeto "Traços e Passos: visitas ao Museu Lasar Segall" teve início em agosto de 2005 e foi desenvolvido pela Área de Ação Educativa do Museu Lasar Segall com a Secretaria de Estado de Educação de São Paulo (SEE), no âmbito do projeto "Caminho das Artes – a escola vai ao museu". E desde essa data contempla duas Diretorias de Ensino (DE) por semestre, selecionadas pela SEE.

O início do trabalho ocorreu com a reedição, atualizada e ampliada do Material Didático Lasar Segall (MD), em 1998. Atualmente, apresenta-se como um livreto com textos históricos e biográficos de Lasar Segall e unidades didáticas de vinte obras pertencentes ao acervo do museu, acompanhado de 25 pranchas, sendo vinte imagens de obras e cinco fotos do arquivo dessa instituição.

O projeto foi estruturado em três etapas que se repetem a cada semestre. Na primeira etapa os professores participam de um curso de oito horas que oferece subsídios para a utilização criativa do MD em sala de aula.

Após a participação no curso, o professor prepara seus alunos para a segunda etapa: as visitas monitoradas à exposição de longa duração "Lasar Segall: construção e poética de uma obra", no Museu Lasar Segall. Nessa etapa, o professor terá a oportunidade de escolher, com o educador do museu, o roteiro mais adequado para seus alunos, selecionando os conteúdos mais apropriados ao que está trabalhando em sala de aula. As visitas possibilitam a estudantes e professores a experiência de leitura da obra de arte original e conhecimento sobre a vida e a carreira artística de Lasar Segall.

O projeto é finalizado com um seminário de avaliação, que apresenta uma palestra com um profissional da área de Educação e uma avaliação do processo por inteiro, mediante comunicações de trabalhos desenvolvidos por professores que fizeram parte do projeto e compartilham seus resultados com todos os outros participantes.

Objetivos

- Promover ações para aprimorar a formação dos professores do Ensino Médio e Educação de Jovens e Adultos (EJA) da rede estadual de ensino para o uso pedagógico do Museu Lasar Segall.
- Otimizar a utilização dos materiais didáticos oferecidos pelo museu por meio do estímulo ao processo de pesquisa para a produção de unidades didáticas com base nas obras do artista, estimulando a autonomia do professor diante dos conteúdos do MD a serem trabalhados;
- Propiciar a estudantes e professores a experiência de leitura de obra e conhecimento sobre a vida e a carreira de Lasar Segall.

Públicos-alvo

O *curso para professores* e o *seminário de avaliação* contemplam como público-alvo um professor de arte do Ensino Médio e um professor-coordenador de cada escola selecionada das DEs. As *visitas monitoradas* têm como público-alvo os alunos do ensino médio e EJA, os professores responsáveis pela preparação da turma e os professores acompanhantes.

Primeira etapa – Curso para professores

O curso propicia um contato intenso do professor com os textos e as imagens contidos no MD, apresenta princípios teóricos de apreciação estética, associados a exercícios de ateliê, que aprimoram a capacidade reflexiva e sensível do professor. O curso tem como objetivos capacitar professores para a apreciação estética de obras de arte; utilizar material didático e elaborar unidades didáticas; e cooperar para o aperfeiçoamento de estratégias educacionais a serem adotadas por escolas no uso pedagógico das instituições culturais.

Segunda etapa – Visita ao Museu Lasar Segall

Após terem participado do curso e preparado seus alunos empregando o material didático em sala de aula, os professores trazem ao museu uma turma de quarenta alunos. As visitas monitoradas na exposição "Lasar Segall: construção e poética de uma obra" têm por escopo propiciar aos estudantes a experiência de leitura da obra e conhecimento sobre a vida e a carreira artística de Lasar Segall.

São estruturadas para contemplar os três eixos de ensino e aprendizagem em arte: a apreciação, a contextualização e o fazer. Muito embora seu principal intuito seja a fruição das obras expostas, conjuga-se a isso a realização de atividades de ateliê, para que a compreensão e a vivência do fenômeno artístico possa ser completa. Essas visitas monitoradas são, portanto, divididas em três partes: introdução, visita à exposição e atividade de ateliê. Na introdução, o grupo reúne-se no auditório, onde o educador relata as etapas que compõem a visita, combina as regras de comportamento e apresenta os contextos histórico-biográficos de Segall com projeção de imagens do arquivo fotográfico do museu.

A permanência nas salas de exposição é o momento-chave da visita, pois é quando os alunos têm a oportunidade de vivenciar a experiência única de entrar em contato com as obras de arte originais. Nessa etapa o grupo é dividido em dois subgrupos para otimizar a participação de cada um na análise crítica das obras de arte. As obras analisadas pelo grupo fazem parte de roteiros definidos pelo educador do museu e pelo professor.

A metodologia adotada nas visitas, segundo a literatura especializada, aproxima-se do modelo "discussão dirigida", pois o educador estabelece um diálogo com os visitantes. Baseado na teoria de compreensão estética de Abigail Housen, ele faz perguntas para "diagnosticar" o estágio em que eles se encontram e, a partir das respostas, lança novas perguntas com o intuito de proporcionar o desenvolvimento da habilidade de "saber ver", "saber falar", "saber analisar" uma obra de arte. O educador contextualiza as obras analisadas dando informações e fatos em intervalos apropriados durante a discussão. A estrutura para adquirir novos conhecimentos é centrada na discussão dos participantes, pois eles têm a oportunidade de ouvir e aprender com as ideias e percepções de seus colegas. As atividades de ateliê ocorrem de acordo com os objetivos de cada roteiro e sempre se relacionam com os conteúdos explorados na sala de exposição (Grinspum, 2000).

Todo atendimento tem um caráter personalizado, pois, além de estabelecer uma parceria com cada professor envolvido, baseia-se no fato de que a visita se constrói na interação entre o educador e o grupo participante.

Terceira etapa – Seminário de avaliação

Como finalização do projeto é organizado um seminário de avaliação por semestre com a participação de todos os professores envolvidos. O seminário inicia-se com uma palestra de um profissional da área de Educação e espaço para discussão dos temas abordados pelo palestrante.

Para cada seminário são selecionados quatro comunicações e dez painéis dos professores inscritos, com base no regulamento apresentado no curso, que irão compartilhar seus resultados com os outros participantes por intermédio de comunicações com apresentação do projeto, seus objetivos, etapas desenvolvidas – reunião com equipe do museu, trabalho em sala de aula, visita ao museu e trabalho posterior na escola – e uma avaliação de todo o processo. Há também uma apresentação de um parecerista técnico convidado que analisa o processo inteiro e, após sua fala, coordena uma mesa da qual participarão todos os professores que apresentaram comunicação para responder às perguntas do público presente. Esse diferencial acentua o caráter reflexivo do trabalho feito no Museu Lasar Segall.

Em 2005, participaram a DE Diadema e a DE Caieiras. Foram atendidas 101 escolas, 233 professores e 3.294 alunos. Em 2006, atendemos a DE Norte 1 e Sul 3 no primeiro semestre e a DE Norte 2 e Leste 3 no segundo semestre. A previsão de atendimento para este ano é de 195 escolas, 390 professores e 7.800 alunos.

Educação em museus

O projeto realizado com os alunos e professores da rede estadual de ensino foi elaborado especialmente para eles sob a égide do trabalho educativo desenvolvido no Museu Lasar Segall, com o intuito de proporcionar maior arcabouço de conhecimento aplicável à mediação entre esse público e as obras de Lasar Segall.

O museu é um dos locais em que se processa nossa cognição, em que exercitamos nossa capacidade de leituras do mundo por meio das referências materiais ali encontradas e suas contextualizações. É uma instituição dinâmica, que trabalha com a preservação e a sistematização da herança cultural mediante processo de salvaguarda (documentação e conservação) de objetos-testemunho, que, nesse caso, reconhecemos nas obras de arte produzidas pelo artista Lasar Segall, e transforma-os em objetos-diálogo pelo processo de comunicação museológica, que se caracteriza por ser um sistema interativo entre o bem cultural, organizado em uma exposição, e a sociedade que o preserva. A manutenção do patrimônio pela comunicação museológica trata diretamente da interface museu-público, por meio das exposições e das ações educativo-culturais.

A obra de arte por si não comunica todos os seus significados, ela conserva latente suas possibilidades de interpretação e significação, portanto é utilizada a ação de mediadores na exposição para a manifestação e a contextualização dessas informações, proporcionando fruição e consequente aprendizado. Na exposição de longa duração do Museu Lasar Segall podemos ressaltar, como mediadores das obras expostas, as legendas, os textos de parede, as vitrines com dados biográficos, o exercício de leitura, a bibliografia completa disponível para consulta na Biblioteca Jenny Klabin Segall e as ações educativas realizadas. Concentraremo-nos na reflexão sobre essas últimas, desenvolvidas pela Área de Ação Educativa, sob minha coordenação desde 2002.

Ao correlacionar-se a área educativa com a exposição, pode-se perceber como ambas otimizam o trabalho desenvolvido na comunicação do acervo exposto ao apresentá-lo em situações que potencializam os conteúdos abordados, como a adequação aos diferentes públicos, oferecendo a possibilidade de experiências de qualidade compartilhadas entre os visitantes e entre os visitantes e a exposição, principalmente pelo recurso de visita monitorada.

Ao se promover uma ação educativa com o propósito de despertar a capacidade intelectual, artística, ideológica e cultural e, ainda, dar ao público a possibilidade de refletir sobre sua realidade, o museu constitui um local em que se processam relações entre indivíduos e entre indivíduos e objetos, propiciando a tomada de consciência do passado e do presente que atribui uma dimensão pessoal, por meio de uma experiência indireta entre a realidade em que a obra foi criada e a realidade atual que o indivíduo vivencia no espaço museológico. Esse movimento produz nossa memória que se dinamiza culturalmente com base em interpretações e ressignificações dos objetos pelo observador atual em seu contexto cultural.

Nosso olhar sobre a obra de arte é etnocêntrico e contemporâneo por natureza, pois sempre se observa partindo de um referencial cultural próprio. É essencial observar e interagir com esses bens culturais, pois produzem conhecimento ao estimular a memória coletiva, já que a sociedade não é simplesmente o somatório do que viveu até hoje, mas todas as transformações pelas quais passou, inclusive seus contatos com outras culturas.

Visitar uma exposição museológica é essencialmente dedicar-se à memória que está contida em um conjunto de objetos, as obras de arte, organizados de acordo com critérios, claros ou subliminares, da curadoria num espaço determinado, a exposição. Nessa visita, reserva-se o direito de tomar partidos, dar opiniões pessoais, como que "lembrar" de coisas que fizeram parte da vida de outros – o outro ancestral – mas que estão contidas na vida atual em razão da natureza dinâmica, e consequentemente, evolutiva da cultura.

A otimização por meio de ações educativas do contato do público com o bem cultural nesse espaço planejado proporciona a relação entre as informações latentes nos objetos e as trazidas de seus repertórios pessoais, que, quando exteriorizados, alimentam a percepção e estimulam o aprendizado, conjugando prazer e conhecimento, ao permitir aos diversos públicos uma possibilidade de experiência diferente do que teriam visitando individualmente.

A preservação do bem cultural se dá em duas frentes, pela manutenção de suas condições físicas e pela recuperação de informações sobre sua história. Também está na ressignificação que o público dá à obra em exposição, pois se preserva a contemporaneidade da importância do objeto (e seus significados) nesta sociedade.

Tal vocação educacional do museu numa dinâmica sociocultural abrange as dimensões da educação da memória, educação preservacionista, educação para a inclusão e educação para a expressão.

Referências bibliográficas

BARBOSA, Ana Mae. *A imagem no ensino de Arte*. São Paulo: Perspectiva, Porto Alegre: Fundação Iochpe, 1991.

BRUNO, Maria Cristina de Oliveira. *Museus hoje para o amanhã*. São Paulo: s.n., 1996.

__________. *Museologia*: princípios teórico-metodológicos e a historicidade do fenômeno museal. São Paulo: MAE-USP, 2001.

__________. "Museologia: a luta pela perseguição ao abandono". São Paulo, 2000. Tese (Livre-docência) – MAE/USP.

DUARTE, Ana. *Educação patrimonial*: guia para professores, educadores e monitores de museus e tempos livres. Lisboa: Texto Editora, 1993.

FERRAZ, Maria Heloísa C. de T. & FUSARI, Maria F. de Rezende. *Metodologia do ensino da arte*. São Paulo: Cortez, 1993.

GRINSPUM, Denise. "Educação para o patrimônio: museu de arte e escola – responsabilidade compartilhada na formação de públicos". São Paulo, 2000. Dissertação (Doutorado) – FE-USP.

________. "Discussão para uma proposta de política educacional da Divisão de Ação Educativo Cultural do Museu Lasar Segall". São Paulo, 1991. Dissertação (Mestrado) – ECA-USP.

________. "A formação do educador e o museu". *Pátio*: revista pedagógica artes médicas (Porto Alegre), n.4, fev./abr. 1998.

HORTA, Maria de Lourdes Parreiras. "O processo de comunicação em museus". *Cadernos Museológicos* (Rio de Janeiro), n.1,1989.

LIMA, Anny Christina da Silva. "Preservação pela comunicação museológica: a relação entre a exposição e a ação educativa". São Paulo, 2002. Monografia (Especialização) – CEMMA-USP.

MENESES, Ulpiano Bezerra de. *O objeto material como documento* – reprodução de aula ministrada no curso Patrimônio cultural: políticas e perspectivas. IAB-Condephaat, 1980.

OTT, Robert William. "Ensinando crítica nos museus". In: BARBOSA, Ana Mae (Org.) *Arte/educação:* leitura no subsolo. São Paulo: Cortez, 1997.

RUSSIO, Waldisa. "Museologia e identidade". *Cadernos* (Rio de Janeiro), n.1, p.39-48, 1989.

SEGALL, Mauricio. *Conferência de abertura do Encontro Museológico do Curso de Especialização em Museologia*. São Paulo: MAE-USP, 2000.

14
Espaço Estético do Colégio de Aplicação da UFSC: possibilidades de mediação cultural na escola

Fabíola Cirimbelli Búrrigo Costa

Na busca por melhor sistematização de processos de ensino-aprendizagem que conduzam a uma efetiva educação estético-artístico-visual, concebendo o ensino de Arte como área de conhecimento e colocando no centro da aprendizagem as imagens, cuja leitura passa a ser referência significativa nesse contexto, perguntamos:

- Como interferir no espaço escolar para estabelecer com os alunos uma relação estético-artístico-visual mais sistemática e intensa?
- Se o ambiente da cidade passou a ser suporte para os artistas, um canal para propor uma nova ordem visual dos espaços, por que a escola não poderia iniciar esse movimento?
- Por que não criar um espaço de exposição na escola, onde os alunos, em constante interação social, pudessem ampliar seu campo de conhecimento, constituindo-se leitores visuais e também autores-expositores?

Não se pretende uma galeria de arte fechada, tampouco um espaço cultural aberto a todos os propósitos escolares, mas um local destinado a diversas manifestações estético-artísticas que possa abranger a cultura visual para além da sala de aula; um espaço de passagem, que fizesse parte do cotidiano escolar e fosse de livre acesso a todos.

Impulsionado por essa possibilidade de sonho, foi elaborado o projeto de ensino e extensão Espaço Estético – CA/UFSC, aprovado em 1997 como um espaço didático-pedagógico permanente da escola. Criado com o objetivo de propiciar alfabetização visual e melhor sistematizar processos de ensino-aprendizagem, visa a uma educação estética mais efetiva, com base na viabilização de mostras que reflitam a pesquisa na área. Seu desenho foi construído, desconstruído e reconstruído, pouco a pouco, através da vivência crítico-reflexiva, abrindo espaço para interações do universo escolar com seu entorno.

Uma vez que a avaliação é considerada peça-chave do processo de ensino-aprendizagem, foi realizada uma pesquisa (Costa, 2004) com a proposta de investigar os sentidos do Espaço Estético do Colégio de Aplicação da UFSC para alunos do Ensino Fundamental e analisar como eles significam o processo de educação estético-artístico-visual a que foram submetidos.

A fim de contribuir com as reflexões referentes às possibilidades de mediação cultural na escola, uma vez que os resultados da pesquisa apontaram a necessidade desse processo, dirigimos nosso olhar para um dos capítulos da pesquisa e ressaltamos alguns aspectos significativos relacionados ao tema em questão.

O Espaço Estético e uma de suas exposições: "Diálogos 2002"

Com o intuito de verificar como o Espaço Estético – CA/UFSC vem sendo utilizado, foram realizadas observações na exposição "Diálogos 2002", por cinco dias intercalados da semana, no período de aproximadamente um mês. Essa exposição apresentava os trabalhos de alunos de sexta série e alunos de oficinas de oitava série do Ensino Fundamental, produzidos na disciplina de Arte – Artes Visuais durante o ano letivo de 2003, sob a coordenação dos professores Maria Cristina Fabi e Galheigo Jacques, também proponentes da mostra.

Foto 1 – De passagem...
Fonte: Arquivo de imagens do Espaço Estético.

Foto 2 – Para para admirar.
Fonte: Arquivo de imagens do Espaço Estético.

Verificamos que a mostra, aqui representada por algumas imagens, inclui desenhos resultantes de observação, memória e criação, elaborados com grafite e carvão sobre papel por alunos de sexta série, bem como várias instalações feitas por alunos de oitava série que participavam da oficina de artes visuais "Desenho e Pintura". São expressões artísticas que exploram ideias por meio de materiais e suportes diversos, expostas em diferentes pontos do espaço: painéis, chão, teto e sobre cubos, compondo um ambiente interativo, aberto ao espectador.

Características das pessoas que por ali transitam e seus diferentes olhares

Durante esse período de observação, verificamos que transitaram pelo local predominantemente alunos e, em segundo lugar, pessoas que não pertencem ao coletivo da escola. Professores de Arte do Ensino Fundamental ao Médio, funcionários e pais de alunos passaram com menos frequência. E a maioria das pessoas transitou sozinha ou em grupos, porém sem caracterizar visita planejada. Os grupos que agendaram previamente a visita e tiveram um mediador apareceram com frequência bem menor.

Muitos nem olharam para a exposição. Considerando que o Espaço Estético é um local de passagem para salas diversas, lanchonete, estando entre prédios, justifica-se o porcentual elevado de sujeitos que não olharam e uma minoria que deteve-se para olhar. Entretanto, consideramos significativo o porcentual de 27% das pessoas que, ao passar, olharam de alguma forma os trabalhos em exposição. Esse número foi maior no primeiro dia de observação, que corresponde ao primeiro dia letivo após a abertura da mostra, seguido do último dia, que coincidiu com o final da exposição.

Outra constatação importante é que sujeitos se detêm mais diante dos objetos estéticos artísticos quando passam agrupados do que sozinhos. Nas visitas em grupo, por sua vez, pelo objetivo específico da visita e pela intencionalidade pedagógica, todos param para olhar as obras expostas.

Quanto à qualidade das conversas nas diferentes formas de trânsito, quando apenas *um* sujeito passa pelo Espaço Estético, a maioria das falas compõe-se de expressões exclamativas de encantamento e admiração, que buscam ressaltar a qualidade do local, da mostra e de algumas obras expostas:

– *Tá tudo muito lindo! Como a arte consegue mobilizar tanto a gente? Tá demais!* (professora de 5ª a 8ª séries e EM, ao deter-se para apreciar a exposição, 23/6).

Além da exclamação referente ao espaço e às obras expostas, outras trazem presente um encantamento provenientes das falas dos alunos, porém resultante do exercício do papel do professor mediador:

– *Meus alunos vieram visitar, a Maria Cristina que monitorou. Foi ótimo! Até me surpreendi com meus alunos. Aquela rosa, saiu cada coisa! Um dos alunos atribuindo título falou: 'Como o amor dói'. Estou fazendo os trabalhos, mas tem que ser por passos.* (professora de séries iniciais, sobre a obra *Sem título,* de Fernanda Martins, 4/7).

Observa-se, ainda, que algumas falas surgem de um olhar fugaz, efêmero e brincalhão; em contrapartida, outras ecoam de um olhar que amplia sentidos a cada dia, que associa, que é curioso, crítico e significa.

Foto 3 – *Sem título* de Fernanda Martins.
Fonte: Arquivo de imagens do Espaço Estético.

Foto 4 – *A fé na terra* de Roberta Gomes da Silva.
Fonte: Arquivo de imagens do Espaço Estético.

Foto 5 – *Sem título* de Mariana Silveira.
Fonte: Arquivo de imagens do Espaço Estético.

– *Essa exposição está tão impactante que eu ainda não parei. O que é aquela rosa?! E esse com carvões?! E aquele se não é a Marilyn Monroe naquele quadro kitsch. Essa da terra, as cinzas! Como é o nome da exposição?* (Respondo, *Diálogos 2002*). *Diálogos contemporâneos, né?! Porque ... Eu só me encorajei de sentar aqui um pouco agora porque tu estás aqui.* (professora de quinta a oitava séries e E.M., detendo-se para analisar a exposição. Refere-se respectivamente às obras: *Sem Título,* de Fernanda Martins, *Sem título,* de Mariana Silveira, *Beleza,* de Tatiana Gregório e *A fé na terra* de Roberta Silva).

Dois dias após o comentário acima, verificamos o registro escrito dessa professora no caderno de assinatura da exposição: "Exposição inquietante, pois mostra a delicadeza mortalmente ferida, atingida, o ser humano e a natureza dilacerados, a beleza ruindo ...".

Quando os sujeitos passaram agrupados pelo Espaço Estético, as conversas sobre a exposição foram poucas. Em grande parte delas, constata-se um forte apelo para olhar, o que de alguma forma justifica o maior percentual do olhar dos sujeitos para os trabalhos quando passam agrupados do que quando passam sozinhos. Isso se torna claro tendo em vista que o convite a olhar é significativamente enfatizado por um dos sujeitos mediado. O convite é direto, incisivo, desperta a curiosidade e normalmente é correspondido.

– *Olha! Olhem só! Olha, oh! Olha, pai! Olha aqui ...! Olha ô meu! Olhem!*

As expressões exclamativas detêm o maior percentual das falas, deflagrando encantamento e admiração pela beleza da mostra e dos trabalhos expostos:

– *Olha, maneiro!* (dois alunos de passagem, 23/6).
– *Aquela obra está indiscutível.* (dois outros param para admirar o trabalho de Mariana Silveira, com carvões, 1°/7).

Apesar de minoritárias, algumas falas denotam certa repugnância aos trabalhos em si ou aos objetos neles contidos. A relatividade do olhar que aprecia e distancia, rejeita prontamente ou constrói sentido também pode ser observada. *Beleza,* de Tatiana Gregório, é destacado com maior percentual de falas a seu respeito e os olhares denotam sentidos múltiplos.

– *"Espelho, espelho meu, diz quem é mais linda do que eu?!"* (duas alunas apreciam-se, 23/6).
– *Exposição legal!* (cinco alunos, um tira uma pena da gaiola na passagem e coloca entre as pernas da boneca. Todos se voltam e riem).

Foto 6 – *Beleza* de Tatiana Gregório.
Fonte: Arquivo de imagens do Espaço Estético.

Já as falas provindas dos alunos autores nos sensibilizaram pela espontaneidade e naturalidade com que foram surgindo, não ocultando o prazer e a satisfação de estarem vendo seus trabalhos expostos, de serem nesse momento os artistas:

Foto 7 – *Sem título* de Marina Lino Vieira.
Fonte: Arquivo de imagens do Espaço Estético.

S1: – *Olha, o meu é aquele ali!* (dirigem-se ao *Globo torneira*).

S2: – *Fizeste sozinha? Pô, que massa! Foi esse ano?*

S1: – *Não, o ano passado. Pô, trouxe todos os copos para ele, quase todos. Esse é o da Roberta* (direcionam-se para *A fé na terra*). *Esse da Mariana* (aponta para *Fé(chado)* (duas alunas, sendo uma autora, detêm-se para olhar, 23/6).

Foto 8 – *Fé(chado)* de Mariana Bado.
Fonte: Arquivo de imagens do Espaço Estético

S1: – *Voltem, olhem! Altas paradas o desenho do Lucas!* (Param para apreciar).

S2: – *Onde está o meu? Deixa eu ver.* (param em frente e apreciam).

S3: – *Os meus da árvore são horríveis. O chorão, desisti* (cinco alunos, sendo dois artistas, detêm-se para apreciar, 23/6).

Foto 9 – Desenho de Lucas.
Fonte: Arquivo de imagens do Espaço Estético.

As demais falas destacam certa inquietação diante do objeto, uma necessidade de toque perante as dúvidas. Apontam questionamentos e buscam construir sentidos.

– *Não entendo!* (dois alunos detêm-se para olhar, 16/7).

S1: – *Olha, mãe, tem água dentro do mundo.*

S2: – *Não, filho, não tem água para todo mundo, a água deveria ser controlada!* (dois alunos e uma mãe detêm-se para analisar).

Verificamos que às instalações corresponderam maior porcentual das falas, comparando-se às falas referentes aos desenhos. Podemos compreender o impacto que elas causam no espectador, porque instalam-se no espaço de formas variadas, afastam os objetos de seu uso cotidiano, trazendo-os para compor novos diálogos. Essa modalidade de expressão artística, a instalação, raramente é exposta por alunos, sobretudo por propiciar ao espectador o olhar de estranhamento, chamar a atenção, provocar questionamentos e impelir uma busca por sentidos.

Observamos, pela multiplicidade de sentidos das falas, quanto os objetos de arte permitem ampliar olhares e detectar carências e interesses na escola. Lamentavelmente, constatamos que as possibilidades de abertura de diálogos com os alunos, quando eles solicitam, raramente são aproveitadas pelos educadores:

S1-A: – *Professora, o que é isso aí?*

S2-PA: – *Uma exposição!*

S1: – *Mas o que quer dizer?* (oito alunos e uma professora de Arte, de passagem; a professora segue caminhando sem considerar a última pergunta, 1º/7).

As visitas mediadas ao espaço estético

As visitas mediadas diferenciam-se de modo significativo das demais no que se refere às características do olhar. Nesse caso específico, há uma intencionalidade e quase sempre com objetivos pedagógicos definidos para a realização das visitas, sendo algumas vezes previamente agendadas pelo professor mediador com a coordenação do Espaço. Constatamos, por esses fatores pedagógicos, que ao visitarem o Espaço Estético em grupo todos se detiveram para olhar, analisar um ou mais trabalhos expostos.

Três visitas foram realizadas em grupo durante os dias de observação, acompanhadas por mediadores que as planejaram e organizaram intencional e deliberadamente, com determinados objetivos. No primeiro dia de visita, 25 alunos foram mediados por um professor de séries iniciais; no segundo, 25 alunos foram mediados por um professor de Arte e outro de séries iniciais; e no terceiro dia, doze alunos foram mediados pelo professor de Arte.

A primeira visita foi realizada pela 2ª série A do Ensino Fundamental, acompanhada pela professora da turma. Os alunos chegaram ao Espaço munidos de prancheta, papel sulfite e lápis grafite, dirigindo-se cada um diretamente para um dos trabalhos expostos. Analisaram qual o melhor ângulo para observar e começaram a desenhar.

Foto 10 – Visita mediada pela professora de série.
Fonte: Arquivo de imagem do CA.

Em conversa com a professora, tentamos aprofundar as características da mediação, cuja proposta, ela esclarece, era representar por meio do desenho o trabalho de que mais gostaram. "Historiou" o trabalho, contando que os alunos já haviam visitado a exposição antes com a mediação de uma das professoras de Arte, coordenadora voluntária do Espaço, e por sua solicitação a visita foi previamente agendada.

Após a visita mediada, solicitou em sala que os alunos escrevessem a respeito da visita e propôs que fizessem um livro, e a proposta foi aprovada por eles. Combinaram que não escreveriam apenas um, mas três livros, todos ilustrados. Um seria destinado ao projeto das turmas "A"; outro, ao coordenador do Espaço Estético; e o último ficaria com a turma. Cada aluno deveria optar por um dos sete trabalhos discutidos em visita mediada na semana anterior. Caso muitos escolhessem o mesmo trabalho, seria preciso mudar, porque a proposta era elaborar três exemplares.

Quanto à qualidade das conversas entre os alunos, verificamos que durante a atividade alguns chamavam a atenção para detalhes que ao outro passaram despercebidos. Outros desenhavam e ficavam examinando o desenho do colega, apontando diferenças e ampliando olhares e expressões. Dois alunos pegaram a própria areia exposta no trabalho observado, "A fé na terra", tentando imprimir a mesma marca e mesma cor em seus desenhos; discutiram e experimentaram possibilidades de impressão, concluindo que aquela terra não era viável para o que desejavam alcançar.

Algumas falas solicitavam o olhar da professora mediadora, parecendo querer ouvir dela um retorno avaliativo:

– *Olha, professora! O meu tá feio! O meu, estranho!, e assim por diante.*

Alguns demonstravam preocupação em assinar ou não o desenho, conforme notamos pela pergunta do aluno após concluir seu trabalho: "Coloco meu nome ou não?". A professora intervém: "Olha, o Pedro teve uma ideia, vê como ele fez!". O aluno desloca-se para ver e observa que Pedro anotou a etiqueta com o nome do autor e da obra logo abaixo do desenho para, depois, assinar seu nome. Gostou e fez a mesma coisa.

A segunda visita foi da 2ª série C do Ensino Fundamental, que veio acompanhada da professora de turma. Segundo ela, estava trabalhando em sala de aula a estética, "a harmonia de fazer as coisas", enfocando que tudo tem uma intencionalidade, existe uma intenção em fazer. Resolveu, então, agendar uma visita monitorada à exposição com a coordenação do Espaço Estético para ampliar as discussões. Não sabia exatamente como seria a continuidade do trabalho, mas solicitou que os alunos fossem anotando o que considerassem interessante na visita.

Os alunos chegaram ao espaço munidos de prancheta, papel e lápis grafite e foram recebidos pela professora de Arte, coordenadora voluntária do Espaço, que deu início a um diálogo que durou praticamente toda a hora da visita. Apesar de não conseguirmos transcrevê-lo na íntegra, registramos algumas falas para retratar melhor as características da mediação e a qualidade da conversa.

Professora Coordenadora do Espaço (PCE): – *Oi! Que vieram fazer aqui?*

Aluno: – *Ver artes plásticas!*

PCE: – *Que lugar é este?*

Alunos (quase ao mesmo tempo):

A1 (aluno 1): – *Espaço Estético.*

A2 (aluno 2): – *Lugar para colocar desenho.*

A3 (aluno 3): – *Espaço das artes.*

PCE: - *E o que é estética?* (não foi possível acompanhar a fala). *Vamos começar falando deste trabalho* (dirige seu olhar para *Liberdade,* convidando os alunos a chegarem mais próximo da obra). *O que vocês estão vendo?*

A: – *Uma gaiola cheia de algodão e tem pena também.*

PCE: – *Estes trabalhos foram feitos por alunos de sexta e oitava séries. O que será que o...* (dirige-se para a etiqueta de identificação) *Hamilton quis dizer com esta gaiola? ... A arte quer dizer coisas. É uma gaiola, gaiola serve para quê?*

A: – *Botar passarinho.*

Foto 11 – *Liberdade* de Hamilton Martins.
Fonte: Arquivo de imagens do Espaço Estético.

PCE: – *Não tem passarinho. O que quer dizer?*

Alunos:

A1: – *Que o passarinho explodiu ali dentro.*

A2: – *Pode servir para prender outras coisas.*

A3: – *Acho que ele deve ter imaginado que tinha um passarinho ali dentro.*

A4 (aluno 4): –*Acho que ele queria colecionar penas de passarinhos.*

PCE: – *Vocês pensam assim? Vocês concordam que lugar de passarinho é dentro da gaiola?*

Alunos: – *Não* (em coro).

PCE: – *Hamilton também pensa assim. Então, onde ele vive melhor, livre ou preso na gaiola?*

Alunos: –- *Livre* (em coro).

PCE: – *Ele preencheu todo o espaço da gaiola, pode algum passarinho entrar?*

Alunos: – *Não.*

PCE: – *Nenhum passarinho pode entrar, preenchendo o espaço, ele faz um protesto e diz que todos os passarinhos devem viver livres. Olhem, cada trabalho tem uma etiqueta, nela está escrito o nome do autor e título, um aluno pode ler?*

A: – *Autor: Hamilton; Título: Liberdade.*

PCE: – Mais alguma ideia para este trabalho?

A: – *Não só os passarinhos querem liberdade, o homem precisa também.*

Notamos que a professora vai conduzindo o diálogo para expressar a intencionalidade do autor ao elaborar o trabalho. Constatamos, portanto, que mesmo o diálogo sendo encaminhado pela via do sentido real do objeto, não permitindo muitas possibilidades de ampliação de sentidos, um aluno no final desviou-se do sentido original, deslocando de modo metafórico o sentido abordado pela semelhança subentendida.

Continuam a visita dialogada. A professora coordenadora chama a atenção para os painéis em que estão os desenhos de observação, menciona que são elaborados com carvão e que os alunos desenharam na rua vendo a vegetação. Pergunta se reconhecem o lugar e destaca os estilos diferenciados de desenho de três alunos que representaram a mesma cena de bambuzal. Passando em frente à rosa, pergunta:

PCE: – *E esta rosa, o que tem nela?*

Alunos:

A1: – *Prego.*

A2: – *É o coração de Jesus.*

A3: – *Floresta negra cheia de neblina.*

A4: – *A flor tem espinhos e os pregos representam os espinhos.*

PCE: – *Quem tem outra leitura? Vamos pensar assim: a rosa vermelha significa o quê? Quem já ganhou uma rosa vermelha?*

Alunos:

A1: – *A minha mãe, no dia dos namorados.*

A2: – *Amor.*

PCE: – *Coisa romântica, que toca o coração. Por que será que a aluna colocou os pregos espetados nesse símbolo do amor?*

Alunos:

A1: – *Porque o mundo tá com muita guerra, violência.*

A2: – *Tá tendo muita traição.*

PCE: – *A menina que fez o trabalho contou pra gente que se apaixonou e ficou decepcionada com esse amor, ficou triste. Daí fez este trabalho, pregos espetando no amor dela. Mas ela colocou estes algodões. O algodão significa o quê? ... Cicatriza. O amor morreu, mas ela ainda tem uma esperança desse ou de outro amor ... Vamos ler a etiqueta agora.*

Aluno: – *Não tem título!*

PCE: – *Alguém sugere algum título?*

Alunos:

A1: – *O amor sem fim.*

A2: – *Coração de Jesus.*

A3: – *Saudades de um amor.*

A4: – *Espetinho de frango.*

A5 (aluno 5): – *A rosa do amor.*

A6 (aluno 6): – *Amor acabado.*

A7 (aluno 7): – *Eu não entendi uma coisa: pra que botar prego?*

PCE: – *Quando bota prego em uma coisa não dói?*

Aluno: – *Dói.*

PCE: – *Então, ela botou prego para expressar esse sentimento.*

Verificamos que, mesmo após o professor encaminhar a leitura de modo que transpareça a intencionalidade da autora, no momento de atribuírem um título, alguns alunos continuaram optando por um que revelasse o que o objeto artístico lhes significou com base em suas leituras pessoais. Não o sentido que coletivamente foi atribuído ao objeto, mas seu sentido único, pessoal, idiossincrático.

A visita continua, passam pelo painel de desenhos de observação e a professora coordenadora chama a atenção para o material agora utilizado, o lápis preto. Param em frente do "Globo torneira" e os alunos comentam que as pessoas não respeitam, jogam lixo no chão; tem muita poluição, desmatamento; o homem está destruindo a natureza. A professora coordenadora aponta para os copos e os alunos falam que está acabando a água; é só ver a água suja. Notam que o único copo que tem água limpa está quase quebrando. Um aluno ressalta que foi só ver a torneirinha com o copo vazio para logo perceber que estava acabando a água. Sugerem como título: *Mundo destruído, Mundo poluído, Mundo acabado.*

Prosseguem a visita com a professora perguntando: "E este, por que radiografia, máscara, carvão?". Os alunos atribuem sentidos diversos como a *poluição do ar, o mundo que explodiu em 33 pedaços*, a *pneumonia asiática, entre outros.* A professora coordenadora traz o sentido atribuído pela autora, preocupada com os trabalhadores das minas, explicando que o carvão das minas solta uma química que prejudica muito a saúde, em especial os pulmões, que aparecem nas radiografias.

O próximo trabalho, *Fé na terra*, incita os sentidos de *Tapete de Corpus Christi, Caixão de Drácula* e *O que a terra pode produzir*, de onde se chega pelo que aparece, sementes de milho, arroz, feijão. A professora coordenadora faz referência ao plantio, mencionando que a obra parece nos dizer: "Tentem na terra, porque ela dá o que vocês plantarem".

Prosseguindo para a leitura do trabalho *Beleza*, uma das alunas diz que está falando sobre a vaidade da mulher. A professora esclarece que a mulher da imagem é Marilyn Monroe, uma atriz famosa pela beleza e sensualidade, considerada uma das mulheres mais bonitas, *a Madonna dos anos 60*. Pergunta o que tem a ver aquele espelho quebrado com as outras coisas que estão ali. Um aluno responde que ela foi olhar e o espelho quebrou.

Os alunos demonstram um pouco de cansaço, a participação já não é tão intensa, mas concluem a visita analisando *Fé(chado)*, que parece despertar curiosidade. A professora coordenadora sugere que pensem no que estão vendo. Os alunos logo respondem: *cemitério, cruz, a morte de Deus*. "Mas Deus nunca morre!", exclama um aluno. Sendo questionados pela professora coordenadora se o trabalho fala a respeito do que aconteceu há pouco ou muito tempo, uma aluna responde que a cruz é de muito tempo. A professora rebate que a usamos até hoje e pergunta o que poderia indicar tempo. Sem preocupação em responder à pergunta, um aluno sugere que um *hamster* morreu ali, pois está cheio de pelo. Outro responde que só pode ser uma coisa velha, pois tem coisa suja, o jornal está todo rasgado e sujo. Prosseguindo o diálogo, a professora pergunta se alguém conhece o símbolo da suástica. Um aluno diz que a viu num jogo de guerra. Esclarecendo que foi o símbolo do nazismo e de Hitler, tem a ver com muita morte, a professora chama a atenção para o título, uma *fé fechada*, só dela, que está dentro da pessoa e não abre para ninguém. Concluindo a visita, a professora coordenadora despede-se e os alunos se dispersam. Alguns ainda se dirigem para olhar os desenhos, comentando os que acharam *legais*.

A terceira visita é realizada por alunos da 3ª série B do Ensino Fundamental, mediada por uma professora de Artes Visuais, no horário da aula de Arte. Os alunos chegam portando prancheta, lápis e papel. A professora lembra que vão olhar toda a exposição para então escolherem o trabalho que mais lhes interessou, a fim de desenharem e responderem ao questionário. Chama os alunos dizendo: "Vamos começar pelo início. O que temos aqui?".

Inicia uma visita mediada, efetuada de forma rápida, destacando os elementos da gramática e da linguagem visual, como podemos verificar pelas perguntas feitas: "Que trabalhos se caracterizam como figurativos? Quais os abstratos? Que material foi utilizado? Quais temas foram abordados? As paisagens definem-se como urbanas ou naturais?".

As falas dos alunos buscam responder às perguntas, sendo proporcionadas poucas oportunidades para interpretarem os trabalhos expostos. Constata-se, pelas falas dos alunos, que normalmente se referem ao trabalho pelo que estão vendo e em raros momentos interpretam, conforme observamos:

A1: – *É uma gaiola.*
A2: – *Uma rosa cheia de pregos.*
A3: – *Estão tirando a água do planeta!*
A4: – *Um monte de cabelo com carvão, botão, ...*
A5: – *É um cemitério. ...*
A8 (aluno 8): – *Boneca de perna aberta?*

Apesar das indagações, o encaminhamento da visita não permite ampliar muitas discussões. Concluindo a visita, a professora logo solicita: "Agora vocês vão escolher o que mais chamou a atenção".

Alguns alunos logo se dirigem para os trabalhos e iniciam o desenho. Os indecisos, que são maioria, circulam observando não apenas os trabalhos como também a escolha dos outros colegas. Vê-se que alguns se definem não pelo que chamou mais a atenção, mas pela escolha de um outro colega ou pelo que lhe parecia mais fácil desenhar e responder no momento.

A professora entrega então um *Roteiro para leitura de imagem*, já conhecido pelos alunos, uma vez que já o tinham utilizado em outra ocasião em sala de aula. Ele se compõe de três tópicos de leitura: *Descrição, Análise formal* e *Interpretação*, contidos nas metodologias específicas de leitura da obra de arte propostas por Feldman (1970) e Ott (1997).

O primeiro tópico do Roteiro, *Descrição*, apresenta três perguntas: o que você observa nesta imagem? Esta imagem é figurativa ou abstrata? Por quê? Qual título você daria a este trabalho? O segundo tópico, *Análise Formal*, compõe-se de seis questões, trazendo cada qual uma série de opções para serem assinaladas e, em alguns casos, um espaço aberto para acrescentarem outros, se necessário. As perguntas referem-se especificamente a linhas, cores, textura, material, técnica e tema. O terceiro item, por fim, compõe-se de duas questões: que sentimentos e sensações a imagem ocasiona? Este trabalho faz você lembrar alguma experiência particular?

Tão logo os alunos começam a responder ao questionário, inicia-se o diálogo:

A1: – *Professora, o que é textura? Como vou identificar a textura da gaiola?*

P: – *Como é a madeira, macia, áspera, ...? Olha este desenho, como ele construiu uma textura de tronco de árvore.*

A2: – *Professora, qual é o material utilizado?*

P: – *Olha e diz com que material é feito!*

A3: – *Professora, o que é uma cena cotidiana?*

P: – *A do dia a dia, aquela que a gente vê sempre.*

A1: – *A gaiola é?*

P: – *Olha, modificaram o objeto e colocaram em um lugar específico. Não é cena cotidiana. Tu podes ver todo dia uma gaiola, mas não dessa forma, neste local.*

A4: – *Instalação, o que é?*

P: – *Quando a gente faz um trabalho para ficar em um espaço determinado.*

A5: – *Parece que o passarinho explodiu e todas as penas voaram.*

A6: – *Muitos passarinhos mortos porque há muitas penas.*

A7: – *Professora, que sentimentos e sensação ocasiona?*

P: – *Olha! Por que tu escolhesses? O que tu sentiu? Ficasse chocada? Que sensação tu tens? Por que tu foste escolher logo aquela ali? Alguma coisa tem.*

O dialogo perdura até a outra turma de arte passar pelo Espaço Estético. Os alunos parecem querer acabar o mais rápido possível, um aluno diz: *Queremos ir também!*.

Constata-se, pelo diálogo travado entre alunos e mediadora, que as questões estão quase todas diretamente relacionadas à atividade proposta e, mesmo sendo o Roteiro já utilizado pelos alunos, as imagens de leitura modificaram-se, gerando novas relações e questões a serem esclarecidas. O conhecimento de arte amplia-se com perguntas socializadas, gerando oportunidades para ecoarem algumas falas interpretativas.

Verificamos, com base nos questionários fornecidos pela professora de Artes, que praticamente todos foram respondidos, mesmo que rapidamente. As respostas dos alunos que escolheram os mesmos objetos muitas vezes eram semelhantes, embora pessoais.

Apesar de as visitas mediadas terem sido poucas e rápidas, constata-se que foram profícuas. Com objetivos e intencionalidades diversificadas, oportunizaram olhar imagens visuais, ler, compreender e expressar oral e graficamente, aumentam possibilidades de alfabetização verbal e visual, por meio de interações dialogadas mediadas no grupo.

Algumas considerações

O Espaço Estético resulta em uma proposta educativa que busca ir além da "pedagogização" em que, na maioria das vezes, a escola procura se firmar, uma vez que aproveita as alternativas para que os alunos exponham questões, relativizem o conhecimento ao apresentar de modo espontâneo suas falas, independentemente de conceitos e significados estabelecidos, mas buscando explorar os sentidos múltiplos que ecoam nesses encontros.

Faz-se necessário, no entanto, maior organização dos professores para levarem os alunos a olhar o Espaço Estético, passar pelas exposições, despertando a curiosidade, chamando a atenção para algum aspecto, problematizando, propondo atividades para que eles visitem o Espaço e produzam múltiplos sentidos sobre o que ali veem e se socializem.

Sufocados por um ensino sistematicamente planejado, professores e alunos perdem, em muitos momentos, oportunidades de juntos estarem conhecendo, significando, alçando voos por caminhos outros que também os levam a construir conhecimentos. Deixar-se levar pelo vento, como nos ensinou Regina Machado, professora de Arte e contadora de histórias, ao nos proporcionar a leitura do conto *A lenda das areias* (Herrara, 1986), é preciso para descobrirmos outros olhares, prazeres e sentidos.

Sabemos que planejar e sistematizar as aulas não é garantia de aprendizado, entretanto, como professores, raramente nos dispomos ao imprevisto, ao inesperado, ao que nos é apresentado no momento. Esse é um grande valor do Espaço Estético: dá lugar na escola para o diferente, o inesperado, o inoportuno; expõe o grande segredo de que o conhecer não é "algo dado", mas se constitui nas relações, na história e na cultura, nas oportunidades que se dão ao olhar e pensar sobre o exposto; que o saber e o olhar estético não são simplesmente privilégios de poucos, pois esses mesmos poucos, que supõem deter esse saber, muitas vezes são tomados pelo não-saber. Outras vezes, chamados a olhar com o outro, dispensamos oportunidades sem nos dar conta de que vivemos construindo possibilidades de olhar juntos, mesmo com nosso olhar já cristalizado. Perdemos muitas vezes as poucas alternativas de os alunos nos verem, não apenas como mitos do saber, mas como seres humanos, com todas as implicações que essa vivência nos permite e, da mesma forma, aos alunos.

Segundo pesquisa realizada por Bourdieu e Darbel (2003, p.157), as experiências de estabelecimento de contato direto com as obras culturais só podem ser eficazes se vierem a ser exercidas sobre sujeitos preparados pela ação sistemática e prolongada da escola, por meio do fornecimento de condições de sua atualização, integrando-se "... no sistema total de atitudes e hábitos que, de forma exclusiva, poderiam conferir-lhe um fundamento e uma significação".

Trazendo à tona "a verdade oculta do gosto culto", os autores (2003, p.163) desvelam o mito de um gosto inato e revelam que o amor pela arte está diretamente relacionado às condições de acesso às práticas cultivadas, assíduas e prolongadas. Ressaltam que a autenticidade e a sinceridade do prazer estético têm origem nas condições histórico-sociais e sofrem condicionamentos comuns.

Podemos detectar, no entanto, que, pela ação sistemática e contínua que se estabelece na relação educação e arte, os alunos vão ampliando olhares, aprofundando diálogos e ações, compreendendo a arte, enfim, constituindo-se em sujeitos estéticos.

Constata-se que é positiva e importante a criação de espaços estéticos artísticos, didáticos e pedagógicos em contextos escolares, por dar condições para que alunos e comunidade escolar vivenciem experiências significativas pela exposição da produção, pela fruição dessas formas e reflexões provenientes da relação arte-vida, expandindo, na dialogia com o outro, valores e conceitos culturais, estéticos, artísticos, visuais e éticos.

Alves (1998, p.12) aponta quanto a dimensão estética do espaço escolar impõe uma concepção educativa. E pergunta: "Aquele espaço negado para gerações e gerações de alunos, de quem é? Como e por que se estabeleceu essa estética perversa e essa ética da negação do uso do olhar e das mãos?". Como se nota, esse espaço não é neutro, mas pleno de sentidos que se tecem na relação.

Nas discussões em torno da pós-modernidade, Harvey (1993) insiste que reconheçamos a multiplicidade das qualidades objetivas que o espaço e o tempo podem exprimir em diferentes situações e o papel das práticas humanas em sua construção, podendo ser encontrados novos sentidos para materializações mais antigas nesse espaço e tempo. Ao tratarmos o tempo e a história como algo a ser criado e não pronto, apropriamo-nos dos espaços antigos de maneiras bem modernas.

A escola vista como "espaço em movimento" é expressão das ações dos sujeitos históricos que tentam se criar, se construir no tempo presente, na relação cotidiana com o espaço próprio, fundado, alheio. No cotidiano, no uso do espaço escolar, nós o marcamos com a tessitura de nossas práticas e criamos outros espaços, imprimindo subjetividades e permitindo (ou não) mudanças nos modos de olhar e ser.

Sendo a escola um contexto de mediação cultural, de que forma nós, como mediadores da cultura visual, poderíamos interferir nesse espaço, configurando-o a fim de estabelecer com os alunos uma relação estético-artístico-visual? De que forma poderíamos produzir um espaço que possibilitasse não a negação, mas a afirmação da autoria dos alunos? Por que a escola não poderia iniciar esse movimento com a configuração de um espaço estético que começaria num espaço de passagem e, quem sabe, iria tomando corpo, espalhando-se pela escola inteira?

Ao olharmos para espaços específicos, lugares construídos para as atividades de ensinar e aprender, com olhar flexível a transformações e apropriações, configuramos lugares pessoais e alheios, imprimindo-lhes novos sentidos. Ao modificarmos a dinâmica entre o externo e o interno em relação ao meio escolar, mudamos o próprio lugar.

> Isso significa fazer do mestre ou professor um arquiteto, ou seja, um pedagogo, e da educação um processo de configuração de espaços. De espaços pessoais e sociais e de lugares. (Viñao Frago & Escolano, 2001, p.138-9)

Isto é, espaço que se transforme em quente e vivo e, tendo em conta o ponto de vista móvel, seja antes possibilidades que limites.

Referências bibliográficas

ALVES, N. *O espaço escolar e suas marcas*: o espaço como dimensão material do currículo. Rio de Janeiro: DP&A, 1998.

BOURDIEU, P. & DARBEL, A. *O amor pela arte*: os museus de arte na Europa e seu público. Trad. Guilherme João de Freitas Teixeira. São Paulo: Editora da Universidade de São Paulo: Zouk, 2003.

COSTA, F. C. B. "O olho que se faz olhar: os sentidos do Espaço Estético do Colégio de Aplicação da UFSC para alunos do ensino fundamental". Florianópolis, 2004, 306p. Dissertação (Mestrado em Psicologia) – Universidade Federal de Santa Catarina.

FELDMAN, E. B. *Becoming human trough art*. New York: Englewood Cliffs, N. J., Prentice Hall, Inc., 1970.

HARVEY, D. *A condição pós-moderna:* uma pesquisa sobre as origens da mudança cultural. São Paulo: Loyola, 1993.

HERRARA, Herman. *La puerta*. México: Edição Diana, 1986.

OTT, R. W. "Ensinando crítica nos museus". In: BARBOSA, A. M. (Org.) *Arte/educação:* leitura no subsolo. São Paulo: Cortez, 1997, p.111-39.

VIÑAO FRAGO, A. & ESCOLANO, A. *Currículo espaço e subjetividade*: a arquitetura como programa. Rio de Janeiro: DP&A, 2001.

15
A mediação no museu e os resultados na sala de aula

Pio Santana

Iniciaremos este artigo com um importante depoimento nosso:

> Na minha infância, eu adorava desenhar, pintar e principalmente observar as coisas ao meu redor. Sempre coberto de dúvidas me perguntava: Será que as pessoas veem como eu vejo? Meus olhos me impressionam... Mostram-me as imagens das coisas da vida... Que estranho prazer!
>
> O tempo passou e ainda me sinto assim, um observador que se deslumbra com o visível e o invisível.
>
> Hoje, sou professor de Arte, graduado em Artes Plásticas, pesquisador, especialista em História da Arte e mestrando em Artes. Procuro estar em sintonia com o meu tempo, com a contemporaneidade, com minha história e minha cultura. Frequento, semanalmente, museus e instituições culturais em busca de explorar a diversidade da arte, através de exposições e encontros para professores como o *Diálogos e reflexões com educadores* do Centro Cultural Banco do Brasil de São Paulo, que permite e proporciona provocações com diversas abordagens estéticas, valores conceituais, formais, estimulando nossa reflexão em direção ao conhecimento e principalmente ao ensino da arte.
>
> Pontualmente, após uma ruptura, quando resolvi deixar a área financeira para trabalhar somente com arte – minha paixão – o ano de 1999 foi muito importante e marcante na minha vida pessoal e profissional. Foi o início de minha trajetória como professor na educação básica da rede pública estadual e mais tarde da municipal, na cidade de São Paulo, onde vivo.

Assim como os colegas da área, enfrentei e venho enfrentando milhares de dificuldades de ordem estrutural e cultural da nossa escola pública, o que não é nenhuma novidade. Dessas dificuldades, aquela que mais cabe a mim, e venho combatendo com resultados positivos, diz respeito ao ensino da Arte.

Habituado a fruir arte em seus espaços de exibição e circulação, sempre com um olhar atento, percebo que o ensino da arte só produz conhecimento de verdade quando se somam os conteúdos abordados em sala de aula com as visitas do aluno às exposições. Momento esse que faz o estudante se relacionar com a obra de arte frente a frente, no espaço expositivo do museu e com toda a ambientação pertencente a esse universo. Nesse espaço, a ação mediadora sem dúvida faz a diferença, quando o aluno experimenta de fato uma relação com a obra de arte, vive experiências estéticas, descobre com curiosidade e prazer novos conhecimentos.

E isso comprova o que diz Ana Mae Barbosa:

> Por meio da arte é possível desenvolver a percepção e a imaginação, apreender a realidade do meio ambiente, desenvolver a capacidade crítica, permitindo ao indivíduo analisar a realidade percebida e desenvolver a criatividade de maneira a mudar a realidade que foi analisada. (2002, p.18)

Acreditamos que o ser humano que tem oportunidade de fruir arte no original, participando de uma boa mediação, experimenta de forma ímpar um contato consigo mesmo, com seu mundo, sua história, desenvolvendo sua capacidade cognitiva e enriquecendo seu vocabulário estético visual.

alunos da escola pública, cuja maioria nunca foi nem tem o hábito de frequentar um museu ou uma instituição cultural, quando levados pela escola a esses ambientes, sempre ficam impressionados com a arte no original e com as instituições culturais que, para eles, são sempre uma grande viagem rumo a novas descobertas.

Figura 1 – Alunos em visita à exposição *Morte das casas*, de Nuno Ramos.[1]

Dessa forma, levar alunos a frequentar exposições de arte dá grandes resultados. Mas não é tarefa fácil. Um aspecto muito importante é o estabelecimento de parcerias. Temos feito várias parcerias com educadores de museus e de instituições culturais. Acreditamos ser esse o principal ponto da construção do conhecimento do ensino da arte: a relação entre o trabalho na sala de aula e o trabalho do educador da instituição, harmonizada, torna o ensino completo. É sempre uma troca muito rica e divertida, com espaços disponíveis para possíveis interferências do professor durante a mediação.

Juntos, educador do museu e professor colaboram para a construção de conhecimentos no grupo, valorizando e marcando profundamente um momento social e cultural na vida dos educandos.

É importante ressaltar que devemos estabelecer as parcerias antes de levar os alunos a uma exposição de arte, seguindo alguns critérios:

1. Primeiro, o educador precisa visitar a exposição sem os alunos para explorar suas impressões pessoais. Procurar participar de *workshop*,

1 Todas as fotografias são de Pio Santana.

curso ou encontro para professores no setor educativo da instituição para alimentar seu repertório.

2. Escrever um projeto estabelecendo parcerias com outros professores e buscar o apoio e o patrocínio da coordenação e da direção da escola.
3. Preparar os estudantes em sala de aula com os conteúdos a serem vistos e pesquisados, por meio de leitura e contextualização de imagens, em sintonia com a Proposta Triangular do ensino da Arte.
4. Agendar o dia da visita e, mais importante, informar com antecedência aos educadores da instituição qual o foco do projeto. Evidentemente, é salutar estar aberto também a sugestões e pontos de vista do programa da instituição.

Com esse trabalho, o aluno recebe verdadeiras lições de cidadania, como: informações sobre a exposição que vamos visitar; noções sobre o comportamento dentro do ônibus e no local a ser visitado; informações sobre como funciona aquele lugar; e um pouco da história da instituição.

Um dos fatores que dificultam essa ação é o custo do transporte. O pagamento do ônibus muitas vezes impede aquele estudante de periferia, que não tem como custear sua parte, de visitar exposições. Apesar dessa dificuldade, deve-se promover com antecedência uma 'campanha,' para que todos economizem e garantam sua despesa com o transporte.

Entretanto, temos em São Paulo instituições que colaboram fornecendo o transporte para visitar seu próprio espaço. Um exemplo que merece ser citado é do Centro Cultural do Banco do Brasil (CCBB), que oferece gratuitamente esse serviço.

Os estudantes partem sabendo que devem ver "tudo" e participar efetivamente do diálogo mediador com o educador que os conduz, porém com o olhar um pouco mais focado no estudo que estamos desenvolvendo na sala de aula.

Cada exposição visitada durante o ano é agendada em média para cinco turmas de 45 alunos, cada uma com foco de estudo específico e consequentemente com seus desdobramentos estéticos em sala de aula.

Obviamente, a educação pelo museu pode integrar outras áreas de conhecimento, assim como motivar e envolver outros professores por meio de projetos interdisciplinares. Dessa forma, pode-se movimentar positivamente a escola, a comunidade e ir além: avançar fortemente no combate à evasão escolar. Aqueles alunos desaparecidos da escola, quando ficam sabendo dos passeios culturais, voltam a frequentar as aulas, interessados em participar.

Figura 2 – Alunos felizes no ônibus em direção a mais uma visita.

Comprovamos que essas expedições culturais, chamadas aqui "passeios", despertam também nos alunos certa motivação por outras disciplinas, e, no corpo docente, o interesse pelos projetos interdisciplinares, contaminando positivamente a maioria dos professores da escola. Os resultados ultrapassam as avaliações convencionais.

Figura 3 – *Zona e favela*, resultado de atividade em sala de aula após visita à exposição *Morte das casas*, de Nuno Ramos. Suporte: parede. Materiais: diversos.

Figura 4 – *Futuro por um fio*, resultado de atividade em sala de aula após visita à exposição *Morte das casas*, de Nuno Ramos. Suporte: fio de arame. Materiais: diversos.

As Figuras 3 e 4 são resultado de atividades realizadas em sala de aula com alunos do Ensino Fundamental e Médio, depois de visita feita ao CCBB, à exposição *Morte das casas*, do artista Nuno Ramos, em 2004.

O objetivo desse trabalho foi primeiro o de alfabetização visual, para o aluno conhecer aspectos da arte contemporânea, discutindo alguns conteúdos que teciam relações com a exposição visitada e o contexto do artista:

- O que é arte contemporânea?
- O que é materialidade?
- O que é suporte?
- O que é instalação?
- O que é efêmero?
- O que é apropriação?
- O que é belo hoje?

Buscamos com esse trabalho uma mudança no paradigma modernista que a maioria dos professores insiste em reforçar, principalmente a onda de propostas que focam as obras de Tarsila do Amaral. Nada contra a obra de Tarsila, muito importante para nosso contexto, porém acreditamos que seja fundamental trabalhar a arte contemporânea.

As experiências vivenciadas nos encontros para professores nas instituições e os materiais a que temos acesso são fundamentais para a formação e a prática na sala de aula. As imagens e os textos recebidos gratuitamente nesses eventos servem de grande apoio e suporte para a pesquisa e para ilustrar as aulas, discutindo e provocando nos alunos a curiosidade a fim de promover desdobramentos com a produção artística.

O envolvimento dos alunos com as novas imagens, o processo de conhecimento vivido por eles, a imaginação presente nos títulos dos trabalhos criados, as relações simbólicas estabelecidas e discutidas, e os resultados estéticos são provas da consistência desse trabalho, que é sério e divertido, despertador de conhecimentos, como comprovam os depoimentos de alguns dos alunos:

– *Arte é mais do que uma simples tela... Mas é tudo o que nós fazemos e colocamos empenho e dedicação.* (Ricardo, 15 anos.)

– *Afinal, nós somos a maior arte contemporânea, pois acompanhamos a moda e vivemos loucamente como uma arte. Sempre com mudanças...* (Alessandra, 15 anos.)

– *Tudo está por um fio...* (Marcelo, 13 anos.)

E concluímos com outro depoimento nosso.

Para finalizar, quero dizer que de 1999 para cá tenho aprendido muito sobre o ensino da arte na minha trajetória em sala de aula. Participo de um grupo de pesquisa sobre mediação: arte/cultura/público, do Instituto de Artes da UNESP e tenho buscado sempre me atualizar por meio de encontros para professores.

Frequento vários departamentos educativos de museus e institutos culturais da cidade de São Paulo e procuro ainda levar outros professores a vivenciar essa experiência. Tenho feito grandes amigos e amigas nesse percurso e a cada dia que passa acredito mais que a instituição cultural e o museu, em parceria com a escola, geram os melhores resultados na sala de aula. Resultados que não se acabam, mas que despertam um gostinho de quero mais, quando o aluno pergunta:

– Quando vamos a outra exposição, professor?

Referências bibliográficas

BARBOSA, Ana Mae. *Inquietações e mudanças no ensino da arte*. São Paulo: Cortez, 2002.

16
Visualidades comuns, mediação e experiência cotidiana

Irene Tourinho

Este trabalho é parte de uma experiência que a autora vem desenvolvendo há cinco anos. No início teve um caráter exploratório e, posteriormente, buscou-se uma organização dos resultados com uma reflexão sobre "visualidades comuns", questão que o título aponta e é parte do cotidiano da prática pedagógica em artes visuais. Minhas atividades profissionais foram alimentando o projeto e inserindo preocupações que as circunstâncias e os contextos dos participantes criavam e definiam para o trabalho, conforme verão a seguir. Um breve relato das atividades que tenho desempenhado nos últimos anos (2000-2004) situa o desenvolvimento da experiência que em seguida relato e discuto. Escrevo como autora do relato, mas ele foi construído com muitas vozes e aqui elas se confundem.

Há oito anos sou professora titular na Faculdade de Artes Visuais da Universidade Federal de Goiás, e também atuo como docente no Programa de Pós-graduação – Mestrado em Cultura Visual. No mestrado, oriento pesquisas na área de concentração em Educação e Visualidade. No curso de Licenciatura em Artes Visuais tenho trabalhado com a disciplina de estágio e enfatizado não apenas a formação dos alunos, mas também a minha própria formação. Nos trabalhos de conclusão de curso (TCC), assim como nas dissertações de mestrado, busco convergência entre ensino e pesquisa, acompanhando e refletindo sobre o desenvolvimento de propostas pedagógicas que os alunos elaboram e realizam. O interesse desses alunos, bem como seus projetos em escolas públicas e instituições filantrópicas – ensino regular, alfabetização de jovens e adultos, visitas guiadas a exposições, ação educativa integrada ao processo de escolarização, "projeto-recreio" escolar – tem motivado a minha prática pedagógica e meu espírito de investigação.

Por meio de um processo de orientação coletiva (Garcia & Alves, 2002) temos aprendido a

> compreender que não há outra maneira de entender as tantas lógicas do cotidiano senão sabendo que nelas estamos inteiramente mergulhadas, correndo todos os perigos daí decorrentes, o que nos obriga a identificar e criticar sempre os nossos inúmeros e impensados limites. (p.261)

O caráter exploratório deste trabalho foi colocando desafios que, aos poucos, fomos nos dando conta (os alunos, inclusive) que poderiam ser transformados, redirecionados e redimensionados no decorrer da prática pedagógica. Como foi mencionado no início, este é um "trabalho em construção" como o é todo trabalho de aprendizagem e ensino...

Duas ideias orientam este texto: primeiro, a compreensão de que, na educação visual, a mediação pressupõe lidar com uma "visualidade comum" presente nas escolas. Chamo "visualidade comum" um campo de imagens, referências que compartilhamos num sentido semelhante àquele que utilizamos ao falar de "senso comum", quando nos referimos a ideias, práticas, linguagens, hábitos que nos aproximam. Assim, refletir sobre "visualidades comuns" é acompanhar Giroux e Simon na compreensão de que essas formas de expressão, para serem encaradas "em benefício do fortalecimento do poder individual e do poder social, têm que ser renegociadas e reapresentadas" (1995, p.111). Aproximar-se do universo cultural e visual dos alunos é preocupação e necessidade fundamentais no processo de educação visual. Essa aproximação requer formas de ação e reflexão.

A segunda ideia vem em forma de duas perguntas: como "visualidades comuns" podem ser aliadas da construção de processos de compreensão – dar sentido – de imagens? Fazendo uma analogia, se o senso comum nutre e abastece cientistas e ciência nas suas investigações e produção de conhecimento, como "visualidades comuns" podem nutrir e abastecer educadores e educação visual contribuindo para implementar conhecimento pedagógico na área?

Mediação e pedagogia: um exercício de reflexão

A experiência que socializo neste trabalho começou privilegiando a discussão sobre pensamento divergente, criatividade, processos criativos e imaginativos. Outros temas foram surgindo e tornando-se objetos de reflexão como, por exemplo, a importância da percepção criativa para a formação de processos de construção de significados; a existência de múltiplos caminhos e abordagens para interpretação de imagens; a interdependência entre produção e compreensão no desenvolvimento estético e, também, a relevância da dimensão social da criatividade e da experiência (Venegas, 2002; Rossi, 2003; Meira, 1999; De Masi, 2003). O foco dessa experiência é a pedagogia como mediadora de relações entre estudantes e imagens visuais ou, colocando de maneira invertida, a mediação como ação e conhecimento pedagógico do/no cotidiano.

Penso a mediação como um processo alargado, estendido, que se inicia com a visão que o educador tem do trabalho educativo. A mediação configura-se pela capacidade do mediador em criar formas de experimentar propostas colaborativas de aprendizagem. Penso, ainda, a mediação como construção flexível e pragmática que pode contribuir tanto para a permanência como para a renovação e a transformação de modos de olhar, de fazer e de interpretar. Permanência e renovação não são conceitos antagônicos na educação. Ambos fazem parte do processo de aprender e ensinar.

A escolarização acontece de forma cotidiana, coletiva e obrigatória e, portanto, mediar a relação entre estudantes e cultura visual exige atitude investigativa e questionadora sobre as formas pelas quais os estudantes percebem, escolhem, interpretam e criticam a produção visual. Exige, ainda, entender que a nossa percepção de mundo é, ela própria, mediada por imagens, símbolos, sons, gestos e situações gerados em circunstâncias e contextos específicos. Nossos "pontos" de vista são "pontuados" por pontos de vista de outros. Eles se agregam e se reconstroem, se expandem e se diluem via cultura.

Conforme já frisamos, compreende-se que a mediação começa antes da atuação pedagógica, com a decisão – que também é colaborativa – de como olhar as imagens. Entretanto, é mais que isso: participa das decisões sobre "como" os "olhares" são interrogados e provocados em sala de aula, e "como" ocupam espaços "legitimados" da experiência na escola.

A mediação estende-se e visualiza poderes e ações para além da escolarização, preocupando-se com a construção de uma sociedade democrática, participativa e sensível. Mediação pressupõe interação. Dialogar com a cultura visual dos estudantes (e a nossa), integrá-la e ampliá-la são processos com os quais interagimos e a mediação que eles exigem envolve uma prática que deve ser crítica e autocrítica.

Para provocar a reflexão sobre tais ideias e experimentar seus impactos na mediação de aprendizagens, propusemos o seguinte exercício: demos a todos os alunos uma folha de papel A4 branco, com o contorno de um círculo preto impresso no centro, e solicitamos que fizessem um desenho tendo como base esse círculo.

Os desenhos poderiam ser feitos com o material disponível (lápis preto, colorido ou caneta hidrocor) e com o papel na posição horizontal ou vertical. Não havia prescrições temáticas ou formais nem necessidade de 'ensaios' ou rascunhos.

Os resultados foram comentados por todos e as discussões geradas levaram os alunos a sugerir uma ampliação da proposta, com levantamento mais abrangente das representações de estudantes de diferentes idades e contextos escolares, utilizando o mesmo exercício. O foco era a "visualidade comum" – aquilo que estava presente nos desenhos recolhidos nas escolas – incorporando a ideia de um "senso comum" e sua importância para a construção do conhecimento visual.

Nossas curiosidades e perguntas eram muitas. Por exemplo: que representações constituem esse "senso comum" visual? Que realidades e identidades se manifestam nessas representações? Que limites a forma-círculo torna evidentes? Como tais representações podem sugerir possibilidades de mediação pedagógica?

A aproximação com "visualidades comuns" sugere definições temáticas e metodológicas e ajuda a pensar formas de mediação que permitem negociar saberes e olhares, trabalhar consensos e conflitos. Possibilita, ainda, discutir a percepção como um processo criativo em que as pessoas podem construir e reconstruir suas maneiras de olhar. A "visualidade comum" nos ajuda a construir e discutir processos de interpretação da produção dos alunos, ligando os resultados de seus trabalhos às propostas de mediação a serem realizadas nas escolas, em visitas guiadas ou projetos especiais. Os alunos queixavam-se da falta de material pedagógico que abordasse sua produção e indicasse caminhos para diálogos e para a interpretação dessa produção.

O exercício do círculo foi levado pelos alunos participantes aos estudantes dos Ensino Fundamental e Médio e a algumas turmas de alfabetização de jovens e adultos. A solicitação para que desenhassem na folha ocorria da mesma maneira que eles tinham vivenciado. Como acontece nas aulas de Arte, os alunos questionam possibilidades não previstas. São as perguntas do tipo "pode isso?": pode desenhar dentro do círculo? Pode usar caneta e lápis? Posso fazer outros círculos?

O círculo é um estímulo e uma imposição visual que dirige e desafia o olhar. Estabelece um foco de interesse e sugere uma limitação no campo visual. Falamos sobre a importância do círculo e de como está presente nas manifestações visuais desde tempos remotos. Considerada por Platão a mais perfeita das formas, o círculo exerce fascínio e poder, um domínio quase mágico sobre o olhar.

Discutimos o fato de que a imagem do círculo permite associações e lembranças. Sua força comunicativa conecta o ser humano com a ideia de vitalidade, de movimento, de ciclos e territórios. Podemos dar como exemplo o círculo cromático, a roda da fortuna, a roda da vida, as mandalas e o símbolo yin-yang, representações visuais que reforçam a importância dessa forma e seu poder simbólico em diferentes culturas. A página em branco com o círculo negro no centro propõe um ponto de partida, uma referência para possível ordenação do espaço. Oferece possibilidades para empatia, abstração, deslocamento e até mesmo para enfrentamento. O desenho do círculo na folha alude e ilude, insinua imagens irreais, além de provocar relações entre o olhar dos alunos e as visualidades comuns.

Visualidades comuns e experiência cotidiana

Nos últimos cinco anos coletamos mais de seiscentos desenhos. Um conjunto de 165 que apresentam informação sobre idade e gênero foi utilizado para esse trabalho. A idade dos participantes (alunos e professores) varia entre cinco e 65 anos e o número de desenhos de mulheres é ligeiramente superior ao de homens. A frequência da temática "natureza" e sua presença em todas as faixas etárias é informação que chama atenção. Os Gráficos A e B a seguir mostram as temáticas mais frequentes nos desenhos: 1) natureza; 2) corpo; 3) formas abstratas; 4) objetos; 5) símbolos; 6) intracírculo. Mostram, também, a distribuição dos desenhos por diferentes faixas etárias (cinco a dez; onze a quinze; dezesseis a vinte; e assim por diante).

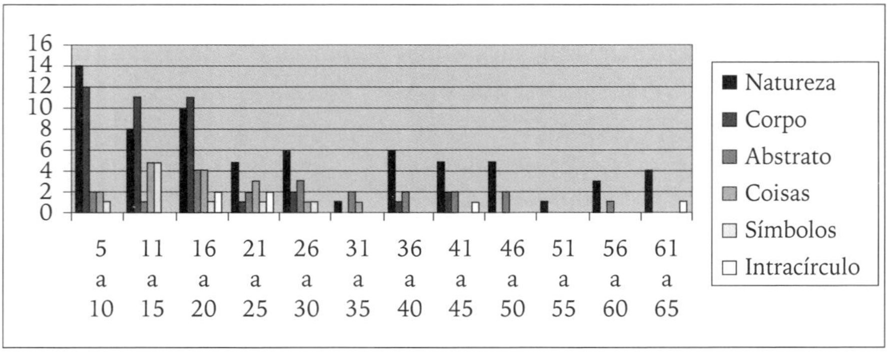

Gráfico 1 – Gráfico A

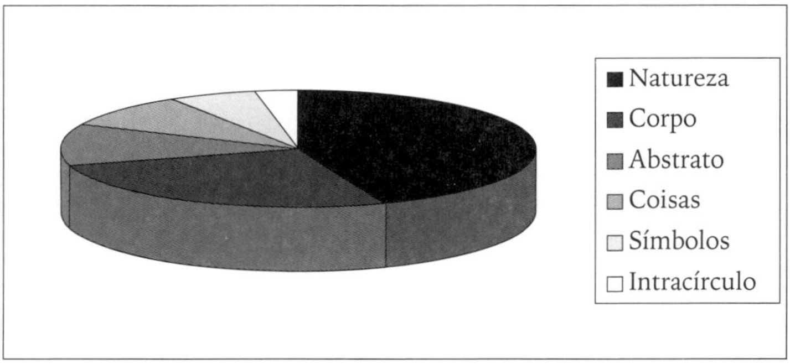

Gráfico 2 – Gráfico B

Essas temáticas configuram constelações de "visualidades comuns" que, além de ressaltar redes de significados compartilhados pelos participantes, abrem possibilidades para a especulação acerca da necessidade de criar vínculos entre as representações dos alunos e outras visualidades presentes no universo visual cotidiano. Baseadas em comparações, contrastes e similaridades, outras temáticas foram identificadas. Por exemplo: "animais/bichos" (Figura 1) e "círculo intacto" – desenhos que não interferem no círculo (Figuras 2 e 3). Surgiram, também, subtemáticas como "natureza-flor" (Figura 4), "natureza-astro-sol" (Figura 5) ou, ainda, na temática "corpo", as subtemáticas "corpo-inteiro" (Figura 6), "corpo-pedaço" (Figura 7) e "corpo-palhaço" (Figura 8).

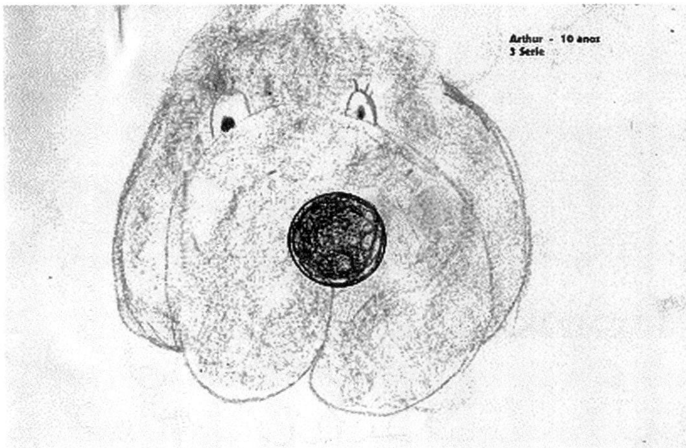

Figura 1

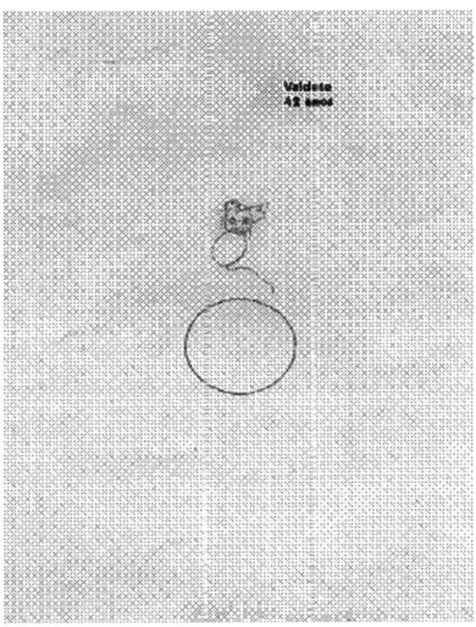

Figura 2

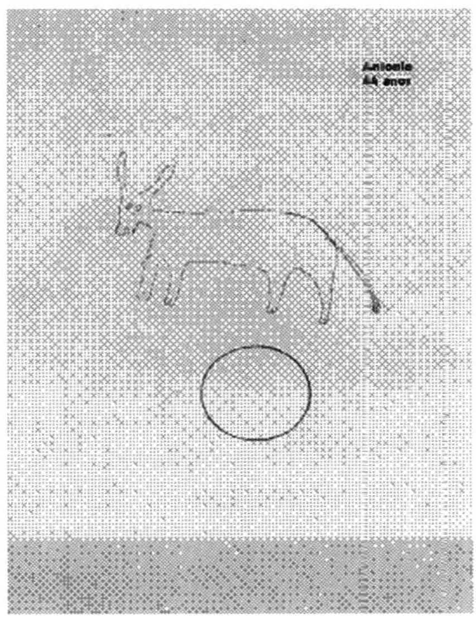

Figura 3

Os conjuntos de desenhos revelam afinidades com conceitos de simetria, ritmo, equilíbrio, espelhamento, planos e contrastes que os alunos observam e comentam com base no próprio desenho.

Figura 4

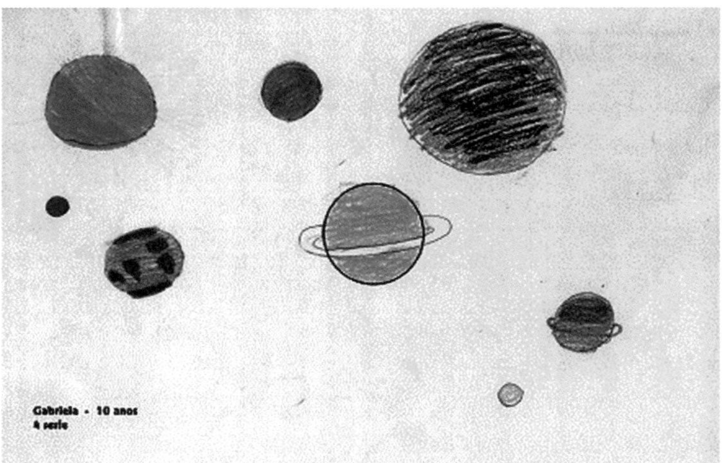

Figura 5

Figura 6

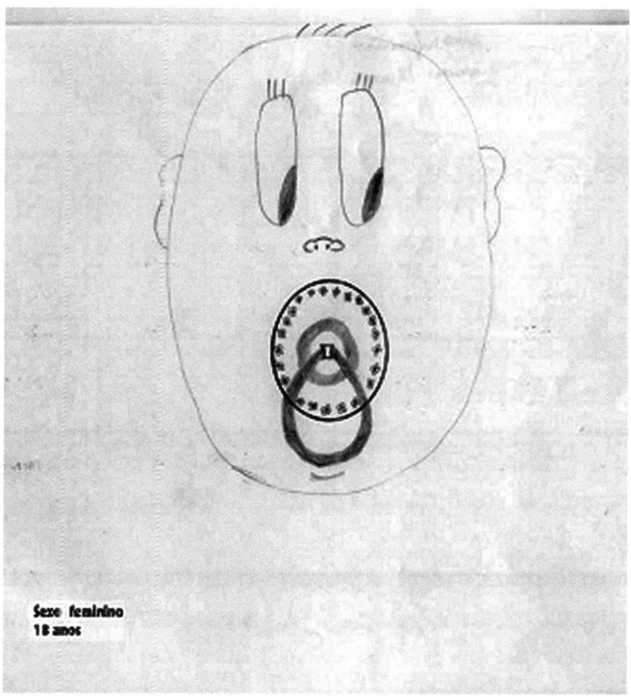

Figura 7

Figura 8

A representação por uma forma dada institui um campo de referências visuais que dialoga com subjetividades realçando, por meio das temáticas mais frequentes, marcas identitárias que dão sentido à vida cotidiana dos alunos. Os desenhos nos colocam diante de representações redundantes, constantes culturais que circunscrevem o entorno visual de alunos e professores. Mostram padrões visuais, formas, arranjos e representações que interrogam e se entrecruzam com visualidades da arte, da mídia (fotos e desenhos em revistas, *folders*, cartazes, *outdoors* entre outros) e do cotidiano escolar (desenhos que fazem nos cadernos, nos livros e nas camisetas, enfeites corporais, grafites, objetos de decoração de festas e de outras atividades na escola).

As temáticas encontradas nos desenhos são fonte de experiências de mediação que nos ajudam a construir pontes entre a produção dos alunos e outras produções. O diálogo visual entre a produção dos alunos e obras de artistas em que o círculo ganha evidência (Leda Catunda, Klee, Miró, Beatriz Milhazes, Robert Smithson, Kandisnky) mostra que eles, e elas também, se valem de um repertório de "visualidades comuns" que nos cerca. E por meio desse diálogo podemos não apenas compreender, mas criar modos de ver e fazer mundos nos quais estamos entranhados.

As temáticas encontradas nos desenhos formam conjuntos familiares ao repertório imagético das artes visuais. São temas que aparecem de diferentes maneiras na História da Arte mediante suportes, materiais e técnicas diversas, realizados individual e coletivamente. São, portanto, temas que merecem ser explorados e investigados como eixos para práticas pedagógicas que facilitem uma compreensão crítica da cultura visual.

Na experiência, buscamos relacionar as representações dos alunos – por exemplo, as representações do "corpo" – com as de artistas, fazendo comentários, observações e interpretações que se ampliavam para reforçar e refinar a compreensão, como também para ajudá-los a compreender sua própria maneira de representar. A Figura 9, por exemplo, mostra um desenho pelo qual a ideia de representação simultânea de múltiplas perspectivas pôde ser discutida e observada. Nesse exemplo, o aluno desenha o avião visto de frente e, ao mesmo tempo, a pista de pouso, vista de cima. No desenho seguinte (Figura 10), uma fechadura traz detalhamento e combinações de linhas nas extremidades revelando delicadeza e riqueza quase barrocas, observação que pode ser destacada com exemplos de obras do período.

Outras formas geométricas estão presentes nos desenhos, em quase todas as temáticas. A temática "natureza" é mais desenhada por mulheres ao passo que o corpo é mais desenhado por homens. As constatações dessas diferenças, das redundâncias, das formas de olhar que elas envolvem e de como as temáticas – natureza, corpo, objetos, animais – se combinam nas representações e na subjetividade dos alunos são aspectos a serem trabalhados.

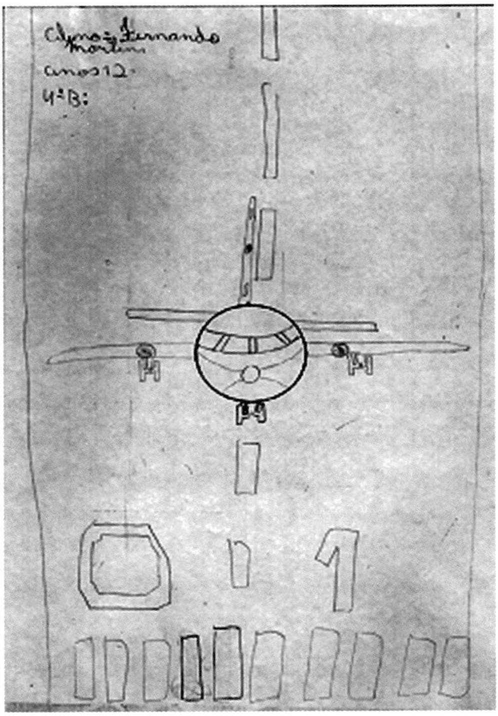

Figura 9

Figura 10

Como uma experiência de mediação, esse trabalho exemplifica um tipo de aprendizagem colaborativa informal em que o conhecimento se constrói num espaço social de interação. Essa interação entre alunos e professores provoca uma dispersão do controle e aguça interesse e responsabilidade na sala de aula, compartilhando saberes e interpretações. Discutir as diferentes identidades e representações individuais e de grupo ressalta a importância de práticas interpretativas que contemplem a diversidade e a riqueza da visualidade contemporânea.

Figura 11

A Figura 11 mostra exemplo que, como nas Figuras 4 e 5, a centralidade do círculo é diluída pela inclusão e repetição de outros círculos, procedimento verificado em muitos desenhos. Observar, descrever, comentar, interpretar, comparar e contrastar combinações, redundâncias e pegadas visuais que configuram "visualidades comuns" orienta o olhar dos alunos para possibilidades de representação que, embora comuns, ampliam a percepção e o senso crítico.

A diferença e a variedade dos desenhos também são importantes. Nenhum dos palhaços é igual. Cada flor apresenta detalhes distintos, jeito pessoal de representar. Tal diversidade reforça uma condição de dupla necessidade para a compreensão das representações: a aproximação desse universo para estudá-lo em profundidade, e a aproximação dos alunos de sua própria produção e experiência, compartilhando-a com colegas e professores.

A construção social do visual é cultural e se contrapõe à ideia de originalidade. Não importa quão singular possa ser a percepção de um aluno, ela sempre estará contaminada por elementos, ideias e valores do grupo social ao qual ele pertence e com o qual convive. O desenho de símbolos, como bandeiras (Figura 12) e escudos de time de futebol, às vezes ganha outros interesses com a inserção de palavras ou mensagens que enriquecem a discussão e povoam os trabalhos com significados que ressaltam a subjetividade e a cotidianidade desses alunos.

Figura 12

O exercício do círculo exemplifica uma possibilidade de abordar "visualidades comuns" sem se restringir a elas, que se tornam aliadas no processo de construção de conhecimento e experiências visuais. A mudança de ênfase da epistemologia para a ontologia – de um saber sobre o "objeto" para um saber sobre a pessoa que vê o "objeto" – e um questionamento sobre em que medida a avaliação de um objeto realmente foca na reconstrução do conhecimento do produtor ou do espectador é uma das transformações mais significativas da arte/educação e da educação em geral (Freedman, 2003, p.159).

Essa experiência viabiliza aprendizagens colaborativas, com ênfase na reconstrução do conhecimento daquele que vê, e a apreciação em grupo, a observação e a tematização dos desenhos, a discussão e a busca de novas formas de olhar que dialoguem com "visualidades comuns". A mediação como processo interativo de aprendizagem colaborativa dá sentido ao cotidiano dos alunos, possibilitando uma relação significativa com a cultura visual que produzem e da qual fazem parte.

Referências bibliográficas

DE MASI, Domenico. *Criatividade e grupos criativos.* Rio de Janeiro: Sextante, 2003.

FREEDMAN, K. *Teaching Visual Culture*: curriculum, aesthetics, and the social life of art. New York: Teachers College Press, 2003.

GARCIA, Regina Leite & ALVES, Nilda. "A necessidade da orientação coletiva nos estudos sobre cotidiano – duas experiências". In: BIANCHETTI, Lucídio & MACHADO, Ana Maria (Orgs.) *A bússola do escrever* – desafios e estratégias na orientação de teses e dissertações. São Paulo: Cortez, 2002.

GIROUX, H. & SIMON, R. "Cultura popular e pedagogia crítica: a vida cotidiana como base para o conhecimento curricular". In: MOREIRA, Antonio F. & SILVA, Tomaz Tadeu (Orgs.) *Currículo, cultura e sociedade.* São Paulo: Cortez, 1995.

MEIRA, Marly R. "Educação estética, arte e cultura do cotidiano". In: PILLAR Analice D. (Org.) *A educação do olhar no ensino das artes.* Porto Alegre: Mediação, 1999.

ROSSI, Maria Helena W. *Imagens que falam* – leitura da arte na escola. Porto Alegre: Mediação, 2003.

VENEGAS, Alicia. *Las artes plásticas en la educación artística y estética infantil.* México: Paidós, 2002.

17
O desenvolvimento do pensamento estético no ensino fundamental

Maria Helena Wagner Rossi

A pesquisa "A compreensão estético-visual na Educação Fundamental: um estudo longitudinal" (Cefel),[1] além de ser uma investigação, tornou-se um instrumento de ação educativa incorporado ao currículo. Seu objetivo foi conhecer o processo de compreensão estética durante o Ensino Fundamental, em virtude de uma exposição sistematizada para atividades de leitura e discussão durante o processo de escolarização.

De 1997 (1ª série) até 2004 (8ª série) foi realizada uma centena de sessões de discussão estética diante de imagens e obras de arte, numa média de duas por mês, e uma vez por ano os alunos visitavam obras de arte originais em museus e galerias da cidade: as instalações interativas virtuais "Trans-e: my body, my blood" e "In(s)na(k)ers", ambas de Diana Domingues, a segunda edição da Bienal do Mercosul, a visita itinerante ao acervo do Museu de Arte do Rio Grande do Sul (MARGS), em Porto Alegre, apresentada no Museu Municipal de Caxias do Sul e em algumas exposições individuais e coletivas de artistas gaúchos e locais em exposição na cidade.

1 Pesquisa longitudinal realizada de 1997 a 2004, tendo como sujeitos os alunos de uma turma do Ensino Fundamental, da primeira à oitava série, em Caxias do Sul, RS.

Em sala de aula foram usadas imagens em eslaides. Durante um semestre, quando a escola passou por uma reforma que privou os alunos da sala escura, foram usadas reproduções em formato A3. Na maioria das vezes, apresentadas duas imagens por sessão e, eventualmente, mais de duas. O critério da escolha das imagens obedecia ao desenvolvimento do pensamento estético evidenciado durante os diálogos.

Segundo Parsons e Blocker (1993), ainda não há consenso sobre o currículo mais apropriado para a educação estética. Não existe um corpo de achados de pesquisa que seja significativo para elucidar esse assunto. Assim, foi interessante realizar este estudo para contribuir na questão de como levar a estética para dentro da sala de aula. A pesquisa Cefel procurou auxiliar com os achados das pesquisas anteriores (Leia[2] e Deape[3]). Os relatórios dessas pesquisas proporcionaram conhecimento sobre a compreensão estética de nossos alunos em contexto brasileiro. A partir desse entendimento foram propostas as atividades de discussão estética com o grupo experimental.

Em outras palavras, procurou-se adequar a abordagem às características e às especificidades do pensamento estético dos alunos. Por exemplo, nos primeiros meses da pesquisa, as imagens selecionadas foram aquelas que propiciavam uma interpretação pela narrativa, isto é, que representam ações, o mais variadas possíveis, de personagens humanos ou animais. Isso porque a narrativa foi definida como um tipo privilegiado de interpretação entre os alunos, conforme se pôde ver nas pesquisas anteriores. Conforme o grupo foi avançando no processo de desenvolvimento estético, as questões do diálogo foram se adequando à confrontação de ideias, intuições e teorias construídas pelos alunos. No final do Ensino Fundamental o diálogo enfatizou os elementos metafóricos presentes nas imagens.

Podemos acompanhar o desenvolvimento dos alunos por meio das discussões diante da mesma imagem apresentada na segunda, na quinta e na oitava série. A imagem é *Duas mulheres correndo na praia* (1922), de Picasso.

2 *Leitura de imagens nas artes visuais*: os estágios evolutivos. UCS, SMED/Caxias do Sul, Fapergs (1995-1997).

3 *O desenvolvimento da apreciação estética*: uma abordagem discursivo-cognitiva. UCS, CNPq (1997-2000).

Figura 1 – *Duas mulheres correndo na praia (A corrida)*. Pablo Picasso. Têmpera sobre madeira, 1922. Museu Picasso, Paris. Guache sobre madeira, 32,5 cm x 41,1 cm.

2ª série

Caroline – *São duas mulheres gordas com os seios de fora.*

Luíza – *Elas estão dançando.*

Mateus – *Elas são tão gordas que parece que elas engoliram dois botijões.*

Cássio – *Os cabelos delas estão voando.*

Bruno – *Por que a mulher está com a cara toda vermelha?*

Cristiane – *Porque ela está brava.*

Bruna – *Porque ela comeu pimentão!*

Cristiane – *Elas estão correndo com os seios de fora.*

Breno – *Eu acho que as tetas caíram porque elas são muito gordas e rasgou a camisa.*

Camila – *Eu acho a pintura ridícula!*

MH – Por que, Camila?

Camila – *Porque está tudo espichado! Este pintor não sabe pintar bem.*

Laura – *É horripilante! Parece que ela fez pimentão e passou no rosto.*

Breno – *Por que elas são tão gordas?*

Lucas – *Elas comem muito ar, então elas vão enchendo até começar a voar!*

Cristiane – *Por que elas estão com o seio de fora?*

Felipe – *Porque são muito gordas e o vestido é justo.*

Lucas – *Porque elas caminharam demais, passaram perto de uma árvore e o galho rasgou.*

Mateus – *Ela está olhando para cima para ver se não vem a garça* (cegonha) *com o filho dela.*

Luíza – *Ela está com o seio de fora porque elas são loucas.*

Lígia – *Porque rasgou a alça do vestido.*

Thomaz – *Eu acho que elas estão olhando para cima porque elas jogaram o sutiã e estão tentando pegar.*

Laura – *Por que o pescoço dela é maior que a cabeça?*

Camila – *Porque elas nasceram assim!*

Cássio – *Elas estão dançando!*

Lucas – *Por que elas não caminham direito; caminham assim desse jeito?*

Luiz – *Porque elas estão pulando com uma perna só.*

Natália – *Por que o pé da mais gorda é mais branco?*

Maurício – *Porque ali tem sol e ali tem a sombra.*

Tomás – *Eu sei por que o vestido rasgou. Porque elas são muito gordas.*

Lucas – *Um pé é claro porque está no sol e outro está na sombra.*

Lígia – *Porque uma mulher é bronzeada e a outra, não.*

Laura – *Eu acho que elas não são gêmeas, porque uma é magra e a outra é gorda.*

Cássio – *Eu acho que são gêmeas, porque as duas podem ter nascido magras, só que uma engordou.*

Thomaz – *Onde elas estão?*

MH – Numa praia.

Thomaz – *Mas que praia?*

Felipe – *Podem estar na Bahia.*

Luiz – *Pode ser numas praias fora do Brasil.*

Lucas – *Pode ser no Havaí.*

Tomás – *O Picasso não podia conhecer praias aqui no Brasil.*

MH - Por que não? De que país ele era?

Tomás – *Da Argentina.*

MH – Agora eu quero saber se é uma boa imagem.

Pedro – *Não é muito legal, porque tem poucas pessoas e não tem cores alegres.*

Cristiane – *Porque está mal pintada.*

Camila – *Porque o pintor pintou a pintura muito ridícula e ele até nem colocou o nome.*

– *Não tem cores alegres.*

Laura – *Não tem cores alegres e ele fez mal, por isso ele não colocou o nome, e está tudo borrado.*

Como se pode ver, na segunda série, a leitura enfatiza os aspectos concretos da imagem, numa abordagem realística, isto é, em busca de um mundo real supostamente apresentado na imagem. Na visão das crianças, esse mundo tem de ser bom, belo e representado de maneira realista. A suposta falta de maestria do artista e a ausência de cores alegres são as responsáveis pela má qualidade da obra. Os elementos da imagem são lidos como se fossem retratados em si e não como símbolos de algo. Aparecem as narrativas, que ajudam as crianças a dar sentido à imagem.

5ª série

Fernanda – *Na imagem tem mais tonalidades de azul, amarelo e vermelho. A imagem possui grande variedade de cores da natureza. Aparecem duas mulheres correndo na praia.*

Cristina – *Duas mulheres correndo na praia e olhando para o céu. É uma pintura com verdes, azul e bege. Elas têm os pés grandes e os braços também.*

Camila – *Duas mulheres correndo, olhando para o céu azulado com um mar imenso. As mulheres são gordas e têm um nariz imenso; seus cabelos são escuros. As mulheres estão com os seios de fora, com um vestido branco. Elas têm os pés grandes e pesam em torno de 80 kg. É boa porque retrata bem!*

Taís – *Vejo duas mulheres correndo a beira-mar, onde o mar logo atrás bate simultaneamente na areia, e o céu desponta atrás. O desenhista retrata bem as sombras e o movimento das pessoas, com muita delicadeza e harmonia. Seus cabelos voam pelos ares com grande harmonia. O autor mostrou bem o movimento do vento no cabelo e vestes. O olhar das pessoas se desafia para o alto e para a imensidão do mar e do deserto. O autor fez os pés, braços e os seios desproporcionais ao tamanho das pessoas.*

Na 5ª série há maior aceitação pela deformação proposta por Picasso. Os alunos não ridicularizam a imagem e reconhecem a maestria do artista em fazer a obra. Referem-se a aspectos formais da composição e parecem abandonar a abordagem realística, no sentido proposto por Freeman e Sanger (1995), quando deixam de acreditar que a obra é a transferência do mundo para a obra. Uma obra é resultado das intenções e desejos de expressão do autor, que pode manipular o real em função de suas necessidades.

8ª série

Isadora – *Eu acho que ela inspira a alegria, a liberdade que você tem quando está na praia e que você não precisa estar comprometido com outras coisas. Sei lá, você na praia pode correr e se divertir! Eu acho que é isso!*

MH – Dá a ideia de que elas estão felizes?

Camila – *Eu não sei, sabe? Eu perguntaria para onde elas estão correndo, e por que elas estão correndo de mãos dadas. Elas seriam irmãs? Seriam mãe e filha? Seriam amigas? Seriam amantes? Elas estão sentindo a liberdade, pelas suas expressões, e estão seminuas. Eu acho que o autor está querendo retratar que a liberdade é uma coisa além! Que não é preciso muita coisa para ser livre! Você tem que se sentir livre! Não precisa de nada para ser livre! Eu também acho que pelo fato de ele ter retratado mulheres ao invés de homens, isso tem outra razão. Eu sou mulher... A diferença é que os homens sempre são mais presos e não liberam o sentimento. Eles não liberam os sentimentos como as mulheres que choram. Elas podem se sentir mais livres...*

MH – Quem pode me falar em que direção elas estão indo? O que elas querem?

Camila – *Eu acho que se você soubesse para onde elas estão correndo daria para saber um pouco mais sobre elas. Olhando a imagem não dá para você discernir nada. Eu acho que elas não podem estar correndo para o nada! Sabe por quê? Porque este braço está em uma direção que quer alcançar alguma coisa. Olha bem, um braço totalmente desproporcional, reto demais, uma mão grande demais, querendo pegar alguma coisa. Elas são felizes e livres, mas querem pegar alguma coisa! Se o Picasso era um feminista, ele está mostrando, com aquela mão e com a liberdade das mulheres, que elas queriam alcançar a liberdade delas! A liberdade em relação aos homens, porque antigamente era muito machismo. Acho que foi por isso que ele pintou os seios nus.*

MH – Quem pode me dar um novo título?

Cristina – *Alguma coisa relacionada à liberdade ou à conquista: 'A conquista da liberdade!'*

MH – É uma boa imagem?

Camila – *Qualquer pintura ou forma de arte é boa, mas eu acho essa aqui espetacular! Ela até tem uma forma meio normal para os padrões do Picasso, mas é uma imagem que, apesar de ser bastante realista, ainda invoca a parte cubista do Picasso. Esta imagem não é um retrato, e sim uma imagem para ser lida. Não é uma imagem para ser olhada em busca de respostas...*

Nesse diálogo é evidente o avanço em direção a um desenvolvimento estético maduro e sofisticado. Não há exigência de realismo nem de maestria. A imagem é lida como metáfora de sentidos que tanto podem ser da intenção do autor, como podem ser atribuídos pelos alunos. A obra não trata apenas da liberdade, mas da conquista da liberdade em relação aos homens ou que a liberdade é uma coisa além do sentir-se livre. Enfim, cada elemento da imagem é lido como símbolo, como algo que está lá no lugar de outra coisa, o que constitui uma visão mentalística (Freeman e Sanger, 1995).

Comparando o desenvolvimento estético dos alunos do grupo experimental com os do grupo controle, na oitava série, pode-se dizer que há diferenças significativas. Os alunos que não vivenciaram atividades de discussão estética incorporadas ao currículo tendem a apresentar uma leitura mais realística e ingênua, ao passo que os do grupo experimental evidenciam uma leitura mais sofisticada e adequada ao mundo da arte. Sobre essa adequação, diz Parsons:

> Embora a arte exprima os nossos anseios e emoções, as interpretações da arte podem ser mais ou menos racionais e os juízos de valor mais ou menos defensáveis. Não se tratará propriamente de os considerar certos ou errados, mas há seguramente alguns mais pertinentes do que outros (1992, p.30).

Assim, pode-se perguntar: qual é o papel da mediação no processo do desenvolvimento estético? Ora, a construção do conhecimento se dá quando as coisas fazem sentido para o sujeito. Então é função do mediador saber que ideias do mundo da arte são importantes e significativas no desenvolvimento estético, pois a mediação provoca a construção do conhecimento estético.

Referências bibliográficas

FREEMAN, Norman H. & SANGER, Daniela. "The commonsense aesthetics of rural children". *Visual Arts Research,* v.21, p.1-10. 1995.

PARSONS, Michael J. *Compreender a arte:* uma abordagem à experiência estética do ponto de vista do desenvolvimento cognitivo. Lisboa: Presença, 1992.

__________. BLOCKER, H. Gene. *Aesthetics and education.* Chicago: University of Illinois, 1993.

ROSSI, Maria Helena Wagner. *Imagens que falam:* leitura da arte na escola. Porto Alegre: Mediação, 2003. (3.ed. 2006)

Parte 4

Mediação e Reconstrução Social

18
Reflexões sobre o ensino da arte no âmbito de ONGs

Lívia Marques Carvalho

Em decorrência de uma combinação de problemas sociais que se acentuaram no início da década de 1980, verificou-se no Brasil o aumento do número de crianças e adolescentes fora das escolas, vagueando pelas ruas. A inconformidade com essa situação tem levado a sociedade civil organizada, sobretudo as Organizações Não Governamentais (ONGs), a se estruturar criando mediações de caráter educacional e político para promover a inclusão social. Em tais organizações, a arte é quase sempre tomada como uma diretriz pedagógica fundamental. Com base em uma pesquisa realizada em três ONGs brasileiras situadas na Região Nordeste, voltadas para a promoção e a defesa de crianças e jovens em situação de risco social, analisa-se o papel da arte, o perfil dos educadores e as atividades artísticas empregadas nesses espaços educativos.

O panorama da sociedade brasileira tem sido marcado por desigualdades econômicas profundas. Ao mesmo tempo que o país alcança uma das mais elevadas taxas de crescimento do Produto Interno Bruto entre os países capitalistas, os indicadores sociais para medir a qualidade de vida de sua população atingem níveis lastimáveis. Embora haja algumas conquistas sociais recentes, como o aumento da expectativa de vida, a diminuição do número de analfabetos e de evasão escolar, o Brasil continua entre os países que apresentam um dos piores índices de desenvolvimento humano do mundo.

Os governos vêm se empenhando em expandir o sistema educacional, partindo do pressuposto de que a escolarização melhora a qualificação e, em consequência, possibilita a inserção de indivíduos no mercado. Esse discurso, sempre presente nos planejamentos do Estado, é baseado em teorias educacionais que consideram a Educação um instrumento capaz de produzir a igualdade social, bem como garantir a integração de todos os indivíduos no corpo social. De acordo com esse entendimento, a Educação seria, por si só, um fator de superação da marginalidade.

No entanto, diversos estudos têm revelado e a realidade tem mostrado que, no que se refere à sociedade brasileira, apesar dos esforços governamentais para expandir o sistema educacional, a sociedade brasileira continua polarizada por carências profundas e privilégios cristalizados. As conquistas obtidas na área da Educação não conseguiram reduzir, de maneira significativa, os níveis de pobreza.

O sistema educacional oficial do Estado toma como base sociedades homogêneas e exclui, portanto, aqueles que se encontram fora da forma prescrita por critérios de idade, herança cultural, padrão econômico, local de nascimento ou de residência. Desconhece os efeitos das condições socioeconômicas e culturais do aluno sobre sua capacidade e seu estado de espírito, ou até de saúde para aprender. O sistema educacional oficial não abarca, portanto, todos os seus usuários.

Os problemas sociais provenientes das desigualdades, que se acentuaram no início da década de 1980, e os motivados pelas mudanças econômicas decorrentes dos tempos de globalização tornaram a exclusão social ainda mais intensa e revigorada. Diante desse quadro, os intelectuais são desafiados, de um lado, a entender os mecanismos que tornam possível a manutenção de tais fenômenos, e, de outro, a investigar ações inovadoras que promovam as mudanças sociais.

A inconformidade com essa situação tem levado indivíduos e a sociedade civil a se articularem, criando um ambiente propício para as ações participativas. É nesse contexto que se percebe a acelerada expansão das atividades do chamado Terceiro Setor no Brasil, principalmente das ONGs.

Essas instituições têm-se destacado sobretudo pelo desenvolvimento de metodologias e estratégias eficazes para intervir em grupos com demandas específicas. Em geral, as ONGs atuam nesses grupos que as ações do

Estado não têm conseguido atingir, nem são do interesse dos setores privados, como populações da zona rural, minorias raciais, crianças e jovens em situação de risco pessoal e social.

Nos últimos anos a mídia, sobretudo a televisiva, apresenta com muita frequência matérias sobre ONGs, ressaltando, em especial, o trabalho daquelas voltadas para a promoção dos direitos das crianças e dos adolescentes. O trabalho dessas instituições adquiriu, nos últimos anos, no Brasil, uma visibilidade nunca dantes recebida. Em grande parte das reportagens, o que sobressai são as cenas focalizando meninos e meninas sorridentes, desenvoltos, realizando alguma atividade artística.

A repetição dessas cenas não apenas propicia à sociedade reconhecer que o número dessas instituições vem se ampliando e ocupando um espaço significativo no cenário nacional, assim como evidencia que o ensino artístico é um componente fundamental em seus programas educativos.

Com base em uma pesquisa desenvolvida sob a orientação da professora Ana Mae Barbosa para a realização de doutorado,[1] foram examinados alguns aspectos relativos ao ensino de arte em três ONGs da Região Nordeste que têm como público-alvo crianças e adolescentes em situação de risco social. São elas: a Casa Pequeno Davi, na cidade de João Pessoa, a Casa Renascer, em Natal, e a Daruê Malungo, em Recife. Nesse trabalho, discutiram-se três questões: 1) Como a arte contribui para a reconstrução pessoal e a inclusão social? 2) Quem ensina arte nas ONGs? 3) Quais as atividades artísticas ensinadas?

A pesquisa de campo foi feita no segundo semestre de 2003 e início de 2004, por meio de exames em documentos oficiais, registros administrativos, publicações, questionários, entrevistas individuais com dirigentes e educadores e com grupos focais de educandos.

Análises das questões

Questão 1 – Como a arte contribui para a reconstrução pessoal e a inclusão social?

A arte foi considerada por todos os participantes da pesquisa um elemento de absoluta importância. Foram apontados diversos propósitos,

1 Lívia Marques de Carvalho, 2005.

como: fortalecer a autoestima, desenvolver a capacidade cognitiva, socializar o acesso aos bens culturais produzidos universalmente, desenvolver habilidades e competências em determinadas modalidades artísticas, favorecer a obtenção de atitudes positivas e possibilitar a inserção no mercado de trabalho para fazer valer os direitos de todas as crianças e adolescentes.

As atividades artísticas são organizadas em forma de oficinas, com carga horária média de cinco a seis horas semanais. Há, por parte de todas as ONGs estudadas, uma preocupação tanto de prover os conteúdos teóricos específicos das linguagens artísticas quanto de aperfeiçoar as habilidades técnicas. Conhecer e ter domínio de técnicas e materiais permitem aos educandos criar articulando percepção, imaginação e conhecimento. Isso é um fator essencial para que eles produzam com mais confiança, competência e qualidade estética.

Realizar bem os exercícios pode contribuir para erguer a autoestima, pois, quando percebem que estão fazendo algo com qualidade, recebendo aprovação, sendo aplaudidos e valorizados, os educandos descobrem-se com competências em áreas que até então eram desconhecidas para eles. A repetição sistemática de situações nas quais os educandos sejam bem sucedidos termina por elevar sua autoestima. A gratificação pelo reconhecimento social modifica a maneira como esses meninos se autopercebem. A crença em si e o querer-se bem estão relacionados à visão de futuro, à esperança, ao desejo de vir a ser.

Dada a situação de vulnerabilidade do público-alvo quanto à primeira inserção no mercado, a qualidade do ensino precisa ser muito sólida a fim de proporcionar uma possível profissionalização. Embora a inserção no mercado não seja o objetivo principal dessas instituições, esse aspecto está quase sempre presente tanto na mente dos dirigentes e educadores quanto na dos educandos e seus familiares.

A participação em trabalhos realizados em grupo contribui para o "protagonismo" dos educandos. Os meninos e meninas são incentivados a discutir os exercícios e a compartilhar todas as etapas do trabalho; isso incentiva o diálogo, estabelece relação de cooperação entre os participantes, melhora a capacidade de comunicação, concorre para formar consciências mais críticas, fatores necessários para o desabrochar de personalidades mais seguras. Os trabalhos coletivos podem possibilitar, ainda, a consideração e o respeito pelo outro, bem como o cumprimento de normas grupais.

Assegurar meios para que as crianças e os adolescentes se expressem com liberdade e tenham acesso aos bens culturais está previsto no Estatuto da Criança e do Adolescente.[2] A maioria desse segmento social, por limitações de ordem econômica e social a que está sujeita, é privada de usufruir a produção artístico-cultural que não seja a divulgada pelos meios de comunicação de massa. A ampliação das referências estéticas favorece a compreensão acerca do mundo, ao permitir que o jovem reflita e se posicione criticamente diante dele.

Questão 2 – Quem ensina nas ONGs?

A Casa Pequeno Davi conta com oito educadores, a Daruê Malungo, com quatro, e a Casa Renascer, com três, totalizando quinze educadores. Entre eles, oito (53,33%) possuem o terceiro grau completo, sendo um pedagogo e sete arte-educadores; cinco (33,33%) completaram o segundo grau; e dois (13,33%) não concluíram o primeiro grau.

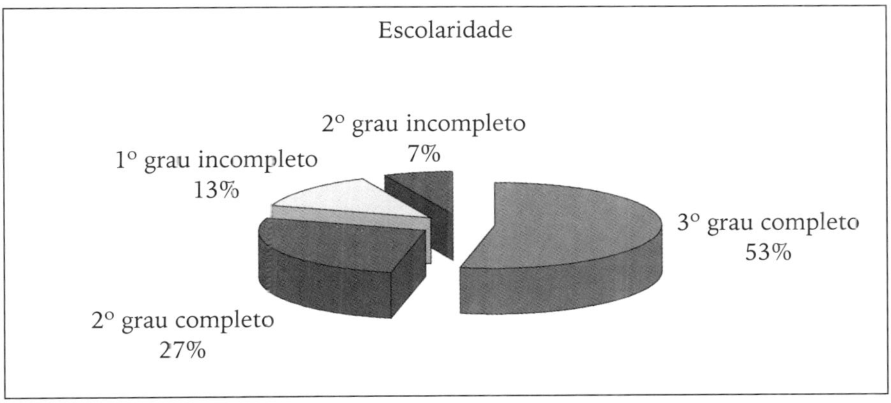

Gráfico 1 – Escolaridade dos educadores

Essas instituições, como já foi mencionado, lidam com meninos e meninas com necessidades desmedidas e têm como objetivo propiciar, com atividades educacionais, condições para que eles busquem meios de superar as barreiras que os excluem. Isso implica que os educadores tenham

2 Artigo 58, do capítulo IV do Estatuto da Criança e do Adolescente, que dispõe sobre o direito à educação, à cultura, ao esporte e ao lazer (ECA, 1990, p.22).

posicionamentos políticos, éticos e estéticos alinhados aos das instituições, como também qualidades e aptidões pessoais que vão além das habilidades técnicas profissionais, como: autonomia, capacidade de liderança e de trabalhar em equipe, habilidade no relacionamento interpessoal, responsabilidade. Portadores de títulos acadêmicos desacompanhados dessas especificações são de pouca valia.

Questão 3 – Quais as atividades artísticas ensinadas?

Visando a sintetizar, dividimos as atividades artísticas em dois grandes grupos:

- Grupo 1 – Performance: as atividades que podem possibilitar a apresentação de espetáculos, como música, teatro e dança.
- Grupo 2 – Artes visuais: as atividades cujo ato da percepção envolve mais diretamente o sentido da visão, como artes plásticas, artes gráficas e arte em tecido.

Atividades artísticas	Número de ocorrência/ONGs	Grupos
Música	2 (CPD; CR)[3]	G1 - Performance
Percussão	1 (DM)	G1 - Performance
Teatro	3 (CPD; DM; CR)	G1 - Performance
Dança de rua	1 (CPD)	G1 - Performance
Dança contemporânea	2 (CPD; CR)	G1 - Performance
Dança afro-brasileira	1 (DM)	G1 - Performance
Artes plásticas	2 (CPD; DM)	G2 - Artes visuais
Arte em tecido	1 (CPD)	G2 - Artes visuais
Marcenaria	1 (CPD)	G2 - Artes visuais
Serigrafia	1 (CPD)	G2 - Artes visuais

Das quinze oficinas, dez (66,7%) estão incluídas no G1 – Performance – e cinco (33,3%) no G2 – Artes visuais. Os dados encontrados na pesquisa de campo indicaram a predominância de atividades que possam resultar em trabalhos coletivos e possibilitem a montagem de apresentações públicas.

3 CPD (Casa Pequeno Davi); DM (Daruê Malungo); CR (Casa Renascer).

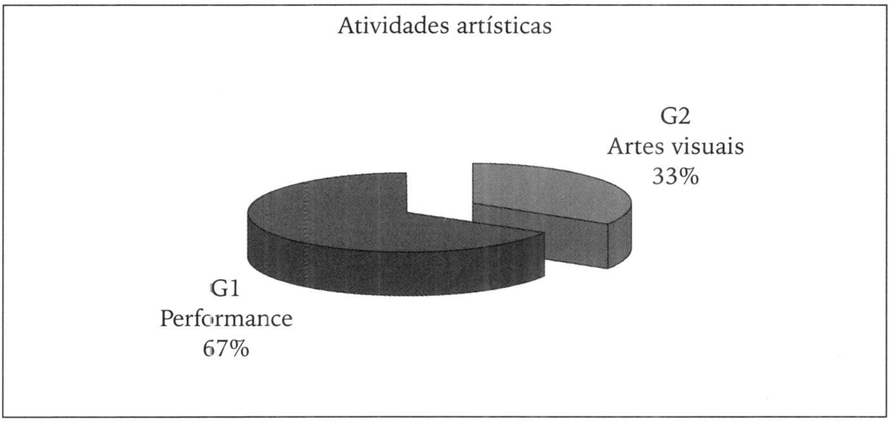

Gráfico 2 – Atividades artísticas desenvolvidas nas três ONGs

Foi possível observar que as atividades realizadas coletivamente, como as bandas, a dança, o teatro, têm mais chances de receber apoio financeiro, pois são atividades que, em poucos meses, resultam um produto com possibilidade de ser apreciado e divulgado. Diante de um espetáculo, a comunicação com o público é mais imediata, há uma interação social maior. Diferentemente, as artes visuais são meios de expressão apresentados, na maioria das vezes, individualmente, e a comunicação com o público é mais subjetiva, sutil e menos imediata, sem ter, tampouco, impacto televisivo marcante. Assim, as agências financiadoras tendem a investir naquelas atividades com potencialidade para lhes render marketing social, que possam aumentar e fortalecer a imagem da empresa para o público em geral.

Para as ONGs aparecer também é muito importante. As de maior visibilidade são as que têm mais chances de receber apoio das agências financeiras, uma vez que muitas preferem investir naquelas que já são referência. Mas esse não é o único motivo. Há o valor pedagógico dos trabalhos realizados coletivamente, porque propiciam o diálogo, as discussões grupais, e favorecem, também, a sociabilidade dos participantes.

Para os educandos, as modalidades que possam vir a ser espetáculos também apresentam pontos vantajosos, pois, para eles, aparecer confere notoriedade. Segundo os entrevistados, passam a ser conhecidos na vizinhança, na escola e até os familiares lhes dão mais importância. Realizar algo considerado digno de ser mostrado e aplaudido faz eles se sentirem mais seguros e aprovados.

Essas considerações levam a refletir sobre as formulações de Guy Debord, sobre a sociedade contemporânea que ele denominou "A sociedade do espetáculo", numa obra com esse mesmo nome. O autor destaca o domínio das imagens e a forte influência da mídia nas sociedades contemporâneas. Para ele, nosso cotidiano está fartamente embebido de realidades que são representadas nos *outdoors*, TVs, vídeos, computadores, CDs, DVDs e outros meios. Na atualidade, tudo vira espetáculo, desde as manifestações da cultura popular, como o Carnaval, as festas do ciclo junino, até os debates políticos. Em nenhuma outra época a imagem teve tanta importância.

Considerações finais

Os meninos e meninas que vivem em situação de risco geralmente têm baixa autoestima, porque pertencem a comunidades pobres e incorporam várias discriminações e símbolos negativos. Portanto, é importante que se empreguem meios para favorecer o desenvolvimento tanto dos campos cognitivos quanto dos emocionais.

As atividades artísticas, além dos propósitos mencionados pelos entrevistados, são, também, uma oportunidade para que esses meninos possam expressar seus sentimentos, brincar, criar, inventar, fantasiar. A exclusão social penaliza toda uma geração de brasileiros. Enquanto crianças e jovens servirem de lastro econômico da família, seu desenvolvimento pessoal estará comprometido e sob permanente ameaça de violência, marginalidade, prostituição e drogas. É indispensável criar chances de integração social e, ao mesmo tempo, gerar condições que proporcionem a afirmação individual. Para enfrentar o desafio de oferecer alternativas reais de construção de um projeto de vida, é necessário empregar uma pedagogia, como a Educação Artística, que tenha a força de interferir no plano da autoimagem e da autoestima, que os leve a desejar e a acreditar na possibilidade de ultrapassar as barreiras que os excluem e buscar seu desenvolvimento como pessoa e como cidadão.

Quanto ao educador, seria um equívoco supor que a formação acadêmica é desnecessária. O que os exemplos sugerem é que ela por si só não é suficiente para prepará-los para realizar um trabalho competente nesse campo de ensino. Em alguns casos, esses profissionais trazem para os espaços educacionais vivências e atitudes próprias da escola formal que, muitas vezes, não se adaptam a essa esfera pedagógica e até dificultam a atuação deles.

É possível perceber algumas dificuldades de adaptação experimentadas pelos educadores provenientes dos cursos de Educação Artística nesse campo de ensino. Um dos impasses mais recorrentes, por exemplo, diz respeito a trabalhar por resultados. Para as ONGs, é importante "se mostrar", apresentar, expor o que foi produzido nas oficinas. Por isso, esforçam-se para organizar eventos em intervalos regulares. Para as instituições, a apresentação de resultados é uma das maneiras de prestar contas, de serem avaliadas pelas agências financiadoras, pelos familiares dos educandos e pela comunidade em geral. No entanto, para alguns arte-educadores, trabalhar sob essa perspectiva representa romper com conceitos que se cristalizaram nos cursos de formação. Seria como se eles estivessem aceitando ser o "festeiro da escola" – posição tão combatida no âmbito dos cursos de graduação de Educação Artística. Por isso, oferecem resistência em aceitar ou relutam em se enquadrar nesses procedimentos. Eles parecem se prender ao princípio básico de que em Educação o importante não é o produto, mas o processo, sem fazer as devidas transposições entre as situações educativas.

A realidade observada indica a necessidade de os cursos de Licenciatura em Artes elaborarem currículos mais adequados à diversidade do mercado de trabalho, que ofereçam conhecimentos e treinamentos para habilitar os alunos a atuar, de modo apropriado, em espaços especiais e não apenas nas escolas regulares.

O nosso sistema educacional atual é convencional, não está montado para atender ao novo cenário que se forma, tendo como elemento importante as demandas por profissionais para o Terceiro Setor, um setor que vem se expandindo em uma velocidade superior à dos tradicionais setores público e privado. Para fazer frente às novas responsabilidades em uma sociedade em transformação, o Terceiro Setor necessita de competências específicas para suas atividades. Sem isso, ele não poderá desempenhar bem seu papel para conseguir as transformações sociais que todos nós almejamos.

Para finalizar, a arte nesse setor é um campo propício para se rebater o desânimo e acalentar o sonho de construir uma sociedade para além dos limites da exclusão.

Referências bibliográficas

ALMEIDA, Célia de Castro. "Concepções e práticas artísticas na escola". In: FERREIRA, Sueli. (Org.) *O ensino das artes*: construindo caminhos. Campinas: Papirus, 2001.

BARBOSA, Ana Mae. (Org.) *Arte/educação*: leitura no subsolo. São Paulo: Cortez, 1997.

BRASIL. *Estatuto da criança e do adolescente*. Brasília: Ministério da Criança/Projeto Minha Gente, 1991.

CARVALHO, Lívia Marques de. "O ensino de artes em ONGs: tecendo a reconstrução social". São Paulo, 2005. Tese (Doutorado) – ECA/USP.

COELHO, Simone de Castro Tavares. *Terceiro setor*: um estudo comparado entre Brasil e Estados Unidos. 2.ed. São Paulo: Senac, 2002.

COELHO, Raimunda de Fátima. Neoliberalismo e o pensamento de Gramsci na educação: resistência ou legitimação. *Conceito* (João Pessoa), v.4, n.5, p.26-31. jan./jun. 2001.

CORAGGIO, José Luis. *Desenvolvimento humano e educação:* o papel das ONGs latino-americanas na iniciativa da educação para todos. São Paulo: Cortez, 2000.

DEBORD, Guy. *A sociedade do espetáculo*. Rio de Janeiro: Contraponto, 1997.

GONH, Maria da Glória. *Educação não-formal e cultura política:* impactos sobre o associativismo do terceiro setor. São Paulo: Cortez, 1999.

GRACIANI, Maria Stela S. *Pedagogia social de rua:* análise e sistematização de uma experiência vivida. São Paulo: Cortez, 1997.

INDICADORES Sociais IBGE 2003. Disponível em: <http://www.ibge.gov.br>. Acessado em: 17 jan. 2004.

LANDIN, Leila. "Para além do mercado e do Estado? Filantropia e cidadania no Brasil". *Cadernos do Iser*, Rio de Janeiro, 1993.

MOYSÉS, Lúcia. *A autoestima se constrói passo a passo.* Campinas: Papirus, 2001.

OLIVEIRA, Anna Cythia & HADDAD, Sérgio. As organizações da sociedade civil e as ONGs de educação. *Caderno de Pesquisa,* n.112, p.61-83, mar. 2001.

SINSON von, Olga; PARK, Margareth; FERNANDES, Renata. (Orgs.) *Educação não-formal:* cenário da criação. Campinas: Unicamp/Centro de Memória, 2001.

19
Exposição como currículo: novos modelos de mediação[1]

Arnold Aprill e Scott Sikkema

Mantendo uma mediação significativa

Um dos principais desafios da mediação da aprendizagem da arte entre instituições culturais, escolas e comunidades é o problema de manter a vitalidade dos programas. O "público" do conhecimento cultural comporta-se de maneira progressivamente inerte, forçando as instituições artísticas a aumentar os investimentos – expansão de seu quadro de funcionários, desenvolvimento de novos materiais educativos, busca de novas fontes de apoio –, a fim de manter suas atividades mediadoras. Esse caminho tem-se mostrado insustentável, por que os resultados indicam que o aumento de recursos resulta na diminuição do retorno nas aprendizagens.

Assumimos uma dinâmica na qual o público trabalha pesado para compreender as intenções e as mensagens dos artistas. Uma dinâmica sustentável requer que artistas e mediadores trabalhem igualmente pesado para compreender as demandas e as mensagens do público. Muitos museus pretendem um diálogo com seus visitantes, mas em lugar disso oferecem uma conferência. A principal falha do desenho desses programas está na crença

1 Tradução do texto por Maristela Sanchez.

de que as escolas e as comunidades recebem conhecimento cultural com base nos repositórios culturais das instituições artísticas, em vez de gerar novos conhecimentos usando os recursos como um estímulo:

> Programas que fluem em uma única direção não duram (partindo de organizações de arte que supõem "ter" cultura para escolas e comunidades que supostamente não a têm). Lideranças precisam se tornar uma alternativa corrente, oscilando entre dois grupos de organizações, no qual um grupo conduz em algumas áreas e o outro conduz em outras, e a liderança coletiva existe em um meio termo entre os parceiros.
>
> O modelo de organização cultural que se endereça a comunidades aculturadas é um modelo pobre, no qual a arte assume seus valores numa proporção direta a sua exclusividade, colocando as organizações de arte em uma situação complicada de lutar para se conectar com aqueles que ela própria tem excluído. Esse processo unidirecional tende a exacerbar concepções etnocêntricas sobre as culturas e as capacidades das comunidades a serem *atingidas*. (Aprill, 2005)

Isso é igualmente verdadeiro tanto para estudantes envolvidos com arte contemporânea quanto para os envolvidos com artefatos que encarnam heranças culturais. O foco do problema, então, é ativar escolas e comunidades para *conduzir seu próprio desenvolvimento do conhecimento*, aproveitando as organizações culturais como um dos vários recursos de valor, de maneira que a energia da comunidade e a energia da instituição cultural possam alimentar-se mutuamente, em vez de esgotarem-se uma à outra. Assim, seria útil considerar as condições sob as quais escolas e comunidades ativam seu próprio desenvolvimento dos conhecimentos. A experiência de algumas organizações de mediação cultural nos Estados Unidos tem sido a de que as comunidades tendem a resistir à instrução cultural de outras fontes (mesmo, e talvez em especial, das instituições culturais prestigiadas). Essa resistência é um ato criativo, embora negativo, e as comunidades podem ter um senso claro delas próprias enquanto criativamente evitam as ofertas culturais em vez do que fazem enquanto as aceitam.

O Consortium on Chicago School Research (Consórcio de Pesquisa Escolar de Chicago), uma rede de pesquisas com base em Chicago, estuda as práticas que impulsionam a aprendizagem autodirigida nas escolas públicas de Chicago, aplicando sua investigação em todos os domínios do ensino (não penas na arte/educação). O consórcio constatou que professores e alunos tomavam ativamente a responsabilidade por sua aprendizagem quando, e só quando, havia desafio intelectual significativo provido por instrução da escola, o que foi verificado em especial com estudantes vivendo em estado de pobreza. Assim o *Consórcio* definiu um trabalho intelectual autêntico:

> Trabalho intelectual autêntico envolve aplicação original de conhecimentos e habilidades (em lugar apenas de rotina, uso de fatos e procedimentos). Isso também requer uma investigação disciplinada nos detalhes de um problema particular, e resulta em produto ou apresentação que tem significado além do sucesso escolar. (Newmann; Lopez; Bryk, 1998,. p.6)

Tal definição tem significado particular para o campo da mediação cultural, e justifica o conceito de exposição como currículo da Chicago Arts Partnerships in Education (Sociedade de Educação em Arte de Chicago).

Definições

A Chicago Arts Partnerships in Education (Cape, www.capeweb.org) é uma rede de organizações de arte e escolas (da Educação Infantil ao Ensino Médio) que forma associações sustentáveis nas quais professores de sala,[2] professores de artes e artistas profissionais visitantes coplanejam e coensinam unidades curriculares que integram todas as formas de arte (Dança, Teatro, Artes Visuais, Música, Literatura, Arte Midiática) por meio das demais áreas (linguagens artísticas, Matemática, Ciências, Estudos Sociais entre outras). A proposta é prover acesso democrático ao aprendizado da arte, como também revitalizar a educação geral. O sistema educacional nos Estados Unidos atualmente tem falhado na promoção de educação de qualidade para largos segmentos da população, sobretudo em bairros empobrecidos e em comunidades formadas por minorias étnicas. A convicção da Cape é de que integrar a arte de forma transversal ao currículo é um caminho essencial para criar uma educação eficaz na economia de informação do século XXI. A integração da arte produz um pensamento intelectual e estético desafiador, visível nas maneiras que ressoam nas experiências vividas pelas crianças na pós-modernidade.

2 Professores não especialistas [N.T.].

Aplicação original de conhecimento e habilidades

Se os estudantes estão verdadeiramente envolvidos no significado das coleções, repertórios e monumentos de instituições culturais, precisam fazer muito mais do que produzir réplicas dos trabalhos originais. Em primeiro lugar, os contextos culturais nos quais os trabalhos foram criados mudaram, de forma que reaplicações das mesmas técnicas têm significados profundamente diferenciados. Não só não podemos pisar no mesmo rio duas vezes, como não podemos pisar no mesmo rio uma vez, porque o rio continua fluindo (e nós continuamos pisando). O naturalismo não é mais uma crítica radical do neoclassicismo. O impressionismo não é mais uma crítica radical do naturalismo. Eles têm sido digeridos e homogeneizados na caverna da "arte estabelecida". Para que os estudantes se engajem no dinamismo dos artefatos culturais, eles precisam primeiro ser convidados a pensar sobre as controversas argumentações que produziram esses trabalhos, e então aplicar, de maneiras idiossincráticas e pessoais, as técnicas contemporâneas dirigidas aos problemas do período ou as técnicas do período dirigidas aos problemas contemporâneos. Os trabalhos de arte não são originados nos museus que os expõem, eles têm uma vida antes e depois da exposição. Nós precisamos convidar os alunos a adentrar a vida, a respiração, a existência inconstante dos trabalhos de arte.

Investigação disciplinada nos detalhes de um problema particular

Nosso trabalho não é "cobrir" o conteúdo de uma coleção, repertório ou monumento, mas "descobrir" o assunto, abrindo caminhos que demandam uma investigação persistente e insistente dos materiais e ideias envolvidas, e fazê-lo com uma atenção focada nas nuanças do objeto ou na performance particular sob investigação. Os artefatos servem tanto de realidade concreta para exploração como também de metáfora fundamentada para os conceitos, associações e movimentos históricos que fluem dentro e fora do trabalho.

A prática da Cape tem sido influenciada pelos métodos do programa da pré-escola Reggio Emilia da Itália, no qual professores e artistas engajam os estudantes em atividades de exploração de desafiadores problemas estéticos e intelectuais, escutando as questões dos alunos, apoiando experimentações com materiais e coletando evidências do processo de aprendizagem – em outras palavras, mapeando a trajetória do pensamento das crianças com elas mesmas. Essa documentação torna-se visível para os estudantes, professores, artistas e famílias nas salas de aula e corredores, onde questões e conclusões são afixadas, conversas transcritas, e exibidas fotografias e desenhos de alunos negociando com materiais e entre si. Visível e compartilhada, a documentacão mantém os estudantes refletindo sobre seus próprios processos de investigação, produzindo uma possível observação disciplinada e permitindo que se reconheçam como pensadores sérios (e produtores). A Cape compromete-se a exibir ambos os processos e produtos da aprendizagem de alunos, professores e artistas.

Foto 1 – Foto de Arnold Aprill.

Resultados no produto ou na apresentação que têm significados além do sucesso escolar

Produtos originais do trabalho de estudantes, professores e artistas são vistos pela Cape como uma parte essencial do ciclo de aprendizagem – parte especialmente importante das respostas às ofertas das instituições culturais. Formar um público para arte, sem produzir trabalhos artísticos em resposta, é participar apenas da metade do diálogo, que, obviamente, não se configura como diálogo. Para que ele seja significativo, o aluno precisa ter acesso a autênticos materiais de arte e oportunidades de apresentar sua obra em locais respeitosos para públicos que se importam com o trabalho dos criadores.

Exposição como currículo

- ***Exposição:*** a Cape tem compromisso com o acesso a museus, galerias e locais de apresentações e *performances* para alunos, professores e artistas exibirem para o público, de maneira profissional, a documentação de seus processos de trabalho e produtos de inovadoras práticas educacionais e artísticas, que inclui planos de aula, fontes documentais de artistas, desenhos e esboços de artistas e professores, entre outros. Os estudantes e membros da comunidade se veem mais nos museus e locais de performance do que visitantes, tendo acesso direto a curadores de museus, coreógrafos, diretores de teatro, compositores, produtores de filmes e vídeos, *designers* de jogos e *webmakers,* além de críticos de arte, cujos conhecimentos eles utilizam para projetar suas próprias apresentações e exposições. A Cape compromete-se também com a exposição dos trabalhos de alunos, professores e artistas nos corredores das escolas, nos bairros vizinhos, bem como em galerias e museus.
- ***Currículo:*** uma série de experiências de aprendizagem conectadas que inclui acesso ao conhecimento de conteúdos estabelecidos, técnicas e habilidades, mas também oportunidades para experimentação, investigação disciplinada, reflexão e análise, além de exposição pública dos novos conhecimentos gerados no curso de implementação do trabalho curricular.

- ***Exposição como currículo:*** é o reconhecimento dos trabalhos dos próprios aprendizes em exibição por produções, curadorias e documentações, criados como resposta às coleções e repertórios, uma parte significativa da mediação cultural pertinente.
- ***Aprendizes como colegas:*** a Cape projeta de forma intencional seus programas para apoiar jovens e artistas na criação de trabalhos em conjunto, tendo certeza de que a obra assim produzida tem uma qualidade profissional e visibilidade na comunidade, respeitando a estética dos jovens e a estética dos artistas adultos, que crescem com colaboração mútua. Isso requer que os jovens tenham apoio e uma relação contínua com profissionais da arte que, por sua vez, concebem sua colaboração com os jovens como uma parte autêntica de sua prática profissional.

Estudos de Casos

"Passaportes espirituais, jornadas transformadoras" (1998)

A metodologia da Exposição como Currículo da Cape foi primeiramente desenvolvida quando o estado de Ilinois abordou essa instituição para tratar de planejamento de atividades de mediação em escolas para uma exposição a ser apresentada na Illinois Art Gallery (Galeria de Arte de Illinois). Essa exposição convidou artistas para criar trabalhos observando momentos de transição e transformação espiritual do ponto de vista de diferentes mitologias culturais. A galeria queria produzir materiais para ajudar a envolver as escolas, mas a Cape queria desenvolver atividades e relações que pudessem auxiliar as escolas a atingir a galeria. A experiente artista e educadora Cynthia Weiss estava engajada na supervisão do projeto e o professor universitário especialista em currículo inovador Gail Burnaford orientava o planejamento. O projeto estava sendo levado para onze escolas públicas que participavam da rede chamada Chicago Students at the Center (Estudantes de Chicago no Centro).

Essa rede era um projeto de colaboração entre Chicago Arts Partnerships in Education, o Illinois Writing Project (Projeto Escrevendo Illinois), o Metro History Education Center (Centro de Educação Histórica do Metrô) e o Chicago Algebra Project (Projeto de Álgebra de Chicago) para desenvolver centros de interesses com os alunos nas escolas de Chicago. O Chicago Students at the Center manteve encontros com projetos semelhantes de Nova York e Filadélfia por três anos (1995-1998) para discutir práticas de centros de interesse de estudantes. A Cape percebeu que as inovações da mediação cultural eram auxiliares competentes para explorar a colaboração entre escolas inovadoras, organizações não governamentais e universidades comprometidas com experiências de melhoria do ensino.

O Chicago Students at the Center entrou em colaboração com a Illinois Art Gallery para apresentar trabalhos de alunos em mostras profissionais, bem como produzir uma mostra adicional dessas obras nas galerias da School of the Art Institute of Chicago (Escola do Instituto de Arte de Chicago). Os trabalhos dos estudantes foram orientados por uma equipe de planejamento formada por artistas expositores da galeria do estado, artistas da Cape com experiências em escolas públicas, professores de arte e professores de sala das escolas participantes. O alunos trabalharam com meios bi e tridimensionais e também com poesia, vídeo, teatro e música. As visitas das escolas para essas mostras eram coordenadas de tal modo que estudantes de diferentes escolas podiam servir de docentes nas instalações dos outros e cada um podia preencher um caderno de rascunhos com suas observações sobre os trabalhos dos outros. Havia uma recepção para os familiares e um diálogo vivo entre os artistas adultos e os artistas estudantes.

Os alunos do projeto Centro produziram um documentário em vídeo sobre a exposição, contendo um diálogo entre a diversidade étnica e práticas culturais de comunidades bósnias, japonesas, indianas, brasileiras, australianas, porto-riquenhas, mexicanas, de judeus americanos e de afro-americanos. Em particular, uma instalação mobilizou estudantes e pais para um projeto de moradias de baixa renda que estavam sendo demolidas, a fim de simbolicamente reconstruírem suas casas desaparecidas e refletirem sobre a história de sua comunidade. Significou muito para os novos e velhos residentes verem suas histórias representadas com tanto respeito. A instalação impressionou o bastante para ser exposta no Chicago's Museum of Contemporary Art (Museu de Arte Contemporânea de Chicago). O projeto "Passaportes Espirituais, Jornadas Transformadoras" mudou permanentemente o modo como a Cape concebia a relação entre o trabalho de arte adulto e o de alunos.

"Chicago Schools Quilts" ("Colchas de Retalhos de Escolas de Chicago") (1999-2000)

A ideia do projeto "Passaportes Espirituais, Jornadas Transformadoras" começou com uma exposição em uma galeria, moveu-se para dentro das escolas e então retornou às galerias e a um museu. O projeto "Chicago Schools Quilts" tomou um caminho diferente, começando nas escolas e depois se transportando para galerias e um museu. O projeto foi inspirado na descoberta de belas colchas de retalhos criadas nas escolas da cidade. Esses trabalhos estavam sendo feitos por professores e estudantes de todos os níveis de ensino, indo além da comunidade, da etnicidade, da renda e outros qualificadores que normalmente definem nossas escolas. Sem incitações formais ou diretrizes oficiais, muitos deles estavam envolvidos em uma das mais velhas tradições culturais norte-americanas: estavam unidos para contar suas histórias por meio do *quilt*.

O potencial para a iniciativa da cidade inteira reconhecer essas colchas de retalhos era claro, como era o interesse em apoiar um processo para criar novas colchas de retalhos. A Cape, o Instituto de Arte de Chicago e o Departamento de Negócios Culturais da Cidade de Chicago decidiram colaborar para que isso acontecesse. Algumas das mais finas colchas de retalhos existentes estavam no mostruário de uma das galerias do Chicago Cultural Center. Então, vinte escolas participaram de uma série de oficinas para auxiliar professores na criação de novas colchas, que foram expostas no Instituto de Arte, no Centro Cultural, no Conselho de Educação das Escolas Públicas de Chicago e nas livrarias dos bairros. O Instituto de Arte de Chicago publicou um catálogo profissional dessas "fábricas sociais", incluindo um guia curricular para professores.

"Indivisível: histórias de comunidades de Chicago" (2001)

Na primavera de 2001, a Galeria Beacon Street e a Galeria 400 da Universidade de Illinois, professores da Cape, artistas e estudantes apresentaram a exposição "Indivisível: histórias de comunidades de Chicago", na qual terminava um ano de trabalho profundo. As obras de arte dessa exposição eram tão poderosas quanto aquelas de galerias e museus contemporâneos. Muito da força desse trabalho derivara do envolvimento de professores, artistas e estudantes na curadoria de sua própria exposição. Tal abordagem aproxima o trabalho de colaboração de professores, artistas e alunos para além das típicas apresentações de estudantes ou feiras de arte. Mais ainda, a abordagem da exposição como currículo empodera e transforma os participantes em criadores de cultura. Fazendo assim e explorando juntos o processo de conceitualização e montagem da exposição, o trabalho colaborativo feito por professores, artistas e alunos é finalmente reconhecido como uma manifestação essencialmente estética e intelectual estabelecida em nossa sociedade.

O ponto de partida para o "Indivisível: histórias de comunidades de Chicago" foi uma exposição no Terra Museum of American Art (Museu Terra de Arte Americana), intitulada "Indivisível: histórias de comunidades americanas". Um projeto do Centro para Estudos Documentais da Universidade de Duke em associação com o Centro de Fotografia Criativa da Universidade do Arizona, "Indivisível: histórias de comunidades americanas" caracterizou-se por representações – uma variedade de fotógrafos, historiadores orais, jornalistas, e etnógrafos – de muitas comunidades diferentes dos Estados Unidos. A exposição ofereceu aos professores, artistas e estudantes da Cape uma oportunidade única para explorar o conceito de comunidade e sua documentação.

Workshops foram realizados no Terra Museum, com pessoal do museu, e em outros locais, permitindo que professores e artistas ficassem completamente familiarizados com a exposição e com certos conceitos-chave que inspirariam mais tarde trabalhos em sala de aula:

1. "Comunidade" é uma construção flexível – comunidades podem ser baseadas na localização, etnia, temas sociais e econômicos, idade etc.
2. Há diferentes modos de documentar/descrever/apresentar comunidades – nenhuma técnica é certa para todas, cada uma tem sua própria veracidade e força.

Professores exploram essas ideias com a visita à exposição, o exame de imagens com ou sem texto (e quais implicações isso tem) e discussões aprofundadas. Desde o início, a Cape esforçou-se por meio desses *workshops* para criar uma comunidade de professores e artistas. Isso foi valioso não apenas na criação de uma rede potencial de apoio, à qual todos poderiam recorrer por necessidade para criar os projetos de classe e produzir a exposição, mas também na estimulação de ideias e trocas. Os professores eram questionados nos primeiros workshops sobre "quando nós somos indivisíveis? Quando não somos? Que ocasiões nos unem? O que nos mantém separados? A narração de nossas histórias pode criar comunidade? E o que nossa história conta?". Responder a essas questões ajudou a unir os professores e deu a eles uma rara oportunidade de formar uma comunidade profissional envolvida na exploração séria de assuntos, arte e práticas educacionais inovadoras. Dessa forma, emergiram conceitos para o trabalho ser feito na sala de aula que começava a tomar forma.

Mais tarde workshops de professores e artistas aconteceram nas galerias nas quais as exposições iriam eventualmente ocorrer. Nesse momento, certos professores e artistas tinham iniciado a exploração do conceito *indivisível* em suas classes e estavam aptos para compartilhar sua empolgação com seus colegas. Esse compartilhamento possibilitou aos professores e artistas conceber a exposição como um produto do seu trabalho, como uma troca de ideias por meio da cidade de Chicago e não apenas uma mostra do trabalho particular de arte em classe.

Em suas salas de aula, professores e artistas começaram a colocar outras questões, como "o que nos dá um sentido de lar? Como nossa identidade está ligada a um local? O que nós poderíamos incluir na comunidade de nosso próprio projeto? Como a cultura nos faz como somos? Quem são nossos heróis e como nós os escolhemos? Nós podemos mudar a imagem de nossa comunidade para promover mudanças profundas? Podemos imaginar nós mesmos pelos olhos de outra pessoa?". À medida que discussões de questões como essas se espalham, as salas de aulas desenvolvem alguns focos para sua documentação. Algumas classes focaram assuntos de bairro, outras salientaram a ideia de comunidade como parte de seu currículo de estudos sociais, e as demais focalizaram elas mesmas, sua família e sua comunidade de sala de aula. Os estudantes exploraram esses assuntos em variadas formas de arte, encontrando respostas (e questões) que surpreendiam, movimentavam e desafiavam.

O processo de trabalho cooperativo tornou-se tão importante quanto seu conteúdo. Cada grupo de estudantes explorou como sua própria parte se ajustava no todo. Juntos, eles tinham de editar, moldar, refazer e agrupar todas as peças. A colaboração deles era guiada pelos professores e artistas que já tinham se tornado parte de uma comunidade de colaboração por meio dos *workshops* iniciais sobre *Indivisível*. Como colocou um professor, "você tem de formar uma comunidade se vai falar sobre comunidade".

As exposições e seus *vernissages* estavam possibilitando experiências que permitiam aos professores, estudantes e artistas ver seu trabalho exposto profissionalmente em um cenário de galeria. Todos os alunos que participaram no projeto *Indivisível* fizeram uma viagem de visita para ver seu trabalho em exposição. Algumas visitas foram organizadas para deixar os estudantes de diferentes comunidades atuarem como docentes e explicarem seus trabalhos para os outros, criando mais adiante um senso de comunidade. Sobre essas visitas, professores trabalhavam com seus alunos na exploração da exposição e suas respostas a ela por meio de esboços e relatos escritos. Os estudantes eram questionados, como "O que significava ser indivisível? Como as pessoas de uma comunidade conectam-se às outras? Como se sente ao ver seu trabalho na parede de uma galeria? Como a exposição é na realidade comparada ao que você imaginava? Que processo envolveu a criação desse trabalho? O que ele sentia ao documentar sua comunidade? O que aprendeu sobre sua comunidade e sobre ele mesmo participando desse projeto? Depois de olhar alguns dos outros trabalhos de arte, qual dos outros projetos interessou a você e por quê?".

Para professores e artistas a exposição e o projeto "Indivisível..." promoveram uma poderosa experiência ao formar uma comunidade profissional com outros professores, artistas, pessoal de museu e profissionais de instituições de arte. O projeto foi reconhecido e honrou o trabalho de professores, estudantes e artistas com a exposição de primavera. "Indivisível..." também deu aos participantes uma forte ferramenta na criação de comunidades de sala de aula e na exploração de assuntos de grande importância para estudantes, que nem sempre são de acesso fácil a eles. Uma aluna, estudando e documentando o processo de *gentrification* (pequena nobreza) no seu bairro, declarou que ela nunca soube que havia uma palavra (*gentrification)* para o que estava acontecendo no seu mundo. Esse é mais um dos muitos exemplos de pensamento crítico que capacita professores, artistas e estudantes – um pensamento crítico criado pelo processo da Exposição como Currículo da "Indivisível: histórias de comunidades americanas".

O "Projeto Grande Migração" (2001-2002)

O "Projeto Grande Migração" teve início quando um diretor executivo da Cape visitou o trabalho da cantora Zahra Baker com a classe da professora Bette Hinton, na Banneker Elementary School, na primavera de 1994.

Como parte de seu trabalho no projeto Cape, eles instruíram uma classe de estudantes de terceira série sobre a Grande Migração de Afro-americanos do Sul rural para o Norte industrial por meio da música. Os alunos aprenderam os significados codificados das canções tradicionais sulistas e fizeram conexões de suas famílias com o Sul. Pais trabalharam com a sra. Baker e o sr. Hinton para contar histórias de suas famílias e compor canções originais para cantar para suas crianças sobre aquela história. Os alunos também tinham suas próprias histórias para contar sobre os sulistas e as visitas ao Sul. Nos anos seguintes, professores e artistas sentavam-se em salas de professores contando histórias de famílias do Mississipi, e os estudantes partilhavam histórias no recreio sobre primos e tias sulistas, primas e avós, tornando-se aparentemente crescentes as conexões pessoais entre os negros de Chicago e os negros do Sul. Essa experiência viva de um dos eventos divisor de águas da história americana precisava de mais oportunidades de expressão nas escolas públicas de Chicago. A Cape respondeu a essa necessidade por meio da criação do "Projeto Grande Migração".

O Instituto de Verão em Mississipi para professores e artistas de Mississipi e Chicago – no verão de 2001 um grupo de professores e artistas da Cape viajou para o delta do Mississipi para se unir a um grupo de professores e artistas que integraram as artes em seu ensino pelo Whole Schools Institute (Instituto de Escolas Integrais), um programa da Comissão de Arte de Mississipi. Por uma intensa semana, professores e artistas de Chicago e de todas as partes do Mississipi exploraram o delta, encontraram-se com ativistas de direito civil, dançaram música rural, fizeram uma peregrinação pelo rio Mississipi, aprenderam com sábios e com os outros, contaram histórias pessoais de migração e estabeleceram as bases para trocas entre cada um e seus estudantes.

Progresso do trabalho da Cape: da reconstrução à metrópole negra – Em um curso especial para professores e artistas, dr. Charles Branham, pesquisador residente no DuSable Museum of African American History (Museu DuSable de História de Afro-americanos), apresentou informações históricas e outras sobre os artistas Bernard Williams (artes visuais), Tsehaye Hebert (movimento e *performance*), Reginald Lawrence (dramaturgia), e Dwayne Sanders e Kris Sieloff (vídeo), guiando os participantes por uma série de respostas artísticas desafiadoras e excitantes para cada história. Os participantes eram atingidos por uma série de ricas informações a respeito da Chicago Negra e das muitas diferentes correntes de migração e de variedade de movimentos sociais que catalisaram a mudança dos negros americanos para o Norte e o Oeste, e, em alguns casos, mudança de volta para o Sul em uma "migração de retorno". Alguns professores focaram na compreensão das histórias de suas próprias famílias. Outros buscaram meios significativos para ensinar a Grande Migração. Outros, ainda, começam experimentando com seus estudantes um modo de integrar a arte com o ensino da Grande Migração.

Trabalho de Sala de Aula da Cape – Professores que fizeram o curso da Grande Migração da Cape começaram colaborando com visitas a artistas associados, professores de Arte em suas escolas e seus estudantes, a fim de engajar uma variedade de formas de arte para explorar a Grande Migração. Essas atividades incluíam entrevistas, escrita de poesia e de canções, estudo da história do *blues*, coleção de artefatos pessoais com base na história de migração da família, fazer esculturas de argila, reorganizar pinturas, ler ficção e não ficção, fazer vídeos, fazer instalações artísticas e tirar fotografias.

Intercâmbio Mississipi–Chicago – Construído pelas relações estabelecidas no Instituto de Verão, professores e artistas de Mississipi e Chicago mantiveram-se em contato, e visitaram-se. Isso culminou com estudantes da Jackson, Escola Secundária Lanier de Mississipi, vindo para Chicago e encontrando estudantes da Escola Secundária Preparatória do Norte e da Academia de Comunicações e Tecnologia Charter School, para envolverem-se no espírito das discussões da história que os conectava. Os artistas, educadores e membros da comunidade de Chicago que estavam vivenciando intensamente esse intercâmbio, incluindo o músico Fernando Jones, o pintor Bernard Williams, o dramaturgo e *performer* Tsehaye Hebert, o músico e educador Cedric Hampton, o artista de vídeo e educador Dwayne Sanders, o diretor-executivo da Cape Arnold Aprill, o artista Kevin Coval, o jornalista Curtis Lawrence, e a lenda de Chicago Gerri Oliver da famosa Palm Tavern, estavam todos tocados e impressionados com a iniciativa, percepção, e liderança demonstrada por esses notáveis jovens do Mississipi e Chicago. O início do novo diálogo atento entre jovens das duas regiões era experimentado como uma sequela ajustada da história que os havia separado.

Exposições – Os intercâmbios, cursos e trabalhos de classe resultaram em uma entrevista pública em rádio e na exibição dos trabalhos dos estudantes no Garfield Park Conservatory (Conservatório do Parque Garfield) e no Bethel New Life Community Center (Centro Comunitário *Bethel* de Vida Nova), ambos no lado oeste de Chicago, parte que continua sendo endereço de muitos migrantes de Chicago vindos do Mississipi.

"Trocando Símbolos" (2003)

Depois da colaboração com o Terra Museum of American Art por quase uma década, a Cape desenvolveu um projeto especial para responder à exposição de 2003 de "Jasper Johns: Gravuras de quatro décadas", organizada pela National Gallery of Art, Washington, D.C. Depois desse início simples, como um programa de visitas sobretudo, a colaboração do Terra Museum com a Cape expandiu-se para o desenvolvimento de um currículo interdisciplinar com professores e artistas em toda a cidade de Chicago. O projeto "Trocando Símbolos" foi também uma expressão do compromisso da Cape para mediar conexões inovadoras entre museus e comunidades.

Os estudantes participantes (7ª séries da escola pública de Chicago: Escola Ellen B. Mitchell e Academia J. C. Orozco) aprenderam uma variedade de técnicas de gravura. O pessoal do Terra Museum e professores e estudantes da Cape associaram-se ao estúdio de impressão Anchor Graphics e ao mestre gravador David Jones para examinar o trabalho de Jaspers Johns, particularmente sua manipulação de objetos usuais ou símbolos, e criaram seus próprios símbolos expressos por meio de gravuras e poesia. As gravuras e poesias, bem como a documentação do processo, foram exibidas na Cape e no Terra Museum of American Art. Esse projeto permitiu a estudantes de diferentes partes da cidade comparar e contrastar suas compreensões singulares do complexo assunto da representação. As instalações eram também uma oportunidade única para os dirigentes dos museus verem a experimentação dos estudantes na arte da gravura e na criação de sistemas de símbolos com significados públicos e privados. As gravuras resultantes estão em exibição permanentemente na agência da Cape.

"Conectando Chicago" – artistas jovens em seu bairro (2005)

Uma bicicleta rosa fluorescente, reflexos fragmentados, um sorriso que pula fora da tela; a palpável vista, sons e poesia de um *shopping;* movimentos coreografados que incorporam os temores e desejos dos alunos sobre suas comunidades. Essas poderosas peças de arte contemporânea feitas por estudantes de Chicago revelam suas visões como artistas sobre Chicago e como cidadãos da cidade.

Foto 2 – Foto de Arnold Aprill.

Esses jovens artistas de sete escolas empregaram diferentes mídias para capturar uma variedade de conceitos, começando de um ponto em comum: suas leituras das fotografias de Terry Evans, "Revelando Chicago", em exposição no Millennium Park.

"Revelando Chicago" – Fotografias aéreas de Chicago de Terry Evans foram expostas no evento celebrando Millennium Park de Chicago como o maior trabalho de arte pública apresentado pela cidade de Chicago. "Revelando Chicago" consistia em fotografias em grande formato da cidade e seus subúrbios que combinavam um rico registro do ambiente onde vivemos com um poderoso senso artístico de combinações visuais, contrastes, e pontos de vista chocantes que nos faziam repensar como vemos o local onde vivemos. Como uma artista não apenas comprometida com seu meio de expressão e seu tema, mas também com seu público, foi importante para Terry Evans fazer uma conexão verdadeira com a educação e as escolas. Ela fez isso sem o desejo de que os alunos rendessem homenagens ao seu trabalho; o que era essencial para ela era que eles se envolvessem com as ideias contidas em seu trabalho e as usassem como um detonador de suas próprias ideias. A iniciativa da Cape e da Gallery 37 foi homenageada e agradecida por servir como ligação, por meio da sra. Evans e de *Revelando Chicago*, entre os estudantes e a escola, cujos trabalhos foram destacados na exposição "Conectando Chicago".

"Fazendo as Conexões" – A Gallery 37 e artistas da Cape, com professores das escolas da Cape, começaram seus trabalhos em janeiro de 2005, quando eles se encontraram com Terry Evans na Gallery 37. A sra. Evans propiciou uma extenso panorama de sua carreira, falou sobre sua visão artística, suas preocupações ambientais e interesses, especificamente "Revelando Chicago". Os artistas e professores então começaram a olhar para o trabalho da sra. Evans com seus alunos, sondando as ideias e os significados dos trabalhos, gerando no processo suas próprias perguntas e interesses sobre Chicago. Muitas escolas também procuraram outros artistas, cuja temática tratava de lugares e da variedade de aproximações das instalações de arte para estimular outras perguntas e ideias. Desse desafiante começo, planos artísticos começaram a tomar forma, o processo artístico teve início e a fruição de todas essas ideias foram gradualmente reunidas. A exibição final, montada no impactante espaço da Gallery 37 (apenas uma parte do "Revelando Chicago"), incluía sons e videoinstalações sofisticadas, livros de artistas, exemplares de jarros representando diferentes bairros (inspirados nas fotografias de Terry Evans de exemplares de jarros de museus de história natural), grama viva e interações entre objetos tridimensionais e fotografias desses objetos. Os conceitos utilizados pelos estudantes eram tão complexos como aqueles de muitos museus de arte contemporânea. Quando céticos questionam se jovens podem compreender conceitos da arte pós-moderna, a Cape responde: "Por que não? Eles são crianças pós-modernas".

Os artistas, professores e escolas participantes do *Conectando Chicago* foram:

Escolas da Gallery 37: John H. Kinzie Elementary School; *Walter S. Christopher* Elementary School; George Rogers Clark Elementary School; ACT Charter School.

Escolas da Cape: Mark Sheridan Math e Science Academy, com as professoras Dorothy Glodo e Sara Keenan, e os artistas Sonja Henderson e Todd Carter. North Kenwood/Oakland Charter School, com o professor Darrell Johnson, e os artistas Juan Carlos Perez e Andrea Vinson

Questões para o público: as seguintes questões foram afixadas na exposição:

Ao andar pela exposição, nós o encorajamos a fazer perguntas:

- O que isso me diz sobre Chicago? Sobre o bairro representado? Sobre as pessoas?
- O que isso me diz sobre os artistas, estudantes e professores que fizeram este trabalho e vivem em Chicago?

Esperamos que as questões que você se colocou possam continuar ressoando e estimulando ainda mais ao deixar a exposição e entrar no mundo físico de nossa cidade.

Feiras Anuais de Currículo

A metodologia da "Exposição enquanto currículo" inclui também uma feira anual de currículos da Cape, na qual rofessores, artistas e estudantes apresentam seus processos e produtos curriculares em uma exposição festiva comunitária.

Concluindo

A "Exposição enquanto currículo" concretiza duas metas críticas da Cape: integra professores, artistas e alunos no processo de conceitualização e montagem de uma exposição e, fazendo isso, valida a importância artística e intelectual do trabalho integrado de artes produzido com a colaboração deles.

É uma crença da Cape de que os velhos paradigmas e hierarquias da produção artística e das apresentações da arte são antiquados para nossa contemporaneidade e cultura global. Essa crença não é nova; já foi advogada por membros do mundo da arte contemporânea em vários fóruns. Apesar disso, poucos trabalhos apresentados em locais de arte contemporânea são resultado de processos colaborativos. A maior parte dos trabalhos em colaboração vindos de comunidades ainda tende a colocar o artista no pedestal, como uma *Pied Pier* que conduz os participantes das comunidades ao mundo mágico dos artistas na terra da arte. Por essa razão, muitos dos trabalhos colaborativos revelam a pesada marca dos conceitos dos artistas, antes de tudo; a colaboração participante quase sempre "se situa nas entrelinhas".

A Cape rejeita essa noção. Nossa crença é de que em uma verdadeira colaboração entre professores, estudantes e artistas, a exploração da curiosidade artística e intelectual emerge de todos os lados igualmente. É essencial ver todos como criadores de cultura. Juntos, eles estão produzindo uma das mais provocativas e intrigantes arte contemporânea.

A "Exposição como currículo" tem sido uma chave de desenvolvimento para a Cape na promoção de professores, artistas e estudantes como criadores de cultura. Essa abordagem é deliberadamente desejada para estimular a apresentação do trabalho colaborativo de artes integradas, para além da típica apresentação dos trabalhos dos alunos ou feiras de arte. Desde o início, professores e artistas (e estudantes) de mais de uma escola estão internalizando o processo de conceitualização de uma exposição. Que perguntas estão aí? Que ideias são estimulantes? Como a arte pode explorar e desafiar essas ideias? Como fazer para interagir o que está sendo explorado em uma escola com o que está sendo explorado em outra? Como o trabalho será exposto? Que tipo de documentação iluminará o trabalho? Que relações se aprofundam em toda a escola com a exposição? Na medida em que professores, artistas e estudantes respondem a essas questões e outras mais, desenvolvem o papel de curadores da exposição. Isso fortalece a própria exposição, porque ela representa, de forma profunda, a prática que acontece nas escolas e, de maneira completa, a importância do trabalho que está sendo feito. Um significativo componente da "Exposição enquanto currículo" é o próprio espaço autorizado para a exposição, um espaço profissional que agrega o devido respeito ao trabalho.

A Cape está colocando a proposta da "Exposição enquanto currículo" para a frente; muitas ideias em potencial de exposições estão sendo desenvolvidas. Para avançar ainda mais é seu desejo expandir a documentação sobre professores, artistas e estudantes, tornando-a disponível e em circulação, expondo o trabalho por um período de tempo significativo e produzindo e acompanhando seminários. E, mais importante, um catálogo que represente de forma bela e respeitosa os processos, metodologias e produtos de alunos, educadores e artistas. A meta da Cape, em longo prazo, é criar um centro de pesquisa internacional para estudar a aprendizagem em arte, no qual galerias, seminários e arquivos possam documentar nosso crescimento em busca de compreender como a cultura medeia a aprendizagem.

Referências bibliográficas

APRILL, Arnold. "Rules for arts education radicals". (New Jersey) *Teaching Artist Journal*, v.3, n.2, 2005. (Lawrence Erlbaum and Associates, Mahwah).

NEWMANN, F. M.; LOPEZ, G.; BRYK, A.S. *The quality of intellectual work in Chicago schools:* a baseline report. Chicago: Consortium on Chicago School Research, 1998.

20
"Resíduos e 'Reciclos'"

Heloisa Margarido Sales

A virtude da arte é mudar velocidades, dimensões e direções, desviar trajetórias e esperas.
Jacques Rancieri[1]

O Projeto Centro de Expressão e Construção

A oficina "Resíduos e 'Reciclos'" foi uma das atividades do Centro de Expressão e Construção (CEC), um projeto realizado pelo Centro Cultural Banco do Brasil de São Paulo (2005-2006). Nossa preocupação ao apresentar este trabalho diz respeito a focar o residual, o descartável, o recuperável, o reciclável, nos âmbitos pessoais da arte contemporânea e como possibilidade para uma intervenção. Todas essas instâncias têm grande impacto em nossos dias e além delas queremos discutir também o tipo de mediação em arte/educação que foi desenvolvida no CEC.

O CEC foi concebido como um espaço dinâmico e mutante de oficinas, organizado e alimentado por temas previamente selecionados e discutidos,

1 Rancieri, 1999.

com o objetivo de ampliar a experiência sensorial dos sujeitos envolvidos, explorando as linguagens artísticas em confronto direto com os problemas que afligem o homem contemporâneo. Foram debatidas questões da atualidade, de nossa história, questões que preocupam a todos. Nossa expectativa era de que os sujeitos participantes estivessem disponíveis para conquistar a postura de abertura, de crítica e engajamento com a ética e a cidadania.

Como um espaço de oficinas temáticas, o CEC possibilitou o confronto entre nossas percepções e nossa postura quando pudemos refletir sobre a natureza da Arte, o uso de materiais não convencionais em Arte, as propostas de linguagem e a trajetória de artistas brasileiros e estrangeiros, além da necessária reflexão sobre ética, meio ambiente e as perplexidades do cotidiano.

Percepções, objetivos e proposições

Partimos da percepção de que a organização da cultura e as opções culturais na cidade de São Paulo podem ser ampliadas incorporando dimensões lúdicas de participação e intervenção por parte dos cidadãos. Constatamos o interesse não apenas pelo lazer cultural, mas por uma busca de informação que possibilite aprendizado e também divertimento. Essa característica modificou o potencial das instituições culturais e suas agendas, permitindo que para além dos eventos fossem inseridos espaços de debates, dinâmicas e interações.

Em contrapartida, no âmbito educacional, a escola enfrenta hoje processos midiáticos e de globalização cada vez mais sofisticados. Constatamos a impossibilidade de a escola atuar sem parcerias com instituições culturais e científicas.

O papel que a arte e os eventos culturais têm aí é fundamental para a formação do cidadão consciente, conhecedor de sua cultura, responsável pelos problemas de sua comunidade. Agentes escolares – professores, administradores e coordenadores –, como sujeitos ativos e seriamente comprometidos com as demandas escolares, podem intervir e dinamizar o diálogo escola-instituição cultural possibilitando a elaboração de projetos em parceria que modifiquem o espaço e o cotidiano escolar.

Atualmente, em São Paulo, diversas instituições de apoio paraescolares, médicas, hospitalares, beneficentes, ONGs e abrigos (locais onde moram crianças e jovens apartados de suas famílias), também estão atuando em parceria com instituições culturais. Quando acionadas por propostas que compreendem a especificidade de sua finalidade, as ações provocam reflexão e são planejadas em comum acordo. Em tais situações as instituições modificam suas agendas e centros de interesse.

Como acionadores culturais e arte-educadores temos, portanto, perante o quadro de demandas esboçado, alguns eixos de atuação em perspectiva. Acreditamos, como nos diz Ana Mae Barbosa, que a arte/educação é reconstrutora. É do interior desses dois ambientes de conhecimento – arte e educação – e com o vigor que nos vem dos artistas, grandes artífices de nosso cotidiano, que planejamos as ações expostas a seguir.

"Resíduos e 'Reciclos'"

Nosso objetivo ao propor a discussão sobre "Resíduos e 'Reciclos'" foi acionar, mediante oficinas temáticas e artísticas, o diálogo, a pesquisa, o interesse, a participação e a intervenção em relação a questões candentes de nosso cotidiano. Promover uma interlocução informada e esclarecedora.

Com base na formação da equipe de arte-educadores – todos educadores com variadas formações e especialidades como arquitetura, antropologia e artes visuais –, organizamos encontros com o crítico e ensaísta Gui Amado para aprofundarmos a questão do residual no âmbito da arte contemporânea. Discutimos os projetos não poluidores de artistas como Richard Long, em suas caminhadas e intervenções pelos desertos do planeta; Kurt Schwitter, com suas colagens de acúmulo residual; Guto Lacaz e Tonny Crag, por suas reutilizações de materiais descartáveis e descartados pelo sistema industrial. Finalmente, discutimos Frans Kracjberg e a monumentalidade de suas transformações de detritos calcinados em arte.

Além do ambiente mental suscitado pela arte, discutimos também assuntos como a pobreza e sua relação com a degradação do meio ambiente, trazidas pelo antropólogo e economista, diretor do Instituto de Biodiversidade francês, Jacques Weber. Imaginamos com Fritjof Capra e Ernest Callenbach a sustentabilidade da nova sociedade planetária, bem como diversos artigos científicos que tratam as questões ambiental e dos resíduos no contexto das grandes cidades e como os cidadãos tomam consciência dos diversos problemas até então não percebidos.

Figura 1 – 11 ago. 2005. *Agora deixa a qualidade de viver. Resto, não.*

A oficina temática "Resíduos e 'Reciclos'"

Todo ciclo natural produz resíduo. Vivemos numa sociedade de consumo que produz excesso de resíduo e essa é uma questão que nos envolve a todos numa escala de dimensões planetárias. É preciso ficar atento.

Enfocando diretamente o assunto, a oficina propunha a leitura do vídeo *Ilha das Flores* de Jorge Furtado, um trabalho realizado em 1989, premiado no Festival de Gramado como melhor curta segundo o juri oficial, o juri popular e prêmio da crítica, melhor roteiro e melhor montagem, e também premiado no Festival Internacional de Cinema de Berlim com o Urso de Prata, em 1990, entre outros.

O vídeo apresenta-se como uma sobreposição de imagens e uma narração em *off* que acompanha o ciclo de um tomate desde o plantio até sua chegada a um lixão. Aí o tomate é recolhido por pessoas que o utilizarão como alimento. O vídeo remete para a discussão de questões como o problema social do lixo, a relação entre desperdício, consumo e fortes contradições sociais, numa linguagem que mistura os gêneros ficção e documentário.

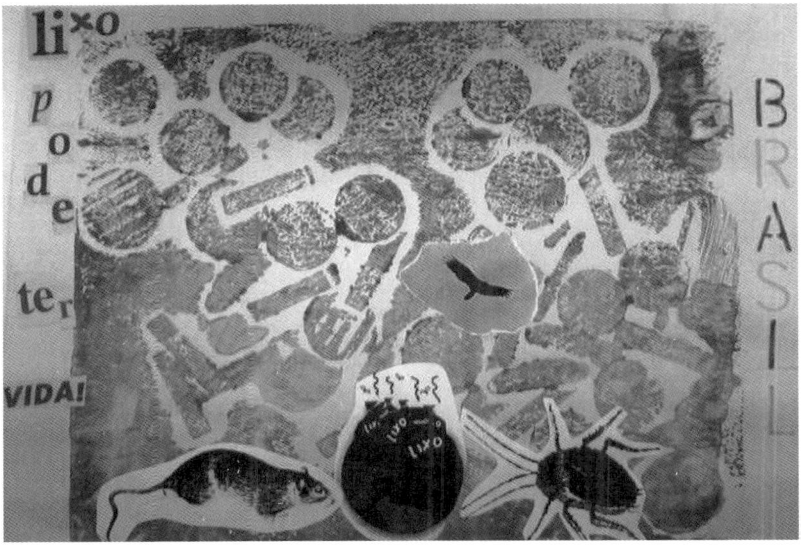

Figura 2 – 2 nov. 2005. Lixo pode ter vida, Brasil!

Em seguida eram discutidos projetos de artistas e de cientistas, e reconhecidas as próprias opiniões e posturas do grupo. Era lançada então a proposta de uma intervenção, uma "campanha", realizada em grupos. Cada um construía sua matriz com material desprezado ou reciclado utilizando o processo de assamblage e uma técnica de impressão semelhante a xilogravura. As matrizes eram deixadas para apreciação dos outros grupos que viriam para a oficina. Sobre a impressão dessas matrizes eram acrescentados outros elementos, como fotos recolhidas de revistas e jornais, palavras ou frases que eram selecionadas na discussão anterior. Ao final, todo o processo era avaliado e decidia-se como, por que e onde intervir com os resultados: em casa, na escola, no próprio bairro ou em outros locais.

Âmbito e abordagem da questão "Resíduos e 'Reciclos'"

Proposição	Desenvolvimentos	Contextualização/operação	Avaliação/nova proposição
Resíduo	Natureza/ciclos/resíduos	Materiais/transformação	Real/novas proposições
Artistas	Natureza/projetos/desafios	Arte/ambientes/sonoridades	Real/novas proposições
Catador	Dissipação/recuperação	Materiais/transformação	Real/soluções/invenções
Cientista		Informação/previsão	Real/soluções/invenções

Considerações sobre a oficina

Diversas são as observações tanto da reflexão feita nas oficinas como dos resultados que obtivemos. Grande parte dos trabalhos produzidos teve um forte impacto, mais pelo seu poder de argumentação e não tanto pela ordenação plástica. Observamos que o exercício da expressão plástica é pouco desenvolvido na escola, mas mobiliza as expressões dos sujeitos, quando é acionado por um problema cotidiano que é aprofundado e por um posicionamento tomado pelo grupo-classe, ocasionando produções explosivas.

Figura 3 – 26 out. 2005. *Humanos primeiro, porcos depois.*

Outra observação diz respeito a um dos objetivos da oficina: a tomada de consciência do problema do lixo, de seu ciclo, dos resíduos, do descarte, enfim do consumo e suas relações tão presentes no cotidiano dos sujeitos. Nesse âmbito, os sujeitos tornaram-se agentes da multiplicação desse processo de conscientização. Cabe lembrar que atendemos grupos de escolares das redes públicas municipal e estadual, em grande parte alunos da 1ª à 8ª série do Ensino Fundamental e do Ensino Médio. Conforme a educadora

Carolina Marielli, tal consciência é o grande fator mobilizador para entendermos a proposição que vai além do momento da oficina, "uma gravitação servindo como impulso para ações futuras que vão desde a separação do lixo, a atenção com o desperdício, consciência da continuidade dos ciclos dos materiais".

Figura 4 – 23 ago. 2005. *Pense bem antes de jogar tudo no lixo.*
EMEF Ernesto M Leme.

A proposta da "campanha" mobilizou os grupos participantes e seus professores. "Expliquei para uma professora visitante a proposta da oficina e enfatizei que as matrizes de carimbos eram feitas com materiais reutilizados. Ela gostou da ideia e levou para mostrar às outras educadoras da escola". Segundo o educador Danilo Bezerra, é significativo o fato de a proposta da oficina desdobrar-se na escola em novas modalidades de intervenção. "Diversos professores nos procuraram para aprofundar os problemas levantados pela oficina, trouxeram outros grupos da escola e desenvolveram novos projetos com essa temática em suas escolas." A escola EM Agenor

Couto de Magalhães trouxe todas suas turmas de 1ª a 4ª série e encerrou o ano letivo com ampla discussão e com exposição de trabalhos relativos ao lixo, aos resíduos e ao consumo responsável.

O momento da avaliação trouxe também novos posicionamentos para a própria equipe de arte-educadores, com alguns relevando os aspectos plásticos e outros enfatizando a coerência interna e argumentativa dos trabalhos observados. De acordo com a arte-educadora Juliana Campaneli, a construção dos textos plásticos e publicitários evidenciou o alcance da perspectiva dos sujeitos diante das questões discutidas.

A oficina "Resíduos e 'Reciclos'" foi desenvolvida em 2005 e 2006 e teve continuidade com outra versão na proposta do Núcleo Oficina do Programa Educativo do CCBB em 2007. Nessa direção a oficina Bem-sacado discutia um material: o plástico. Nossa convivência, nossa intimidade, até o desprezo por esse elemento, sua origem e os projetos de artistas que utilizam o material plástico foram então o foco de reflexão e mote para elaborações de instalações.

Referências bibliográficas

ACIESP. Academia de Ciências do Estado de São Paulo. *Glossário de ecologia*. 2.ed. n.103, 1997.

BARBOSA, Ana Mae B. A imagem no ensino da Arte. São Paulo: Perspectiva, 1994.

BARCIOTTE, Maria Lucia. "Coleta seletiva e minimização de resíduos sólidos urbanos: uma abordagem integradora". São Paulo, 1994. Tese (Doutorado) – FSP-USP.

BASBAUM, Ricardo. (Org.) "Tornando visível a arte contemporânea". In: Arte contemporânea brasileira. Texturas, dicções, ficções, estratégias. Rio de Janeiro: Rios Ambiciosos, 2001.

CANTON, Kátia. *Novíssima arte brasileira.* Um guia de tendências. São Paulo: Iluminuras, 2001.

EIGENHEER, E. M. (Org.) *Raízes do desperdício*. Rio de Janeiro: Iser, 1993.

FREEDMAN, Kerry. "Cultural associations and communications: students' construction of meaning in response to visual images". *Journal of Art and Design Education,* v.16, n.3, 1997

JACOBI, Pedro Roberto. "Consumo, desperdício e degradação ambiental". *Debates Sócio-Ambientais* (São Paulo), v.2 , n.5 , p.1-2, out.-jan. 1997. FE/USP

MATERIAL para professores, ano 1: Hélio Oiticica – Rio de Janeiro: Projeto Formação do primeiro olhar, 1999.

MATERIAL para professores. A educação pública e a XXIV Bienal de São Paulo. Fundação Bienal São Paulo, 1999.

PARSONS, Michael. Texto do curso *A compreensão e prazer da arte*. São Paulo: Sesc, 25-28 ago. 1998.

__________. *Compreender a arte*. Uma abordagem à experiência estética do ponto de vista cognitivo. Lisboa: Presença, 1992.

Site

www.lixoreciclavel.cjb.net

21
A arte possibilita ao ser humano repensar suas certezas e reinventar seu cotidiano[1]

Fernando Antônio Gonçalves de Azevedo

Duchamp implodiu a lógica do sistema artístico, introduzindo-lhe um objeto que não era pintura nem escultura, um objeto industrial, anônimo – um objeto apenas – com isso, demonstrou que a produção de sentido, o interesse estético, é também prerrogativa de quem olha, e não necessariamente de quem faz.

Aguinaldo Farias

Ler é atribuir significados, é interpretar o mundo produzindo sentidos, traduzindo fatos e imagens para sua própria codificação, tentativa de recontar a aventura humana por meio das linguagens. Ler é tomar de empréstimo fragmentos de saberes com a perspectiva de coordenar, articular, juntar partes, tecer uma trama. Inventar um texto é recriação – processo de reinvenção em constante transformação, potencializando afetos, trabalhos e lutas.

1 Este texto foi escrito com base na experiência vivida ministrando a disciplina História da Arte no 8° período do curso de licenciatura em História – Faculdades Integradas da Vitória de Santo Antão (FAINTVISA), em Pernambuco. A ideia é não trabalhar com uma visão de História da Arte linear, branca e marxista, mas estabelecer como ponto de partida os saberes estéticos, artísticos e culturais do rico grupo em questão em diálogo com a arte contemporânea.

Em sentido freireano, ler o mundo nos humaniza, nos religa ao outro e ao universo. Ler possibilita inventividade por exigir a criação da trama textual como expressão histórica e social que muda a face do mundo, desfazendo certezas e instaurando novos modos de perceber o real. Por isso, ler a imagem, segundo Analice Dutra Pillar, é: "... a leitura de um texto, de uma trama, de algo tecido com formas, cores, texturas, volumes" (2001, p.12). Convém ainda acrescentar que, assim como no texto escrito, a reinvenção de um texto imagético implica uma relação dialogal entre os contextos culturais do leitor e os do autor, e isso requer um intenso e rico processo de negociações que envolve seleção, associação, classificação, recortes, conexões, comparações entre diferentes saberes culturais.

A concepção de arte e arte/educação que fundamenta esta introdução parte do seguinte princípio: a arte é uma das formas de produção cultural, assim como a Ciência e a Filosofia, que deve ser estudada na contemporaneidade, situada em seu contexto histórico, social, político e cultural, considerando os saberes instituídos e os saberes instituintes.

Compreender a arte como construto histórico e social, sem perder de vista seu caráter mágico, provindo de sua natureza original de que nos lembra Fischer (1981), implica reconhecer que na contemporaneidade a figura do artista assume a função de propositor de situações, de desafios que mobilizem o complexo de sensibilidade/inteligência do leitor, o qual deixa de ser mero contemplador passivo para assumir o papel de participante – reinventor.

Uma das grandes ênfases da arte/educação[2] contemporânea é a leitura da imagem, seja ela da propaganda seja da obra de arte, mas, sobretudo, aquela que habita o nosso cotidiano, desafiando arte-educadores[3] a compreendê-las de diferentes ângulos. Para que isso ocorra, é necessária uma intimidade com o universo da arte.

Tal vivência exige um olhar atento, curioso, inteligente e preparado para mobilizar, em sua bagagem de experiências vividas com a imagem,

---

2 No *Dicionário criítico de política cultural,* Teixeira Coelho, com base em Robert Saunders e Ana Mae Barbosa, define-se arte/educação como ciência do ensino da Arte.

3 Partimos da ideia que arte-educador, em sentido amplo, é todo aquele professor que trabalha com arte em sua prática pedagógica (professores da educação infantil, especial, animadores culturais e historiadores) diferenciando-se do professor de Arte, aquele oficialmente habilitado, formado nos cursos ainda denominados de Educação Artística.

inúmeras possibilidades de aproximação, um processo que articula a alfabetização visual com os saberes construídos na prática social. Na medida em que a capacidade de olhar para o mundo atribuindo significados não nos é dada ao acaso, tampouco podemos esperar que a experiência com uma determinada imagem nos capacite para ser bons leitores, embora seja uma (ótima) chance de crescer nessa direção. Assim, o trabalho do arte-educador na contemporaneidade assume o importante compromisso de mediar as relações de aprendizagem com a imagem, fomentando diálogos sobre os sentidos da arte em nossa vida.

Compreendendo o arte-educador como um mediador, ressaltamos, no entanto, que sua interpretação não pode ser a primeira, nem a única, nem a mais verdadeira sobre a imagem, e ele também não pode render-se à interpretação de curadores, críticos ou historiadores da arte. Compete a ele, por meio de uma atitude crítica, tomar os estudos desses profissionais como base da relação dialogal com a imagem, transformando o palco da escola em palco de negociações entre diversos saberes e variadas culturas. Dessa perspectiva todas as interpretações são importantes, uma vez que revelam histórica e socialmente os sujeitos culturais envolvidos. Partindo desse princípio, o arte-educador democratiza a arte, sem perder de vista os desafios de sua própria formação continuada, pois de certo modo ele é também um aprendiz.

Abrimos um parêntese para lembrar que a 26ª edição da Bienal de São Paulo – evento mais importante de artes visuais na agenda da América Latina – teve como tema, para 2004, "Território livre", com entrada franca. Em 2006, novamente gratuita, a 27ª Bienal propõe o desafiador tema: "Como conviver", dando margem para interpretarmos o tema como convite ao diálogo com o universo da arte.

Dessa maneira, a imagem, seja da propaganda, seja da arte, evidencia a importância do trabalho do arte-educador como mediador qualificado; promovendo o diálogo entre a imagem e o leitor, instaura laços, levanta hipóteses, interando diversos olhares na perspectiva de uma interpretação plausível. Ele cria e promove, assim, um sistema de trocas simbólicas em que o leitor – ativo participador – passa a compreender a dimensão estética e artística presente no cotidiano como um importante veículo não apenas para discutir sobre essas dimensões, mas também para questionar a sociedade em que vivemos.

Considerando tais questões, o estudioso do multiculturalismo Peter McLaren, no prefácio para a edição brasileira de *Os professores como intelectuais*: rumo a uma pedagogia crítica da aprendizagem, afirma sobre a obra do educador norte-americano Henry Giroux:

> O projeto ... de Giroux ... pode ser resumido como uma tentativa de formular uma pedagogia crítica comprometida com os imperativos de autorizar os estudantes e transformar a ordem social mais ampla no interesse de uma democracia mais justa e equitativa ... a questão essencial é o desenvolvimento de uma linguagem através da qual os educadores e outros possam desvelar e compreender o relacionamento entre ensino escolar, as relações sociais mais amplas que o informam, e as necessidades e competências historicamente construídas que os estudantes trazem para as escolas. (1997, p.XII)

No cenário pós-colonialista, portanto multicultural crítico de resistência, a arte/educação na escola privilegia tanto artistas, como Picasso, Klee, Degas, quanto os nossos modernistas, Tarsila do Amaral, Anita Malfatti e Cícero Dias (arte instituída), sem perder de vista os artistas que vêm das classes populares (arte instituinte), como Ana das Carrancas (ceramista de Petrolina – PE), Vitalino (famoso artista do barro de Caruaru – PE), J. Borges (importante por seu trabalho com xilogravura e cordel de Bezerros – PE) e ainda os artistas contemporâneos, como Nelson Leirner, Miguel Rio Branco e Leda Catunda, entre outros. Isso para que o estudante compreenda o valor da produção artística com sua gama ampla de assuntos sociais na dialética da história e olhe sem preconceitos para o que produziram e produzem artistas de diferentes culturas.

Sendo assim, Ana Mae afirma: "A antropologia nos ensina a ver o outro e, mais precisamente, a ligação da antropologia com a arte nos ensina a ver o universo estético do outro" (1998, p.99). Também nessa mesma perspectiva a filósofa Marilena Chauí (1994) chama a atenção: em sentido antropológico não se pode pensar a cultura com "c" minúsculo e no singular, pois não existe cultura superior ou inferior, ou seja, o que existe atuando, interagindo, contrapondo-se e entrecruzando-se na cena social e histórica é a diversidade de culturas. Marilena ainda nos alerta que:

> a ideia de natureza humana como algo universal, intemporal e existente em si e por si mesma não se sustenta cientificamente, filosoficamente e empiricamente. ... Porque os seres humanos são culturais ou históricos. (1994, p.290)

Ao articular fragmentos do pensamento de Giroux sobre a cultura construída na prática social pelo estudante com os fragmentos de ideias de Ana Mae e Marilena Chauí sobre a compreensão do sentido de cultura com base na Antropologia, na Filosofia e na História, vale ressaltar um problema de ego cultural colocado pela segunda autora, problema que é um dos grandes desafios para o arte-educador:

> Uma criança negra que visite um museu que exiba arte ou "artefato" africano poderá de lá sair com seu ego cultural reforçado pelo conhecimento, apreciação e identificação com os valores vivenciais e estéticos da arte africana, ou completamente despossuída culturalmente e desidentificada com a gênese de sua cultura... (1998, p.91)

A síntese do pensamento dos três autores ajuda o arte-educador a enfrentar um problema recorrente que se traduz no privilegiar uma visão de História da Arte conservadora, afastando da escola o trabalho de artistas populares, das mulheres, dos loucos, enfim de grupos sociais minoritários, e reafirmando o preconceito que temos do folclore. Sobre a palavra e o conceito enfatiza Ana Mae:

> foram criados pelos ingleses para designar as manifestações artísticas e culturais dos povos colonizados que não seguiam os padrões dominantes da cultura inglesa. (1998, p.80)

Considerando essa discussão no contexto de transformações da arte/educação contemporânea, destaca-se ainda o enfrentamento de uma postura modernista, muito comum entre os arte-educadores, na relação com a imagem: o processo adivinhatório que vem sendo praticado na escola. Isso acontece mais ou menos assim: "olhe a obra (a imagem) e tente descobrir qual a intenção que o artista teve quando a fez".

De tal postura surgem as questões: como "descobrir" apenas uma intenção na complexidade que é a obra de arte? Como nos deter apenas nos aspectos formais de uma obra? Como fixar a leitura apenas ao plano da decodificação, da sintaxe?

Em *A imagem no ensino da arte*, Ana Mae já anunciava uma crítica ao processo adivinhatório na relação de aprendizagem com a imagem: "... a atitude de adivinhar a intencionalidade do artista foi derrotada pela priorização da leitura do objeto estético por ele produzido" (1991, p.84). Em seu livro mais recente, *Inquietações e mudanças no ensino da arte,* a autora salienta:

> Não se trata mais de perguntar o que o artista quis dizer em sua obra, mas o que a obra nos diz, aqui e agora, em nosso contexto, e o que disse, em outros contextos históricos, a outros leitores. (2002, p.18-9)

O universo da arte exige muito mais de cada um de nós, exige mais do que a leitura de seus elementos formais, pois a gramática das artes visuais representa uma das muitas possibilidades de leitura da imagem.

Se no passado a gramática dava conta da leitura da obra de arte, atualmente o campo da arte contemporânea propõe desde situações lúdicas até as de incerteza e estranhamento, além da ampliação de suas categorias. Como ressalta o historiador da arte inglês Michael Archer:

> No início dos anos 60 ainda era possível pensar nas obras de arte como pertencentes a uma de duas amplas categorias: a pintura e a escultura. As colagens cubistas e outras, a *performance* futurista e os eventos dadaístas já haviam começado a desafiar este singelo "duopólio", e a fotografia reivindicava, cada vez mais, seu reconhecimento como expressão artística. No entanto, ainda persistia a noção de que a arte compreende essencialmente aqueles produtos do esforço humano que gostaríamos de chamar pintura e escultura. Depois de 1960 houve uma decomposição das certezas quanto a esse sistema de classificação. Sem dúvida, alguns artistas ainda pintam e outros fazem aquilo a que a tradição se referiria como escultura, mas essas práticas agora ocorrem num espectro muito mais amplo de atividades. (2001, p.1)

A arte contemporânea ao romper com esse duopólio propõe desafios à inteligência e à imaginação, ou seja, ao complexo de conhecimento constituído da articulação entre as dimensões estética, artística e cultural de seus leitores.

Outro fator histórico que influi (até hoje) na leitura da imagem é a descoberta da fotografia. E para tocar nessa questão se faz necessária uma reflexão sobre o famoso texto de Walter Benjamin, *A obra de arte na época de suas técnicas de reprodução.*[4] Para ele:

4 Traduzido do alemão para o português por José Lino Grünnewald, tendo sido publicado na obra *A ideia de cinema.* Rio de Janeiro: Civilização Brasileira. Esse texto é muito importante para a compreensão da arte e da arte/educação contemporâneas e em quase todos os congressos da área há alguém que o toma como fundamento.

> Da chapa fotográfica pode-se tirar um grande número de provas; seria absurdo indagar qual delas é autêntica. Mas, desde que o critério de autenticidade não é mais aplicável à produção artística, toda a função da arte fica subvertida. Em lugar de se basear no ritual, ela se funda, doravante, em uma outra forma de práxis: a política. (1975, p.17)

A descoberta da fotografia promoveu, portanto, uma crise no estatuto das belas artes e consequentemente na História da Arte. Para Benjamin, os artistas reagiram a tal descoberta anunciando em tom profético a "arte pela arte", em outras palavras, uma teologia da Arte, pois: "Com a fotografia, o valor de exibição começa a empurrar o valor de culto – em todos os sentidos – para o segundo plano" (1975, p.19). Ainda segundo Benjamin, essa polêmica se desenvolveu no decorrer do século XIX, colocando, de um lado, pintores e, de outro, os fotógrafos, indo atingir o século XX.

Com base em Benjamin, o filósofo da arte Benedito Nunes afirma:

> Concomitantemente, os meios de reprodução, que causaram a perda da aura, condicionam uma nova atitude em relação à arte, que não é mais a contemplativa solicitada pelas obras artísticas, cuja singularidade as técnicas de reprodução de imagens vieram conturbar, e sim a atitude participante... (1989, p.116)

Ao arte-educador impõe-se o exercício de reelaborar as vivências de leitor (privilegiado) de arte e por isso vale contar, para concluir, uma experiência relevante com a fotografia. O olhar mais atento a ela se deve a um fascínio pela imagem reproduzível.

Narramos, portanto, uma vivência de leitura significativa com uma instalação na 25ª Bienal de São Paulo (2002). Em meio aos muitos trabalhos expostos, uma instalação em especial me tirou o fôlego, provocando questionamentos sobre a tênue linha que separa o território da loucura do território da sanidade. Seu título, "The Chain" (a corrente), do fotógrafo chinês Chien Chi Chang, que vive e trabalha em Taipei.

A instalação em questão era composta de um conjunto de fotografias contendo 40 fotos em preto e branco de 42 x 62 polegadas (aproximadamente 107 x 158 cm) com uma iluminação de baixo para cima. Na série, os personagens aparecem acorrentados em pares ou em trios e foram fotografados em primeiro plano e sempre do mesmo ponto de vista. As fotos são posicionadas uma ao lado da outra a cerca de 60 centímetros do chão, onde eles (os personagens fotografados) aparecem ligeiramente maiores do que são e estão vestidos com quimono. O detalhe que chamou mais a atenção deve-se ao fato de as pessoas retratadas estarem ligadas por correntes.

No primeiro contato, uma sensação de impotência diante da loucura misturava-se à ideia dos limites entre sanidade insanidade. Como brasileiro colonizado, e tendo vivido a adolescência no período da ditadura militar, a representação das correntes remeteu-me imediatamente à história da escravidão e da tortura. A maneira desumana como foram tratados os negros, pelo domínio português, e também aqueles que se opuseram ao regime militar em nosso país. Nasceu desse contato inicial uma espécie de estranhamento e de vínculo estabelecido entre mim e os retratados por meio de um sentimento de compaixão – corrente invisível nos ligava. Era como se estar ali, cercado por tais imagens, me transportasse para um outro lugar e fosse muito difícil aceitar que pessoas sejam excluídas do convívio social, vivendo acorrentadas literalmente umas às outras como um comboio de degredados.

Saí daquele espaço elaborando questões e buscando explicações. E o que norteou minha primeira hipótese de leitura foi uma generalização traduzida na seguinte pergunta: mas é assim que o povo oriental trata seus loucos?

Para a segunda visita consultei o guia da Bienal, mas as informações eram de caráter muito superficial e pouco ajudaram. Minha hipótese de leitura interpretativa continuava a mesma. Até que, na terceira investida, encontrei um *folder* que continha informações importantes sobre a obra.

Eis algumas delas: Chien Chi Chang fotografou os internos da Lung Fa Tang, uma instituição privada de pacientes psiquiátricos em Kaohsiung, Taiwan, entre 1993 e 1999. No entanto, a informação mais significativa para a leitura interpretativa da instalação foi saber como eram chamadas as correntes e com qual finalidade elas eram usadas nos pacientes: *correntes de sentimentos* que são usadas com um sentido terapêutico.

Na realidade os monges e monjas usam as correntes com um fim terapêutico, pois acreditam que ao vincular um paciente mais comprometido com um mais lúcido, por meio das correntes de sentimentos, cria-se um processo de recuperação pelo laço de afeto. Processo que possibilita compreender um maior sentido de realidade, de humanidade, construído na relação com o outro.

Portanto, o fotógrafo em questão ultrapassa a ideia de fotografia como mero documento, enfatizando o sentido artístico da composição pelo contraste do claro com o escuro, acentuando a dramaticidade dos personagens. Seu trabalho aponta um dos graves problemas do mundo contemporâneo: a fragmentação do *eu*. Chien Chi Chang, ao transportar o leitor para o universo de excluídos, provoca o debate: que sociedade é essa que fomenta a loucura, esfacela o *eu*, constrói falsas necessidades de consumo, propõe o *ter* em detrimento do *ser*? Que sociedade é essa que segrega os diferentes e desfaz qualquer possibilidade de vínculo social?

A corrente religa arte e vida, desconstrói certezas, propõe repensar a vida com suas realidades complexas, inaugurando novos modos de ver o ser humano. A câmera de Chien Chi Chang arrebata a imaginação do leitor para um lugar inóspito, mas no qual a vida pulsa nas expressões faciais e corporais dos seus personagens. Pessoas que nos olham em busca de diálogo, como aquele que o educador Paulo Freire propõe para construção de novas relações humanas:

> Não pode haver diálogo ... na ausência dum profundo amor pelo mundo e pelas pessoas. Nomear o mundo, que é um ato de criação e re-criação, não é possível se não for impregnado de amor. O amor é ao mesmo tempo a base do diálogo e o diálogo em si. É, portanto, tarefa de sujeitos responsáveis, e não pode existir numa relação de dominação. A dominação revela a patologia do amor: sadismo no dominador e masoquismo no dominado. Por ser um ato de coragem, e não de medo, o amor é compromisso com os outros. Não importa onde se encontrem os oprimidos, o ato de amor é comprometimento com a sua causa – a causa da libertação. E esse compromisso, porque é amoroso, é dialógico. Como ato de bravura, o amor não pode ser sentimental; como ato de liberdade, não pode se servir de pretexto para a manipulação. Deve gerar outros atos de liberdade; caso contrário não é amor. Somente abolindo a situação de opressão é possível restaurar o amor que aquela situação tornou impossível. Se eu não amar o mundo, se eu não amar as pessoas, não posso entrar em diálogo. (apud McLaren, 1999, p.41-2)

A corrente instiga a construção do vínculo com o outro, o diálogo como possibilidade humana de tocar o outro, de reconstruir o *ser* pela via do amor. Do amor não sentimental, do amor dialogal, do amor como atitude política.

Retomamos o título do texto para afirmar mais uma vez que a arte possibilita ao ser humano repensar suas certezas e reinventar seu cotidiano.

Figura 1 – Templo Lung-Fa Tang, pacientes psiquiátricos[5] de Chien-Chi Chang/ Magnum Photos. Kaohsiung, Taiwan, 1998.

5 Imagem extraída do site: <http://www.magnumphotos.com/Archive/C.aspx?VP=Mod_ViewBox.ViewBoxZoom_VPage&VBID=2K1HZON0HHLL&IT=ImageZoom01&PN=23&STM=T&DTTM=Image&SP=Album&IID=2S5RYD1JTQ7E&SAKL=T&SGBT=T&DT=Image Referência da Imagem: NYC5458>.

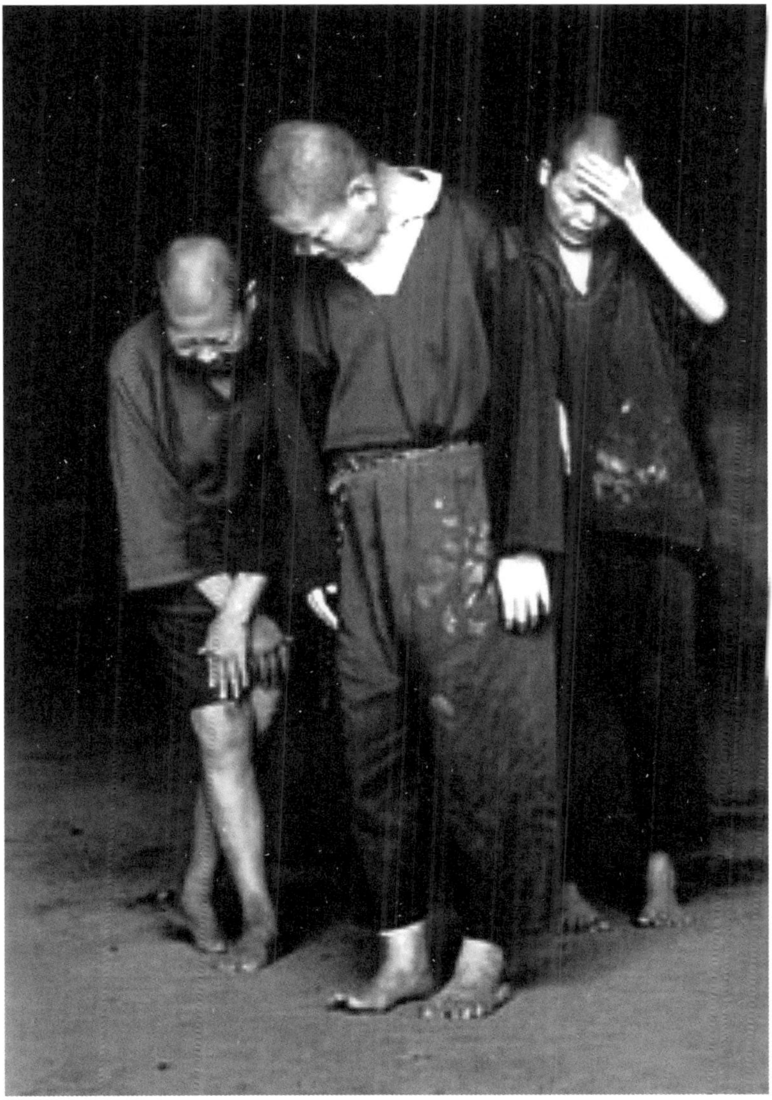

Figura 2 – Templo Lung-Fa Tang, pacientes psiquiátricos[6] de Chien-Chi Chang/ Magnum Photos. Kaohsiung, Taiwan, 1998.

6 Imagem extraída do site: <http://www.magnumphotos.com/Archive/C.aspx?VP=Mod_ViewBox.ViewBoxZoom_VPage&VBID=2K1HZON0HHLL&IT=ImageZoom01&PN=47&STM=T&DTTM=Image&SP=Album&IID=2S5RYD1TI376&SAKL=T&SGBT=T&DT=Image Referência da Imagem: NYC5464>.

Referências bibliográficas

BARBOSA, Ana Mae. *A imagem no ensino de arte*. São Paulo: Perspectiva, 1991.

__________. *Tópicos utópicos*. Belo Horizonte: C/Arte, 1998.

__________. *Inquietações e mudanças no ensino da arte*. São Paulo: Cortez, 2001.

BENJAMIN, Walter. *A obra de arte na época de suas técnicas de reprodução*. São Paulo: Abril, 1975. (Col. Os Pensadores)

CHAUI, Marilena. *Convite à filosofia*. São Paulo: Ática, 1994.

COELHO, Teixeira. *Dicionário crítico de política cultural*. São Paulo: Iluminuras,1997.

FARIAS, Agnaldo. *Arte brasileira hoje*. São Paulo: Publifolha, 2002.

GIROUX, Henry A. *Os professores com intelectuais*: rumo a uma padagogia crítica da aprendizagem. Porto Alegre: Artes Médicas, 1997.

MCLAREN, Peter. *Utopias provisórias*: as pedagogias críticas num cenário pós-colonial. Petrópolis: Vozes, 1999.

NUNES, Benedito. *Introdução à filosofia da arte*. São Paulo: Ática, 1989.

PILLAR, Analice Dutra (Org.) *A educação do olhar no ensino das artes*. Porto Alegre: Mediação, 2001.

Sobre os autores

Alberto Tembo

Graduado e licenciado em Artes Plásticas pela Fundação Armando Álvares Penteado (FAAP). Arte-educador em instituições culturais, organizações do terceiro setor e comunidades. Coordenador de projetos de formação de educadores pela Associação Arte Despertar e da Ação Educativa no Centro Cultural Banco do Brasil, SP em 2007. Como artista plástico, tem participado de exposições em espaços culturais diversos como SESC, Casa das Retortas e MAC Americana.

Ana Mae Barbosa

Professora titular da USP atuando na Pós-Graduação da Escola de Comunicações e Artes, professora da Universidade Anhembi-Morumbi. Foi presidente da International Society of Education through Art (90-93) e diretora do Museu de Arte Contemporânea da USP(87-93). Publicou 17 livros sobre Arte e Arte/Educacão, sendo os últimos: *Arte/Educação Contemporânea* (Cortez, 2005) e *O pós-modernismo* (organizado com Jacó Guinsburg, Perspectiva, 2005). Recebeu o Grande Prêmio de Crítica da APCA (1989), Prêmio Edwin Ziegfeld (USA, 1992), Prêmio Internacional Herbert Read (1999), Achievement Award (EUA, 2002) e o Mérito Científico do Ministério da Ciência e Tecnologia (2005, Brasil).

Anny Christina Lima

Especialista em Museologia, é bacharel e licenciada em Psicologia e Educação Artística. Coordena a área de Ação Educativa do Museu Lasar Segall, onde trabalha como educadora desde 1995. Desenvolveu projetos educativos e ministrou palestras e cursos para educadores de museus e professores em instituições culturais nos estados de São Paulo, Rio Grande do Sul, Paraná, Santa Catarina, Alagoas e Pernambuco.

Arnold Aprill

Fundador e diretor de criatividade da Chicago Arts Partnerships in Education (CAPE), uma rede de organizações de escolas, artistas e educadores dedicada à elaboração de projetos educacionais por meio da utilização de parcerias em arte educação. É um dos coeditores de *Renaissance in the Classroom: Arts Integration and Meaningful Learning* e consultor internacional sobre o papel das artes em projetos educacionais. É reconhecido por seu papel de liderança pelas Chicago Community Trust e Leadership for a Changing World, entidades apoiadas pela Fundação Ford.

Bernard Darras

Doutor em Estética e Ciências da Arte, professor da Universidade de Paris 1-Panthéon, Sorbonne, onde é diretor do Centro de Pesquisa Imagem, Cultura e Cognição (CRICC) e do Departamento de Cultura e Comunicação da Faculdade de Artes (UFR 04). Suas recentes pesquisas têm como foco a arte e a cultura visual e material sob a perspectiva da semiótica pragmática e cognitiva, teorias sistêmicas e estudos culturais. É autor e editor de inúmeros livros, capítulos de livros e artigos em periódicos na Europa, Ásia e América do Norte e do Sul.

Camila Serino Lia

Graduada em Artes Plásticas, licenciada em Educação Artística pela Universidade Presbiteriana Mackenzie, e especialista em Teoria e Prática de Apreciação em Museus pelo MAE/USP e Estudos de Museus de Arte no MAC/USP. Desde 1998, atua como arte-educadora e produtora em instituições culturais. É membro da equipe do Arteducação Produções e atualmente docente em linguagem fotográfica no ensino superior.

Carla Padró

Professora de Educação Artística em Museus e Centros de Arte na Unidade de Educação Artística da Faculdade de Belas Artes, Universidade de Barcelona. É doutora em História da Arte, especialista em Museologia pela Universidade de Barcelona e *master* em Museum Education na George Washington University. Dedica-se a pesquisar os cruzamentos entre estudos de museus, educação nos museus e educação artística.

Carmen Lidón Beltrán Mir

Doutora em Belas Artes com especialização em pintura, desde 1989 é professora titular de Educação Artística na Faculdade de Belas Artes da Universidade de Salamanca. É diretora do grupo de pesquisa Artdidaktion. Possui algumas publicações, como o *Guía DEAC de arte contemporáneo*; o livro *Educación como Mediación en centros de arte contemporáneo*; e o site *Selfconstructing*. Em 1997 foi membro fundadora, com o escultor alemão Bodo Rau, da Associação Cultural Transkultur.

Christiane Coutinho

Mestranda em Artes Visuais pelo Instituto de Artes da UNESP e bolsista da Fundação de Amparo à Pesquisa do Estado de São Paulo – FAPESP, com pesquisa sobre materiais gráficos educativos. Licenciada em Educação Artística com habilitação em Artes Plásticas pela mesma instituição. Desde 2000, atua em instituições culturais de São Paulo, como educadora e desenvolvendo materiais educativos, e é integrante da equipe do Arteducação Produções.

Elisabeth Caillet

Professora de Filosofia, doutora em Ciências da Educação, especialista em mediação cultural. Foi responsável por exposições e ações para o público no Musée de l'Homme onde atualmente é responsável pelo Museu Virtual. Publicou *A l'approche du musée: la médiation culturelle* (PUL, Lyon, 1995), *Accompagner les publics, la médiation culturelle* (L'Harmattan, Paris 2007) e é membro do ICOM.

Erick Orloski

Graduado em Educação Artística (1998) e mestre em Artes Visuais (2005) pela Universidade Estadual Paulista. Atualmente é professor da licenciatura em Artes Visuais da

Faculdade Montessori de Educação e Cultura (FAMEC) e das Faculdades Associadas de Cotia (FAAC), em São Paulo. Experiência na área de arte-educação em museus e instituições culturais e formação de educadores, como integrante do Arteducação Produções.

Fábio José Rodrigues da Costa

Professor do Departamento de Artes da Universidade Regional do Cariri – URCA. Doutor em Arte/Educação pela Universidade de Sevilha, Espanha. Coordenador do Núcleo de Estudos e Pesquisas em Ensino da Arte – NEPEA/URCA. Líder do Grupo de Pesquisa "Ensino da Arte em Contextos Contemporâneos" – GPEACC/URCA/CNPq. Desde 2007, responde pelos Encontros com Educadores no Programa Escola de Cultura do Centro Cultural do Banco do Nordeste do Brasil – CCBNB Cariri, em Juazeiro do Norte, CE.

Fabiola Cirimbelli Búrigo Costa

Professora de Artes Visuais do Colégio de Aplicação da Universidade Federal de Santa Catarina (UFSC), onde coordena o Espaço Estético. Especialista em Arte-Educação: Artes Plásticas pela Universidade do Estado de Santa Catarina (UDESC), mestre em Psicologia pela UFSC.

Fernando Antônio Gonçalves de Azevedo

Mestre em Artes pela ECA/USP, presidente da Escolinha de Arte do Recife; integrante da Equipe de Ensino da Secretaria de Educação de Pernambuco; professor de Epistemologia da Arte/Educação da Faculdade Decisão e da FAINTVISA, atualmente ministrando a disciplina Prática de Ensino em Artes Visuais na UFPE. Atua também em cursos de especialização em várias instituições: Curso de Cultura Visual (UFPI/PI), Arte/Educação (UNICAP/PE), Psicologia da Educação (UFPE/PE), entre outros.

Françoise Julien-Casanova

Maître de conférence na Universidade Paris 1. Doutora em Artes Plásticas, ensina e desenvolve pesquisas nos campos da cultura visual, da mediação e dos estudos culturais com publicações na área. Participa da concepção e realização de projetos culturais de mediação em instituições como o Museu do Louvre, e é autora/curadora do MAI, o Musée des Arts Immodestes.

Heloisa Margarido Sales

Mestre em Artes pela ECA-USP, foi professora da FAAP e pesquisadora da Divisão de Pesquisas do Centro Cultural São Paulo. Trabalhou no MAC-USP, foi administradora da Galeria de Arte do SESI, atual Centro Cultural FIESP, do setor educativo do Paço das Artes em São Paulo e prestou serviços ao Centro Cultural Banco do Brasil de São Paulo. Coorganizou os Anais e o Simpósio sobre o Ensino da Arte e sua História, promovido pelo MAC-USP em 1989. É coordenadora voluntária, desde 1990, da Associação Gente Nova, centro comunitário na Vila Brasilândia, São Paulo, onde desenvolve projetos socioculturais.

Irene Tourinho

É professora do Programa de Pós-Graduação em Cultura Visual da Faculdade de Artes Visuais da Universidade Federal de Goiás, Mestre pela Universidade de Iowa (EUA), doutora pela Universidade de Wisconsin-Madison (EUA) e pós-doutora pela Universidade de Barcelona (Espanha). Integra o Grupo de Estudos e Pesquisas em Arte, Educação e Cultura (GEPAEC/UFSM) e o Grupo de Pesquisa Educação e Cultura Visual (GPECV/UFG).

Joana D'Arc de Sousa Lima

Historiadora formada pela Universidade Estadual Paulista/UNESP. Mestre em Sociologia pela UNESP. Especialização em Mediação Cultural pela Escola Agecif (Paris, 2001) e

História da Arte pela École du Louvre (Paris, 2001), doutoranda em História pela UFPE. Coordenadora do Departamento Educativo do Instituto Ricardo Brennand, professora no Instituto Helena Lubienska e articuladora do Grupo de Pesquisa Mediação, Recepção e Arte Educação.

Lívia Marques Carvalho

Doutora em Artes pela Escola de Comunicações e Artes da Universidade de São Paulo (USP). Mestre em Ciência da Informação pela Universidade Federal da Paraíba (UFPB). Graduada em Educação Artística, Habilitação em Artes Plásticas pela UFPB. Professora adjunta do Departamento de Artes Visuais da UFPB. Coordenadora da Pinacoteca da UFPB. Assessora das Oficinas de Artes da Organização Não-Governamental Casa Pequeno Davi, desde 1989. Autora de diversos artigos sobre ensino de arte publicados em coletâneas e revistas especializadas.

Maria Helena Wagner Rossi

Cursou Licenciatura em Educação Artística, mestrado e doutorado em Educação na UFRGS. Durante vinte anos foi professora de Educação Artística da rede estadual de ensino do RS. É professora e pesquisadora na Universidade de Caxias do Sul (UCS), onde leciona nos cursos de Artes Visuais e de Pedagogia. Tem publicado artigos em revistas e capítulos de livros sobre "leitura de imagens" e "compreensão estético-visual". É autora do livro *Imagens que falam: leitura da arte na escola,* (Mediação, 2006, 3ª ed.).

Pio de Sousa Santana

Professor de Arte da Secretaria de Educação do Estado de São Paulo e da UNICSUL, São Paulo. Mestrando em Artes, Instituto de Artes, UNESP, São Paulo. Membro do Grupo de Pesquisa Mediação arte/cultura/público, IA/UNESP. Especialista em História da Arte, Universidade São Judas Tadeu, São Paulo. Graduado em Educação Artística, habilitação em Artes Plásticas, FAAM, São Paulo.

Rejane Galvão Coutinho

É doutora e mestre em Artes pela Escola de Comunicações e Artes da USP e professora do Instituto de Artes da UNESP, onde atua na Graduação e Pós-Graduação. Integra a equipe do Arteducação Produções que desenvolve projetos de mediação cultural em São Paulo; também é representante da América Latina no World Council da INSEA. É coautora do livro *Artes visuais, da exposição à sala de aula,* juntamente com Ana Mae Barbosa e Heloísa Margarido Sales (Edusp, 2005).

Scott Sikkema

É diretor de educação da Chicago Arts Partnerships in Education (CAPE). Trabalhou no Kohl Children's Museum e na Terra Museum of American Art, onde desenvolveu programas de educação em museus voltados a comunidades, iniciou ampla colaboração com outras instituições de Chicago e remodelou a técnica de educação em museus para professores. Recebeu o prêmio Museum Educator of the Year da Associação de Arte Educação de Illinois.

Susana Gomes da Silva

Pós-Graduada em Museologia e Educação pela Faculdade de Belas Artes da Universidade de Barcelona e pela Universidade de Leicester – Masters/Diploma in Museum Studies. Desde 2001 desenvolve atividades profissionais na área da educação em museus. Dirige desde 2002 o Setor de Educação e Animação Artística do Centro de Arte Moderna José de Azeredo Perdigão/Fundação Calouste Gulbenkian (Lisboa), sendo a responsável pela orientação e programação educativa deste serviço.

SOBRE O LIVRO
Formato: 16 x 23 cm
Mancha: 27,5 x 49,0 paicas
Tipologia: Iowan Old Style BT 10/14,5
Papel: Off-set 90 g/m² (miolo)
Cartão Supremo 250 g/m² (capa)
1ª edição: 2009

Edição de texto
Solange Guerra (Preparação de original)
Isabel Baeta e Agnaldo Gonçalves (Revisão)

Editoração Eletrônica
Eduardo Seiji Seki (Diagramação)

Rettec artes gráficas e editora

Rua Xavier Curado, 388 • Ipiranga - SP • 04210 100
Tel.: (11) 2063 7000 • Fax: (11) 2061 8709
rettec@rettec.com.br • www.rettec.com.br